Despierta tu p

Seducción

CÓMO GUSTAR(TE) SIN MENTIR(TE)

Luis Dorrego

EDICIONES
Cydonia

Ediciones Cydonia S.L.
http://www.edicionescydonia.com
Apartado de Correos 222
PORRIÑO- Pontevedra

© Ediciones Cydonia, 2017
© Luis Dorrego
Primera edición, febrero de 2017

Índice

A Eugenia, mi mujer,
y a Héctor, nuestro hijo,
grandes seductores,
cada cual a su manera.

Introducción
Hay un seductor en tu interior

> *La finalidad del arte es dar cuerpo a la esencia*
> *secreta de las cosas, no copiar su apariencia.*
>
> ARISTÓTELES

EORGE BERNARD SHAW AFIRMABA: «Los espejos se emplean para verse la cara; el arte para verse el alma»; por su parte, el pintor Marc Chagall aseguró: «El arte es ante todo un estado del alma». Es decir, que cuando estamos conectados con nuestro espíritu aparecen nuestros talentos artísticos. Estos talentos, que nos sirven también para seducir, están dentro de ti y aún no lo sabes. ¿No sabes que llevas a un seductor en tu interior?

Llevo alrededor de diez años impartiendo un "Taller de Seducción", un encuentro de fin de semana donde se trabaja en grupo la autoestima, la seguridad y la intuición, entre otros aspectos. Y es fascinante ver y sentir cómo los participantes se transforman al descubrir sus talentos ocultos o sencillamente al mirarse profundamente a los ojos entre ellos. Estos son algunos de sus comentarios después del taller:

—«He descubierto cosas en mí que desconocía, y he hecho cosas que nunca imaginé que haría».
—«Es muy bonito encontrarte, de repente, con el talento y la luz que llevas dentro...»
—«Ha sido precioso sentir la luz, la sabiduría, las cualidades, el amor (...) que hay en mi corazón, que hay en mí. También verlo en el otro y compartirlo».

—«Conmovedor descubrir tanta belleza, tanta verdad luminosa en los rostros de cada uno y en mi "Yo" más íntimo, ese "esencial" que brilla con "luz propia" y desde el que puedo relacionarme».

—«Podemos conseguir tantas cosas con la información adecuada... Podemos sentir tanta luz, tanta ternura... tanta pasión por la vida... tanto amor... tanta seguridad... autoestima... y un infinito más...»

—«Es impresionante lo equivocados que estamos al intentar priorizar tanto la mente y obviar e incluso llegar a silenciar lo que nos dice nuestro cuerpo, nuestro ser».

—«A pesar de la denominación "Taller de Seducción", verás que no se trata tanto de técnicas para aprender a seducir, sino de algo más sutil: ir hacia tu luz para desde ahí proyectarla y, ahora sí... ¡seducir!»

—«En realidad, todos llevamos dentro un seductor. Solo hace falta una pizca de confianza y seguridad para darse cuenta de que la mejor estrategia es dejar salir aquello que ocultamos por miedo, vergüenza o convencionalismos».

Yo mismo fui un seductor manipulador y sin escrúpulos durante mucho tiempo y, desde que comencé a profundizar en mí mismo, me interesé por mostrar la otra cara de la moneda de la seducción, la que hace crecer a la persona y a sus relaciones, fortaleciendo vínculos humanos. Y me ocupé de buena gana, sobre todo porque la palabra moviliza sobremanera nuestro ser, tanto en el terreno intelectual como en el emocional y sexual. Y me preguntaba, ¿por qué la seducción tiene que ser algo negativo?

Cuando comencé a trabajar sobre el tema para diseñar el taller, me recordaba a mí mismo tiempo atrás y veía a una persona necesitada de amor más que a un seductor temible o atrayente. Resulta que no sabía dónde buscarlo y creía que en los demás podría encontrar lo que no me sabía dar a mí mismo.

Afortunadamente, encontré en mi vida a una persona que iba a darme esa visión positiva sobre mí mismo; mejor dicho, la persona que me iba a enseñar a verme de una forma amorosa y a darme la oportunidad que yo no había sabido concederme. Comencé a trabajar desde la psicología y el *coaching*, con herramientas como la PNL (Programación Neurolingüística) y otras terapias alternativas y novedosas. Entonces cambió mi vida y me descubrí a mi mismo como una persona sensible y vulnerable que no había encontrado los medios para poder ser yo mismo. Cambié de trabajo para dedicarme a mi verdadera vocación, abandonada durante años, y pude comprometerme con una pareja y construir una familia, dejando así atrás el personaje de "seductor manipulador" que había sido para convertirme en un "seductor amoroso". Por esta razón quise, desde esta nueva perspectiva, crear un espacio para darle la vuelta a la seducción y que éste fuera un lugar de construcción y de acercamiento entre las personas. Pude así dedicarme a acompañar a las personas para que encontraran su seductor interior.

Posiblemente pienses que no podemos dejar de ser "nosotros mismos". Sin embargo, cuando nos preguntamos quiénes somos, o revisamos nuestra vida y la vemos como una serie de piezas de un puzle que no terminan de encajar o que encajan con una apreciación negativa, muchas veces nos entristecemos o nos frustramos. De esta forma dejamos que todo siga como antes. No nos fijamos en que tenemos una gran oportunidad, ya que somos nosotros los que podemos hacer que las piezas vayan encajando para llegar a ser quienes deseamos ser. Somos nosotros los que podemos elegir la mejor versión de nosotros mismos, incluso convertirnos en esta clase de seductores, los amorosos.

Suele definirse la seducción como un juego donde existe un cazador y una presa, un conquistador y un conquistado, una víctima y un verdugo. Sí, esto es lo que los manuales de seducción indican, especialmente los escritos para hombres. En mi "etapa seductora" viví esta experiencia –y seduje a un importante número de mujeres, jefes, alumnos, familiares, compañeros de trabajo, y hasta desconocidos–, la mayor parte con bastante "éxito". El terreno amoroso fue especialmente significativo, ya que existía una primera gratificación, la donjuanesca, breve y adictiva; luego sobrevenía el "bajón" que solo compensaría la nueva búsqueda y la caza, reiniciándose el proceso en su totalidad. Como se puede imaginar, mi satisfacción profunda brillaba por su ausencia y me contentaba con esta superficial. La experiencia de estos largos años vista con los ojos de hoy, me condujo a la certeza de que no hay un verdadero cazador o una presa. Hoy tengo claro que las dos partes éramos víctimas, seductor y seducido, ambos, todos heridos en el alma.

¿Te has parado a pensar qué sucedería si todos fuéramos ganadores en el juego de la seducción? ¿Lo puedes imaginar? La seducción puede ser un lugar desde donde todos podemos convivir con placer y "amorosidad". Y quizá sea más sencillo que todo lo que has imaginado o has visto hasta ahora.

Probablemente hayas observado a personas que tienen un don natural para atraer a los demás, para estar rodeados de personas con aparente placer. ¿Cómo crees que son esas personas interiormente? ¿Qué las diferencia del resto? ¿Qué talentos o virtudes crees que tienen? Algunas pueden ser carismáticas o atractivas físicamente, pero el rasgo común de todas ellas es que se sienten seguras de sí mismas. Por supuesto que no estoy imaginándome a un seductor manipulador cuando hablo de este tipo de personas, me estoy refiriendo a la sensación de paz, de tranquilidad, de ausencia de control, de la poca o nula necesidad de aparentar que un seductor amoroso posee. Posiblemente tú hayas vivido estas sensaciones y sentimientos cuando te has encontrado en un ámbito más privado, con tu gente, o los amigos, la familia, tu círculo íntimo. Con bastante probabilidad, allí nos sentimos seguros y no aparecen los miedos o la timidez, es decir, actuamos como quienes realmente somos sin saber que lo estamos siendo. Éste es el comienzo de la seducción. Ahora falta que seas consciente de que puedes convertirte en un faro de luz atractiva para el resto del mundo.

Y, ¿para qué transformarte en un seductor amoroso? Habrá muchas razones y objetivos personales: desde conseguir pareja hasta lograr un aumento de sueldo; sentirte a gusto con los compañeros de trabajo o sentirte satisfecho de ti mismo. Todos estos objetivos, básicamente, nos llevan a crear una persona y un mundo más habitable gracias al amor.

En este momento de mi vida, para mí la seducción se ha convertido en un lugar, un estado, no una argucia ni un método. El contacto con los demás no surge desde el miedo, desde la manipulación y sin el hecho de emocionarnos por el descubrimiento de una nueva persona, de una nueva alma que se roza con la mía. La seducción en mayúsculas brota de mí mismo, desde mi atractivo, que nace de quien realmente soy; es la seducción desde la paz y el amor.

Por todo ello, te propongo que comiences a efectuar una mirada a tu interior y al mundo que te rodea, una mirada honesta, sincera y profunda. En realidad, lo que me gustaría es que te dieses la oportunidad de observar y observarte desde un punto de vista diferente, quizá inusual, y sobre todo humano y descubrieses el seductor que llevas dentro de ti.

Y este proceso lo tienes que acometer desde la acción. No basta con leer las páginas de un libro y empaparse de sus ideas. Tu cuerpo necesita vivirlo, solo con la mente no es posible que llegues a la luz que tienes esperando en tu interior. Hay que actuar. Confucio escribió: «Me lo contaron y lo olvidé, lo vi y lo entendí, lo hice y lo aprendí». La mente por sí sola únicamente retiene conocimientos y una parte importante de este trabajo consiste en hacer intervenir a tu cuerpo para que la habilidad se desarrolle. Por mucho que me guste la idea de conducir, y me estudie el código de circulación y el manual de instrucciones de un automóvil careceré de la destreza y seguridad para sentarme al volante conduciendo por una autopista. ¿O acaso recuerdas haber aprendido un deporte, o cualquier otra habilidad, solo con la mente?

Todo esto lo digo porque existe una importante corriente en la autoayuda que viene a decir que si deseas algo con mucha fuerza, lo conseguirás. No es éste el lugar desde donde trabajo en estas páginas. Muchos libros basan todo su discurso en que el deseo humano, por sí mismo, sin necesidad de convertirse en acción, sin esfuerzo, trabajo o el riesgo de no conseguirlo, puede lograr que el lector consiga cuanto anhela su corazón. Mi propuesta busca el cambio y la transformación desde el trabajo diario y constante. Este libro parte de que hay milagros, por supuesto, y de que también hay otras muchas formas de alcanzar nuestras metas, entre las que se incluye el esfuerzo y la responsabilidad con uno mismo. Desde estas páginas afirmo que tenemos más potenciales de los que creemos, que las habilidades se desarrollan y que, en ocasiones, el esfuerzo forma parte de la vida. Asimismo, y sin que sea contradictorio, sé que conseguirlo puede ser más fácil de lo que pensamos. Y, como en ocasiones anteriores, finalmente llegarás a la meta y lograrás brillar con luz propia, con esa luz que nos hemos negado a nosotros mismos durante mucho tiempo.

Esto es lo que te propongo desde este texto: dejar de mirar fuera de ti para encontrar lo que ya posees. El verdadero seductor es aquel que vive con fortaleza interior, el que se conoce y se aprecia. Yo entiendo la seducción como un acto amoroso hacia uno mismo y hacia los demás. Sin ese amor no puede haber encuentro entre dos seres, ni tampoco un encuentro con nosotros mismos, con nuestras diferentes partes.

Y tú, ¿eres un seductor? Si lo eres podrás disfrutar con la lectura del libro, fortalecer alguno de los talentos que posees y descubrir otros que no conoces. Si crees que no lo eres, estas páginas te llevarán a un lugar donde tu luz brillará de una forma más auténtica, más seductora.

1
Tipos de seducción

A MÍ ME GUSTA PENSAR QUE EXISTEN dos tipos de seducción: una menos legítima, que sería la que implanta la manipulación y llega hasta el engaño en un juego de poder; y otra que nacería de lo más profundo de nosotros, de nuestro ser interior, de nuestra esencia.

En la primera nos convertimos en personajes, en máscaras, para conseguir el objeto de deseo. Es muy común pensar que esa es una forma de vivir la vida: alejarnos de nosotros mismos. Y lo que suele ocurrir es que, para construir ese personaje, invertimos el tiempo que creemos necesario leyendo artículos y libros, buscando en Internet y apuntándonos a los cursillos de seducción que existen para aprender mil y una técnicas que conviertan en éxito esta pretensión. Al hacer esto nos separamos de nosotros mismos, ya que en realidad este personaje construido lo que llega a esconder es nuestra falta de autoestima, nuestra carencia de amor bien entendido, que sería otro de los caminos para seducir.

Para mí este descarrío se origina de la siguiente forma: desde niños recibimos instrucciones para dejar de ser quienes somos; nuestra cultura y educación así lo permiten porque miran mucho más hacia el exterior, a la sociedad, que al interior de las personas. Desde la necesaria adaptación a un mundo social hasta el temible "qué dirán", nuestros educadores consiguen que aprendamos a utilizar "máscaras sociales" y que lleguemos a ser maestros en ellas. Tanto es así que muchos de nosotros perdemos nuestro verdadero ser en medio de tanta "representación". Y al crecer con ello, finalmente convertimos el "enmascaramiento" en algo habitual y creemos que actuar en la vida es algo natural. Tenemos máscaras casi para cada situación y ambiente, y claro, suponemos que para seducir también es necesario construir nuestra "máscara de seductor".

Veamos ligeramente el panorama actual en cuanto a la creación de *seductores manipuladores*: si introducimos el término *seducción* en inglés en el buscador de Google aparecen 43 millones de resultados. Si escribimos *técnicas de seducción*, aparecen 151.000 resultados en español. También existen un sinfín de libros con este nombre. La búsqueda en el portal de Amazon España arroja un total de 855 libros, y todos ellos con nombres tan sutiles como: *21 claves para seducir de día*; *Apocalip sex: Los 10 mandamientos de la seducción*; *Seducción efectiva: cómo enamorar a una mujer*; *Seducción subliminal: para mujeres inteligentes*, *Magia para ligar*, *cómo conquistar a una mujer por Facebook o ligar por Whatsapp*, entre otros. Se ha popularizado asistir a cursos y talleres para adquirir técnicas seductoras, se usan los avances científicos para estos fines, y cualquier gurú que lo vende parece que se hace rico con estas carencias de sus clientes. Pudiera parecer que se nos va la vida en ligar.

En Internet hay consejos y reglas para seducir y así ir elaborando «el personaje». Algunas incluso tocan temas sustanciales para mejorar como personas. Sin embargo, la mayoría de ellas se alejan de la parte humana. Allí se puede leer que para seducir a un hombre hay que seguir «reglas de oro». Entre ellas están «sentirse y creerse un bombón»; otra es «atraer». Y afirman: «Para atraer a alguien hay que ser natural. Sobre todo piensa que si representas un papel que no es el tuyo, luego te resultará difícil salir de él. Pero, ¿cómo puedes atraer a un hombre? Puedes seducir con la mirada, con una caída de ojos lenta o una sonrisa amplia, también con tus gestos o con tu forma de cruzar las piernas. No hace falta que reproduzcas la escenita de *Instinto Básico*, pero muévete y exprésate con todo tu cuerpo para seducir, para que la otra persona note esa cercanía contigo y entréis en sintonía».

Internet está lleno de consejos fundamentales para seducir. Por ejemplo, ¡usar ropa interior adecuada!: «Imagínate que te pilla con esas braguitas de fondo de armario o con un sujetador medio desecho, ¡¡arggghhh!! ¡Esto no es bueno para las técnicas de seducción!» Otra importante recomendación es comportarse de una forma "misteriosa". Por último, exhortan a tener autoconfianza: «Una de las reglas esenciales en esto de las técnicas de seducción es la autoconfianza. Así que cabeza alta y pecho para adelante porque ¡tú lo vales! Si te sientes insegura transmitirás esa inseguridad a la otra persona y esto no es nada óptimo si lo que quieres es ligártelo». Por supuesto, las frases entrecomilladas proceden de las diferentes páginas web que he visitado.

En ellas afirman que la autoconfianza es fundamental y no solo para seducir. Pero, ¿cómo consigo yo esta famosa autoconfianza? ¿Modificando mi postura corporal y colocando «mi cabeza alta» y «el pecho para adelante»? También es obvio que si me siento inseguro el otro lo va a percibir de forma inmediata y... ¿Si no sé cómo hacer crecer mi seguridad?

Curiosamente los consejos citados proceden de páginas para mujeres. En ellas, la autoestima y la confianza son valores a tener en cuenta. Sin embargo, para los hombres no son demasiado relevantes. Para ellos Internet aconseja lo siguiente: «Crea una estrategia y manipula la situación y a la persona. Las cenas son exclusividad de las mujeres con las que te has acostado». Es decir, que solo puedes ir a cenar con las que ya han caído. Otra: «Para esta jugada necesitas hielo seco. Actívalo cuando estés en una fiesta y desnúdate rápidamente. Después, a medida que el humo del hielo se vaya esfumando, mira a tu objetivo y dile que vienes del futuro para protegerla». También estas otras aportan una visión sobre el panorama: «Tienes que gustarte a ti mismo antes de intentar gustarle a las mujeres». De los cien consejos que aporta esta página, este último está situado en el número cincuenta y uno. Pero ésta se lleva el premio, la situada en el número sesenta y uno: «Entiende que el hombre es un ser racional y simple, y que una mujer es un ser irracional y emocional, que se deja llevar por las emociones».

No se encuentra nada de lenguaje sensible o emocional: «No te dejes dominar por tus emociones ni tus sentimientos; en cambio, tus pasos deben ser calculados en base a tu juego de seducción». Así, en otro lugar se puede leer: «Nunca dejes que una situación externa defina tu estado emocional. Si una mujer te rechaza y te sientes triste por eso, estás dejando (porque tú así lo deseas) que una situación externa defina tu estado emocional. Nadie puede manejar tu estado emocional a menos que tú lo permitas. Tú eres el amo y señor de cómo te sientes y la manera en que ves la vida. Si lo haces de una manera positiva aumentarás enormemente tu atractivo con las mujeres».

¡Qué buen consejo! Y ¿cómo se hace eso, si hasta hace poco las emociones no eran casi ni admitidas en el hombre, si no sé ni cómo se llaman, si me han repetido hasta la saciedad que mostrarme emocional es de seres inferiores? ¿Cómo voy a convertirme en "el amo y señor de cómo me siento" cuando, por lo general, tiendo a esconder mis emociones y sentimientos porque creo que es síntoma de debilidad?

Existe también otra vertiente de la "seducción manipuladora" que es más sofisticada y utiliza unos recursos que ya han sido probados en otros lugares con éxito. Me estoy refiriendo a la kinesiología, a la hipnosis y a la PNL. Todos ellos, muchas veces, en combinación, al parecer con éxito.

La mayor parte de estas *metodologías*, por variadas que parezcan, tienen en común conseguir la *presa* de una forma sorprendente, inesperada para la víctima. Ser impredecible es uno de los requisitos para este personaje que *sale de caza*. De esa forma, se asegura que este seductor triunfará. Para ello, describen, hay que actuar de una forma segura al acercarse a la víctima, hablar e incluso tener un contacto físico con ella, pero… ¿cómo voy a conseguir el acercamiento si me tiemblan las piernas solo de pensarlo y cuando lo consigo balbuceo al hablar o digo lo opuesto a lo que pensaba?

Para ampliar el panorama, existen también en Internet consejos sobre dónde conocer mujeres para seducirlas. Aquí, unos ejemplos: nunca en los ambientes nocturnos y sí en cafeterías, centros comerciales, zonas universitarias, gimnasios, parques, bibliotecas (porque hay mayor número de mujeres que de hombres, aseguran). Y, atención, ¡centros de autoayuda! Cito textualmente: «Estas salas son visitadas por innumerables mujeres, aquí podrás encontrar hermosas mujeres hambrientas de levantar su autoestima, buscan a esa persona compresiva ¡Puedes ser tú! Lo mejor es que no te hace falta que estés inscrito o matriculado a alguna clase, tan solo te bastará que las chicas salgan de las clases y averiguar qué cafetería suelen frecuentar, observa quiénes son las alumnas y sabrás a quiénes hay que intentar conocer».

Los lugares de Internet destinados a proporcionar consejos para que las mujeres puedan conocer hombres son escasos y rápidamente aparece la palabra novio. Éste es uno de los pocos ejemplos: «(…) la mejor forma de conocer a tu hombre (33,3%) es el círculo de amigos y conocidos, seguida de cerca por salir por la noche (22,5%). En el tercer y cuarto lugar están los eventos públicos y fiestas y, algo difícil de creer, el lugar de trabajo».

Para seducir de una forma artificial, en el apartado dirigido a las lesbianas existen los mismos criterios que para hombres en algún *site*, pero los consejos son más de tipo humano, donde se involucran los sentimientos, la ternura, el respeto, la imaginación… y el signo del zodiaco. En el apartado hombre gay se repiten los mismos preceptos que con una mujer heterosexual. Hay muy poco dirigido a transexuales y travestis, pero no se diferencian mucho de los anteriores.

En suma, todos los métodos, estrategias y técnicas basan su fuerte en acercarte a alguien y hacer algo que no estás acostumbrado a hacer en tu vida diaria. Y, claro, puede que funcione a la hora de sorprender y manipular desde ese lugar a las personas, pero no lo hace desde el respeto hacia uno mismo y hacia los demás. El ser humano, su sensibilidad y su alma, quedan en un plano muy alejado de lo que pretendo aquí.

Afortunadamente, como comentaba antes, existe otro tipo

de seducción, la sincera, la directa y amorosa. Una seducción que nace de nosotros mismos, de nuestra autoestima, de una percepción positiva de lo que nos rodea, que nos permite valorar las cualidades que forman parte de nuestra persona y contemplar el mundo con otros ojos.

Un nuevo concepto de seducción que no nos deja caer en la trampa mental de la necesidad de gustar, de agradar a los demás por encima de mí mismo. Una cosa es estar contento con mi ser, aceptarme como soy, y otra consiste en abandonarme a la máscara, o recurrir a estrategias para ser aceptado, o incluso esperar el reconocimiento del otro. Lamentablemente esto último es lo que solemos hacer.

Para mí, la palabra seducción no es sinónimo de manipulación sino de atracción, de admiración y de "amorosidad". Cuando estamos atrayendo o siendo atraídos desde lo mejor de nosotros mismos se ponen en marcha nuestras emociones, es decir, la parte menos racional de nuestro ser, y nuestro inconsciente comienza a hablar a través de nuestra comunicación no verbal. Nos puede cambiar desde el color de la piel hasta el olor corporal, se nos dilatan las pupilas y llegamos a decir que nos brilla la mirada. Si somos seductores amorosos nuestra confianza sube, toda nuestra persona se activa, nuestra biología segrega sustancias que activan nuestras sensaciones y los sentimientos generados suelen ser más positivos. El miedo a lo que piensen los demás se difumina, ya que el seductor se siente seguro en cualquier situación y afronta bien las críticas. El seductor con luz propia achaca los fracasos al mundo exterior y los éxitos a sus propias habilidades. Así, lo que atraiga será fruto de su propia estima, confianza y amor.

También tiene más claras sus limitaciones ya que, al conocerse más, sabe hasta dónde puede llegar; es decir, se plantea muy claramente sus objetivos. Por lo tanto, es un individuo activo que mira dentro de la persona que desea atraer para escucharla desde un ángulo diferente al cotidiano, es decir, desde su interior.

Por tanto, seducir desde nuestro atractivo esencial es una aventura emocional donde se manifiesta nuestra intimidad a través de signos de comunicación extensos, cuya intención es interactuar con los demás. Sucede en ambas direcciones, entre una pareja, entre empleado y jefe, entre alumno y docente, en todo tipo de encuentro social, sin que necesariamente conlleve una connotación sexual. Es ahí donde entran todos "los otros", no solo las futuras parejas, sino ¡los demás! Vivimos rodeados de personas que nos definen: nuestros hijos y nuestros compañeros de trabajo, la conductora del autobús y el vendedor de periódicos. Todos ellos nos dicen quiénes somos y en muchas ocasiones ni les miramos a los ojos. No vivimos aislados.

Cuando preparaba con mi amiga Pilar el "Taller de Seducción" que al final realicé solo, nos encontramos en una cafetería y ella me comentó: «Luis, yo no termino de entender lo que tú llamas seducción, ¿me lo puedes explicar, por favor?». Yo le contesté medio en broma, medio en serio: «Pues es muy fácil, Pilar. Es desear algo y conseguirlo. Es mirar a esa chica... –efectivamente había una mujer al otro lado de la barra junto a un hombre– y que ella te mire y venga hacia nosotros». No es fácil de creer, pero realmente fue lo que sucedió. La mujer levantó la vista, la posó sobre nosotros y se dirigió al lugar donde estábamos y nos preguntó que quiénes éramos y a qué nos dedicábamos... ¡porque se había sentido atraída! *Casualmente* ella, Marta, se dedicaba a labores también terapéuticas y hoy somos amigos tras ese encuentro.

Por tanto, un seductor siempre será quien te vaya a invitar a viajar por caminos emocionales, posiblemente desconocidos tanto para él como para aquellos a los que seduce. El seductor te estimula a crear senderos que no llevan a parte conocida alguna, sino al riesgo y la aventura (posiblemente el riesgo y la aventura de la vida misma), y siempre con el final feliz de la experiencia vivida durante el proceso de la atracción mutua.

Todo esto no se puede enseñar con técnicas o fórmulas mágicas. Está en tu persona, en tu sensibilidad y en lo mejor de ti. Está en tu capacidad de amar y de amarte. Por eso es un arte que nace de lo más profundo, de tus más altas cualidades, de esas que quizá hoy ya no se valoren en los mercados de la sociedad, ya que, como afirmó Oscar Wilde: «En el arte, como en el amor, la ternura es lo que da la fuerza». Seducir es, en suma, escuchar con el corazón y asomarse con tu alma al corazón y al alma del otro.

2
La palabra y su uso

D E FORMA AFORTUNADA, AUNQUE LENTA, hemos estado
incorporando a nuestro lenguaje cotidiano la palabra *seducción* gracias al *marketing*, la política y otras
vías de comunicación. A pesar de que aún posee connota-
ciones negativas, un nuevo significado amanece para los vi-
lipendiados seductores y/o seducidos.

Seducción, ¡pobre palabra!, tantísimas veces asociada al
donjuanismo, al machismo, a la manipulación sexual... Ya
afirmaba Jean Braudillard que «la seducción fue para la religión la estrategia del diablo, ya fuese bruja o amante. La seducción es siempre la del mal».

Pero en su origen el término tenía otro significado.
Aunque en la Grecia clásica seducción significaba engaño o
traición y su era grafía diferente (*apatáo*), en latín la palabra
seducere está formada por la partícula "se", que indica separación, alejamiento o privación, y el verbo *ducere*, que significa guiar. Así pues, su significado latino sería únicamente llevarse aparte a alguien, llevarse a alguien consigo, atraerlo. Es
posible que "llevarse consigo a alguien" pueda ser algo positivo o no para la persona conducida, pero está claro que atraer
no es sinónimo de traicionar.

Sin embargo, al traducir la Biblia del griego al latín en el siglo V, *seducción* aparece en varios lugares con el significado griego primigenio. Es especialmente en el Génesis donde más repercute este significado en la historia, ya que es de sobra conocido el episodio en que la serpiente *seduce* a Eva y ésta a Adán. Así, a partir de esta época, la palabra seducción mantiene este significado negativo y es el que pasó a nuestra lengua.

Gracias a la religión, el pecado y la seducción siguieron unidos durante muchos siglos. Tuvo que llegar la modernidad, el individualismo del siglo XX, para que comenzara a cambiar de significado y regresara a sus orígenes, aunque la cultura religiosa cristiana no haya dejado de lado este significado. Hoy mismo podemos leer en escritos de eclesiásticos católicos cosas como las siguientes: «Hablar de la creación, de la redención o de la santificación, es hablar de las obras de Dios, pero hablar de la seducción es hablar de una de las obras más temibles de Satanás. La seducción (*scandalum directum*) es el esfuerzo premeditado e intencional para hacer caer al prójimo en pecado. El seductor es el que intencionalmente tiende al prójimo una trampa, un lazo (*scandalum*), en el que ha de caer».

¿Y cómo desprendernos aún más de este peso moralista milenario? ¿Cómo devolvemos a la seducción su antiguo significado de atracción? No es nada fácil, máxime cuando en la sociedad española ha existido, hasta hace bien poco, el llamado *delito de seducción*, el famoso *pecado de luxuria*, que desde la Edad Media estuvo presente en los órdenes penales españoles. Ya en las *Las siete partidas del rey Don Alfonso IX*, originalmente titulado *El libro de las Leyes*, se puede leer que la seducción estaba asociada al uso de la artimaña para conseguir favores sexuales y que, «aunque es menor delito que la fuerza, el rapto de la seducción no debe quedar sin castigo». Estaba claro que la ley castigaba la seducción y la atracción con estos fines.

Tampoco las actividades *celestinescas* o de alcahuetería se libraban de sucumbir al uso de la palabra con los mismos fines. Así, se legisla en la Edad Media que «el crimen de *sosacamiento* o seducción para fuga de una mujer honesta es también castigado con muerte en el fuego».

Como vamos viendo, desde el comienzo de la formación de nuestro país, nuestra cultura ha asociado la seducción engañosa a los delitos de violación y estupro. En nuestro derecho penal la seducción tenía un carácter delictivo, y estaba basada concretamente en la figura de la mujer, en "su fama y el honor". A medida que la sociedad evoluciona y la mujer ocupa el lugar social que le corresponde, deja de ser sujeto específico de engaño, como se consideraba antes, y la seducción pierde entidad como delito en la jurisprudencia.

Si nos fijamos en las definiciones de los diccionarios de la lengua española, observamos que es en el *Diccionario de Autoridades* (primer diccionario de la Real Academia de la Lengua de 1730), donde se puede leer: «Seducir. v. a. Engañar con arte y maña, persuadir suavemente al mal». Y *curiosamente*, en la actualidad la misma RAE define seducción como «engañar con arte y maña; persuadir suavemente para algo malo». Y en otros diccionarios leemos: «Arrastrar, persuadir a alguien con promesas y engaños a que haga cierta cosa, generalmente mala o perjudicial», entre otras malévolas acepciones como «engaño con el fin de conseguir los favores sexuales».

Su significado ha ido evolucionando y hoy nos afecta de una forma social. Así, también hoy nos dejamos *arrastrar por el poder de seducción* de un producto, ya sea material o humano (políticos, estrellas de cine). También vivimos las experiencias de los chats, del sexo y de las compras electrónicas en Internet; es decir, seducimos con una, en ocasiones fingida, atractiva personalidad y nos dejamos seducir por los regalos que recibimos en nuestra casa, aunque los hayamos pagado con nuestra tarjeta de crédito (otro objeto seductor). ¿Qué está ocurriendo ante nuestras narices? ¿Estamos dejándonos llevar por la sociedad del espectáculo, la sociedad de lo efímero, más de lo que pensábamos? ¿O será que estamos comenzando a quitarle el polvo moralista a esta mágica sensación de "seducir y ser seducidos"? ¿Vivimos ya en la sociedad de la seducción? El filósofo y sociólogo Gilles Lipovestsky así lo afir-

---

* LIPOVESTKY, Gilles: *La era del vacío*. Editorial Anagrama, 1986.

maba en *La era del vacío* *, donde mantenía la idea de que la sociedad de consumo ha creado una nueva forma de entender a la persona y sus límites se han ido relajando de tal forma que han ido forjando una nueva forma de entender el mundo: «La seducción nada tiene que ver con la representación falsa y la alienación de las conciencias; es ella la que construye nuestro mundo y lo remodela según un proceso sistemático de personalización que consiste esencialmente en multiplicar y diversificar la oferta, en proponer más para que uno decida más, (…) sustituir la austeridad por la realización de los deseos».

La seducción como la entendemos cuando hablamos de ella en un contexto más positivo, nace después de la Segunda Guerra Mundial, en el momento que aparece la sociedad de consumo y una población que puede acceder a los bienes que antes estaban en manos de unos pocos en exclusividad. Muchos pensadores, que van desde Erich Fromm a Braudillard, analizan cómo comienza a seducirnos adquirir objetos innecesarios y superficiales, una música popular o viajar a lugares exóticos. Hemos ido aceptando que el poder posee su erótica, escuchando con normalidad a unos políticos que públicamente desean seducir a sus futuros votantes. Admitimos también que en la empresa llegue a existir un fenómeno de seducción donde los empleados puedan seducir a sus jefes en aras de conseguir mejoras, o simplemente el poder. ¿Y cuánto de seducción aceptamos que haya en nuestras relaciones sociales, familiares, de pareja? Posiblemente algo de ello se vaya implementado con el paso del tiempo, porque, unas décadas atrás, ¿quién pensaba en seguir seduciendo a su pareja después de varios años de convivencia?

Pues sí, la palabra en cuestión ha ido mejorando con su uso en terrenos que le estaba prohibido transitar, y, por fin, el *Diccionario del español actual*, de Manuel Seco, nos explica que *seducir*, en su tercera acepción, también puede ser «ejercer (alguien o algo) un gran atractivo (sobre alguien)». "Atractivo", que proviene del término latino *attractivus*, que significa atraer, traer para sí, desear alguna cosa, persona o relación, para hacerla propia. En casi todas las acepciones de este verbo subyace la idea de arrastrar, de tirar de las cosas, efectuar un movimiento de *a-tracción*. Como vemos en su uso más extenso la atracción no solo se refiere a un movimiento entre personas, sino que también engloba a objetos o ideas. Unos ojos, un lugar de destino, un negocio o una ideología pueden resultar atractivas a la mente que lo procesa. Respecto a las personas, su atractivo puede residir en su belleza física, en sus valores, o su simpatía, así como en su bagaje cultural, en su bondad, su inteligencia, su conversación o en sus ingresos económicos.

Afortunadamente es en el diccionario de María Moliner, el *Diccionario de uso del español*, donde se contiene una acepción con la que me gustaría comenzar a trabajar. En él se puede leer como penúltimo significado de seducción «hacerse una persona admirar, querer o, particularmente, amar intensamente por otra». Este significado está muy cerca de lo que quiero mostrar en estas páginas. Cómo convertirnos en ese tipo de persona que es admirada, estimada o amada, ¡por lo que es...! no por lo que quiere hacer, o mejor dicho, conseguir.

Es mi intención, al igual que los que apostamos por el crecimiento del ser humano en todas sus facetas, rescatar estos aspectos positivos, sin olvidar las otras interpretaciones. Porque, en suma, no deja de ser menos cierto que la seducción consiste en atraer, ejercer ese atractivo hacia los demás y ser correspondido, encontrar la reciprocidad en el otro. Así que deseo que rescates estos aspectos amorosos que hay dentro de ti usando lo mejor de tu esencia.

3
Cómo seducirte a ti mismo

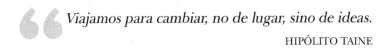 *Viajamos para cambiar, no de lugar, sino de ideas.*

HIPÓLITO TAINE

AUNQUE PAREZCA EXTRAÑO, SEDUCIRTE A TI MISMO es el primer requisito para conseguir cualquiera de los demás. Se alcanza aumentando la autoestima y confianza en uno mismo.

Para la persona que comienza a trabajar su ser seductor llega un momento decisivo en el que se da cuenta de que es dueña de su destino y de que es su decisión construirlo. En ese momento comienza a mirarse interiormente y a reforzar sus fortalezas y conseguir que sus debilidades vayan desapareciendo. De esta forma toma conciencia de quién es y de quién desea llegar a ser y aborda el labrarse su camino hacia la verdadera seducción.

Si es eso lo que deseas, comienza el camino para seducirte a ti mismo con lo mejor que tú eres. Empréndelo aumentando tu autoestima, tu seguridad, teniendo objetivos claros, con una buena conexión cuerpo-mente-corazón y una pizca de intuición. De esta forma conseguirás que el seductor que eres comience a caminar por el camino del éxito.

(((-)))

«Los dos que soñaron», del libro *Las mil y una noches.*

Cuentan los hombres que hubo en El Cairo un hombre po-
seedor de muchas riquezas, pero tan magnánimo y liberal que
todas las perdió menos la casa de su padre, y que se vio forza-
do a trabajar para ganarse el pan. Trabajó tanto que el sueño
lo rindió una noche debajo de una higuera de su jardín y vio
en el sueño a un hombre empapado que se sacó de la boca
una moneda de oro y le dijo: «Tu fortuna está en Persia, en
Isfahán; vete a buscarla».

A la madrugada siguiente se despertó y emprendió el largo
viaje y afrontó los peligros de los desiertos, de las naves, de los
piratas, de los idólatras, de los ríos, de las fieras y de los hombres. Llegó al fin a Isfahán, pero en el recinto de esa ciudad le
sorprendió la noche y se tumbó a dormir en el patio de una
mezquita. Había, junto a la mezquita, una casa y por el Decreto
de Dios Todopoderoso, una pandilla de ladrones atravesó la
mezquita y se metió en la vivienda, y las personas que dormían
se despertaron con el estruendo de los ladrones y pidieron soco-
rro. Los vecinos también gritaron, hasta que el capitán de los serenos de aquel distrito acudió con sus hombres y los bandoleros
huyeron por la azotea. El capitán hizo registrar la mezquita y en
ella dieron con el hombre de El Cairo, y le menudearon tales
azotes con varas de bambú que estuvo cerca de la muerte.

A los dos días recobró el sentido en la cárcel. El capitán lo
mandó buscar y le dijo: «¿Quién eres y cuál es tu patria?». El
otro declaró: «Soy de la ciudad famosa de El Cairo y mi nombre
es Mohamed El Magrebí». El capitán le preguntó: «¿Qué te
trajo a Persia»? El otro optó por la verdad y le dijo: «Un hombre
me ordenó en un sueño que viniera a Isfahán, porque ahí estaba
mi fortuna. Ya estoy en Isfahán y veo que esa fortuna que pro-
metió deben ser los azotes que tan generosamente me diste».

Ante semejantes palabras, el capitán se rió hasta descubrir
las muelas del juicio y acabó por decirle: «Hombre desatinado
y crédulo, tres veces he soñado con una casa en la ciudad de El
Cairo en cuyo fondo hay un jardín, y en el jardín un reloj de
sol y después del reloj de sol una higuera y luego de la higuera
una fuente, y bajo la fuente un tesoro. No he dado el menor
crédito a esa mentira. Tú, sin embargo, engendro de una mula

con un demonio, has ido errando de ciudad en ciudad, bajo la sola fe de tu sueño. Que no te vuelva a ver en Isfahán. Toma estas monedas y vete».

El hombre las tomó y regresó a la patria. Debajo de la fuente de su jardín, que era la del sueño del capitán, desenterró el tesoro.

(((-)))

Este cuento, para mí, indica claramente el camino a seguir para convertirte en el seductor del que te sentirás orgulloso. Quizá sea un tanto banal o simplista volver a decir que la verdadera riqueza está dentro de ti, pero lo cierto es que volver a nosotros mismos es una de las grandes odiseas del ser humano. Se trata de un trabajo que lleva toda la vida y que está destinado para todos, ya que todos conservamos una esencia luminosa que trajimos desde el comienzo de nuestra existencia. Yo la llamo brillo propio, chispa incandescente, motor interior, esencia y luz divina. Todos la tenemos y tuvimos que esconderla poniendo capas y más capas de auto-protección que la sepultaron durante bastante tiempo. De vez en cuando aparece tímidamente pero la volvemos a tapar, creyendo que forma parte de otra época, que es un sueño o una ilusión y que la "vida real" está hecha de otra pasta donde esa luz no tiene lugar. Pero esta actitud cobarde ante la vida no tiene grandes recompensas, a la larga lleva un poso de insatisfacción y cansancio. Y llega un momento en el que decidimos no poner más defensas sino comenzar a quitarlas, a desenterrar nuestra esencia para convertirnos en los seres de luz, esenciales, que somos.

La decisión de mostrarnos cada vez más auténticos, además de una elección, también puede ser un ritmo vital que va surgiendo a determinadas edades y especialmente con la madurez. Se trata de una cadencia que nos lleva a salir conscientemente de los ambientes de protección y cuidado que nos han servido desde pequeños. Cuando dejamos pasar el tiempo haciendo un trabajo de introspección, nos encontramos ante nuestro propio rostro en soledad, y terminamos por vernos en un espejo más real que las fantasías creadas a través de la ilusión de los personajes que hemos interpretado o de las gratificaciones recibidas. Al final de la vida estaremos solos con nosotros mismos y con nuestra historia significativa.

En una aventura vital, el protagonista del cuento de Sherezade atiende a su sueño e inicia un viaje lleno de peligros buscando *las riquezas* que perdió. También nosotros perdemos nuestro paraíso con el conocimiento y saliendo al mundo. Nuestro Edén de seguridad y protección se desvanece cuando adquirimos conciencia y lógica, el antiguo "uso de razón", es decir, cuando nuestra mente racional comienza a triunfar sobre el mundo fantástico e imaginativo, el mundo mágico. Hasta los seis o siete años, el niño que fuimos se liberaba de las prohibiciones impuestas a su edad mediante la imaginación, la fantasía. Allí podíamos ser cualquiera, desde Peter Pan hasta Pocahontas, y si no éramos capaces de seducirnos con ello, inventábamos un amigo imaginario y solucionado. Sin medida del tiempo, solo viviendo el presente, éramos los creadores del mundo. Nuestro mundo era único, tanto que Mark Twain llegó a afirmar: «Cuando tenía cinco años era capaz de recordarlo todo, así hubiera sucedido o no». Hasta entonces, seducir fue fácil, siempre hubo alguien que se sintió atraído por el niño o niña que fuimos. Eso sí, en un mundo totalmente egocéntrico, sin empatía. Luego, a partir de los siete u ochos años, comienza la edad de la lógica, del pensamiento abstracto y de la resolución de problemas, y las posibilidades de seducir como antes van menguando. A medida que la niñez se nos volatiliza y comenzamos a caminar nuestros primeros pasos en pos de la independencia de la familia, parece que la atracción se comienza a medir por el rasero de los demás, hay que comenzar a seducir a desconocidos. Construimos convicciones y comportamientos que nos hacen sentir seguros para acometer las vicisitudes que nuestra edad nos depara. Después de pertenecer a nuestra familia, necesitamos pertenecer a algún grupo, social, de amigos, y nos transformamos en jóvenes con fuertes creencias sobre la vida, pero un tanto inseguros. Al adoptar los signos y creencias del grupo seremos admitidos en él y volvemos a retomar una seguridad, aunque nunca podrá ser como la que dejamos en la infancia. Por otra parte, si no conseguimos ser admitidos en esos círculos o decidimos no seguir esa senda, seremos marcados como débiles o raros, cosa que nos hará sentirnos excluidos, aunque en el fondo sepamos que esa no era la senda por dónde ir. Por eso, mantenernos en nuestro propio camino no es nada fácil.

Para poder ser aceptados vamos construyendo máscaras en cada ámbito de nuestra vida. Una máscara para papá y otra para mamá... ¡hay que seducirlos por separado! Quizá otras para los distintos profesores con los que nos vamos encontrando... ¡hay que aprobar! Otras para los diferentes grupos de amigos, y quizá más que una careta, un atuendo totalmente equipado porque hay que vestirse, peinarse, moverse y hablar como ellos. ¡Y cuidado con traicionarles! Otras máscaras para las diferentes personas que nos atraen porque... ¡cómo les voy a mostrar cómo me siento o, peor aún, ¡cómo soy en realidad! Las diferentes máscaras que tenemos que ir creando en el mundo laboral, una para los superiores, otra para los iguales... Y si tenemos familia propia quizá otra.

Como he dicho, todo ello lo aprendemos a hacer para adaptarnos y sobrevivir a las dificultades de los primeros años de vida y en los posteriores. En este proceso de adaptación a este mundo nos vamos desconectando de nuestra esencia y creando miles de máscaras. Pero seguimos soñando, quizá aún como los niños que fuimos...

Como el hombre del cuento, nos dirigimos a buscar fuera lo que ya poseíamos de forma innata. Lo hacemos con una energía especial, renovada. Parece que este brío es nuevo y nos permite sentir que vamos por el buen camino. O, quizá, que hemos recobrado algo que era nuestro y que se perdió entre las brumas del pasado, lleno de *fracasos*, de culpabilidad y de reproches. Este aliento vital, esta esencia que sí que es nuestra, no heredada, que no llevamos ni en los genes ni en el ADN, sino que se encuentra en nuestra propia alma o es ella misma, es la que nos impele a buscar más allá de lo conocido.

Es posible que creas que estas palabras son una argucia o un engaño para personas con poca sensatez. A mí me gustaría hacértelo más fácil y si te chocan palabras como esencia o alma, puedes pensar en cómo es tu personalidad, quizá esta palabra sea más cercana para ti. ¿La muestras al mundo o la escondes? A esto yo lo llamo esencia, y todos tenemos una esencia personal, más o menos escondida, entre los pliegues de nuestro espíritu, un *misterio* que nos hace saber profundamente que somos diferentes a cualquier otra persona de los miles de millones de humanos que circulan en este planeta.

Pero volvamos a lo que nos quiere enseñar el cuento, exactamente cuando, haciendo nuestro el sueño en el caminar de la vida, partimos rumbo al destino indicado afrontando todos los peligros a los que creemos sucumbir. De eso se trata exactamente, de ir más allá de lo conocido, de salir de nuestra zona de confort, de sortear y vencer todos los obstáculos que la nueva perspectiva sobre mí mismo me propone.

En muchos cuentos, parábolas y enseñanzas, los personajes que comienzan una aventura tienen que pasar por peligrosas odiseas y superarlas con lo mejor que poseen... o perecer en el conflicto. Muchas veces esa es la enseñanza misma. El conflicto forma parte del cambio, de la transformación, y solemos huir del mismo como ratas ante un naufragio. El conflicto nos conduce al cambio y a la transformación, a dejar de ser *nosotros mismos* durante el tiempo que dura el proceso. Ciertamente nuestra capacidad de adaptación es enorme, ello ha sido y es una cuestión de supervivencia. Por ello nos asusta el cambio, imaginamos que vamos a *dejar de ser quien nos creemos que somos*, nos da miedo ser otro, nos atemoriza lo que deseamos. Y para conseguir *el tesoro* es forzoso luchar contra *piratas, fieras feroces, atravesar desiertos áridos y cruzar ríos profundos*. Y aún esta *lucha* no asegura el triunfo.

Nuestro protagonista del cuento incluso fue tomado por otro que no es. Es decir, cuando comenzamos a cambiar nuestra perspectiva, nos sentimos diferentes, inadaptados, inválidos para afrontar la situación. Aparecen la frustración o la sensación de fracaso, y esto lo sentimos en todo nuestro cuerpo a través de todas estas emociones que vamos sintiendo en el proceso de transformación. Es por ello por lo que a nuestro personaje «le menudearon tales azotes con varas de bambú que estuvo cerca de la muerte». La aceptación del cambio puede ser dolorosa, al menos triste, al darnos cuenta de lo que éramos y de lo que dejamos atrás.

En mi proceso personal, han existido ocasiones donde he cambiado tanto de rumbo, gracias a terapias y *coaching*, que he tomado decisiones importantes para ser quien deseaba ser.

En una ocasión me di cuenta de que todos mis amigos se pasaban el día quejándose y cuando me paré a observarlos, me parecieron patéticos además de insoportables. Cuando me detuve a ver con mejores ojos, me di cuenta de que yo había pertenecido a ese grupo hasta el día anterior como miembro activo, y se me planteó el dilema: continuar con ellos o quedarme solo. Seguir frecuentándolos suponía comportarme como ellos o fingir y aparentar que yo era como ellos. Afortunadamente decidí continuar por un camino de autenticidad y les dije adiós. La soledad que anticipaba no duró mucho, pronto volví a estar rodeado de personas que me aportaban lo que yo requería en ese momento de mi vida. Al mismo tiempo, la pena por la pérdida entró en el proceso. En otro momento, decidí dejar de ser el seductor compulsivo en que me había convertido para encontrar una pareja y formar una familia. Ya sabía que el proceso iba a ser similar a ese anterior, que transitaría por momentos de desánimo, de miedo y de dolor, pero aun así me involucré en cuerpo y alma para conseguirlo. Recuerdo que muchas personas no apostaban por mí, es decir, que no creían que yo pudiera cambiar tan radicalmente. Incluso algunas "no querían" que cambiara. Que se inmiscuyeran de esa forma en mi vida y no confiaran en mí me pareció increíble y creo que me animó más a continuar en mi objetivo. Entonces escuché de un amigo: «Tú no puedes cambiar. No tienes que cambiar. ¡Lo que daría yo por estar en tu lugar! ¡Eres mi héroe!», dijo emocionado, y sin querer escuchar que lo que yo le envidiaba era precisamente lo que él tenía, su pareja y sus hijos.

No es fácil atravesar el conflicto, recibir *azotes* de los demás, y es imposible repartir o compartir el movimiento emocional y corporal de los cambios porque abandonamos al ser anterior, le dejamos *morir*, para transformarnos en uno nuevo. No es fácil *matar* al tímido o vergonzoso que creemos que somos para convertirnos en seductores. Cuando el gusano está en el capullo está despidiéndose de su identidad anterior para recibir a la nueva.

Pero sigamos con el cuento. Nuestro protagonista es recibido por la autoridad que le acusa de *crédulo*, como si fuera la voz de unos padres, quizá los nuestros, que nos conminan a abandonar los sueños porque *son mentira*. Es decir, el capitán dejó de soñar, seguramente, con el fin de complacer a alguien, quizá a sus padres o a la sociedad, y repitió el esquema aprendido. Esto, en muchas ocasiones, se llama socialmente *madurar, crecer o ser realistas*. Nuestro héroe del relato no se comportó de forma realista, no maduró como le imponen desde la sociedad y siguió su sueño, su camino.

Y al seguir y conquistar su sueño, nuestro sueño, cuando llegamos al lugar que habíamos soñado, ¿qué encontramos? Allí donde estarían nuestras riquezas se halla la respuesta que todos intuimos en algunos de los momentos supremos de nuestra vida o cuando pasamos por alguna crisis profunda: que todo está en nuestro interior. Que el camino ha servido para que nos diéramos cuenta de que somos todo y en el vivir está la clave.

Para el hombre del relato no hay decepción cuando el capitán le dice que el tesoro está en su propia casa, solo aceptación. Sabe que ha necesitado todo ese viaje y *tanto infortunio* para encontrar la recompensa. El viaje es realmente lo que nos ocurre mientras pensamos que vamos a llegar al destino ideado con anterioridad. Si no lo hubiera efectuado, no habría podido llegar hasta la persona adecuada, en el momento justo. No es casualidad, y como si de una sincronicidad[1] se tratara, el hombre recibe la información que necesita, su recompensa. Ya solo tiene que regresar a su casa para tenerla entre sus manos. Así que volvemos a nosotros mismos para desenterrar el tesoro que llevamos dentro.

Este cuento de *Las mil y una noches* también se podría interpretar, de una forma más sencilla, como la historia del hombre que salió de su corazón, miró fuera y perdió toda su fortuna y que, para recuperarla necesitó de todo ese peregrinaje.

Y tú, amigo lector, si has llegado hasta aquí en este libro, posiblemente te esté sucediendo lo mismo y haya llegado tu momento para convertirte en el seductor que llevas dentro. Porque ese es tu tesoro, recobrar la luz que tenías *enterrada en la casa de tus padres*. Y ese es el viaje que vamos a efectuar a partir de ahora: recobrar tu atractivo oculto.

---

1 **Sincronicidad** es el término acuñado por Carl Gustav Jung para aludir a «la simultaneidad de dos sucesos vinculados por el sentido, pero de manera no causal».

Como escribió Lao-tsé: «Todo viaje, aunque tenga mil leguas, comienza con un solo paso», así que da ese primer paso con energía y decisión. Mi primera pregunta es: ¿Te das cuenta de que ya has salido de tu corazón, de tu esencia y de que necesitas comenzar el viaje hacia ti mismo? Porque por esa ruta es por donde vamos a empezar para que brilles con luz propia.

Todos somos todo

A los diecisiete años recibí mis primeras clases de teatro y ahí mismo ya obtuve la primera información de que yo era un ser completo. Bueno, no sé si fue la primera vez, quizá de niño ya lo supe, pero me lo hicieron olvidar. En una de aquellas clases, mi primer profesor de interpretación, Domingo Lo Giudice, dibujó en la pizarra un círculo y dijo: «Tengo dos noticias, una buena y otra mala. La primera es que este círculo sois vosotros, completos, esa es la buena noticia. La otra es que solo conocéis una parte pequeña del mismo. En esa parte os definís y os limitáis». Imagina las caras de los chicos que escuchábamos esto… Continuó: «Con esa parte solo podríais interpretar a personas

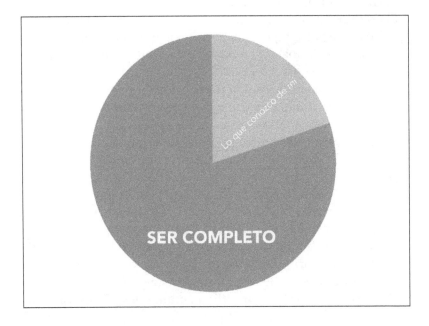

similares a vosotros o a vosotros mismos, pero no a un Macbeth, a una Julieta». Y tenía muchísima razón, no habíamos tenido la suficiente experiencia en nuestro recorrido para vivir ciertas experiencias y, como mucho, solo podríamos llegar a imitarlas en un escenario. El mundo de la interpretación había cambiado ya, y de los escenarios se estaba desterrando la falsedad y la exageración en busca de una verdad escénica que el cine y la televisión imponían y demandaban. «Estáis aquí para descubrir esas partes vuestras que están también en vosotros, pero escondidas. Porque todos lleváis dentro al más sanguinario de los asesinos y al más loco amante».

«Todos tenemos todo» no significa que todos poseamos las características o las singularidades que la naturaleza no nos ha otorgado. Por ejemplo, yo no puedo cambiar el color de mi piel, ni que mi idioma materno sea el español, ni otras cuestiones genéticas. Pero sí creo que gozamos de las capacidades para conseguir los objetivos que pretendemos dentro de nuestra peculiaridad, aunque sean sueños en principio aparentemente inalcanzables. En el caso de que quisiera ser submarinista, ya dispongo de un cuerpo y una mente para conseguirlo. Solo necesito el objetivo firme, la voluntad, la decisión, comenzar y practicar. Eso sí, en el caso de que me encontrara ligado a una silla de ruedas por mi falta de movilidad en la columna, no lo podré conseguir tan fácilmente, aunque es factible, como lo han demostrado algunas personas. Pero lo que hacemos generalmente es decirnos «no puedo» (ser submarinista o cualquier otra cosa) y comenzar con excusas y justificaciones.

Si todos podemos ser todo, o tenemos todo dentro de nosotros, también tenemos al seductor debajo de algunos pliegues. No es necesario fingirlo o interpretarlo, solo vivirlo. Porque si lo fingimos nos estaríamos mintiendo a nosotros mismos y si lo interpretáramos lo convertiríamos en una máscara más y seguramente estaríamos imitando a otro seductor que hemos visto en algún momento, y lo que conseguiríamos sería alejarnos de nuestra verdadera esencia.

En reconocer que todos tenemos todo comienza el viaje hacia nuestra propia unicidad. Porque todos tenemos a un seductor dentro, sí, pero cada uno el suyo. No hay un modelo de seductor perfecto o idílico, aunque los *métodos de se-*

ducción de los que hablamos antes, prometan eso mismo. Es bastante improbable actuar como otra persona cuando mis orígenes y circunstancias vitales son diferentes. Y ahora te pregunto: ¿Cómo es ahora tu seductor? ¿Cómo deseas que sea? ¿Cómo lo imaginas? ¿Es una persona auténtica o más bien artificial? ¿Es un personaje creado o proviene de tu ser genuino? Como dice Virginia Satir: «Por muy semejantes que creamos ser o que podamos sentirnos, seguimos siendo diferentes. Y por muy diferentes que nos sintamos, seguimos siendo semejantes. Si usted cree, como otras muchas personas, que lo que le asemeja a los demás establece los cimientos de la confianza y la seguridad, y lo que le diferencia de los otros es lo que produce problemas, entonces está usando la mitad de sus recursos. (...) Lo que nos diferencia puede ser una fuente de dificultades, es cierto, pero también es la llave para liberar muchas energías y experiencias que hacen que la vida sea apasionante y satisfactoria». ¡Qué buenas palabras para un futuro seductor!

De todos los millones de personas que han poblado este planeta a lo largo de su historia ninguna ha sentido como tú, ha tenido los mismos pensamientos que tú, ni ha reído o llorado como tú. Y saber eso en este momento se convierte en una oportunidad mágica para comenzar a mirar quién eres realmente y hacer crecer desde ahí tu capacidad seductora.

Cuál es el camino

«El único verdadero viaje de descubrimiento consiste en no buscar nuevos paisajes, sino en mirar con nuevos ojos», opinaba Marcel Proust, con claro acierto. Lo nuevo, la novedad, no cambia tu interior, solo se convierte en un objeto de corta satisfacción. Por ello, iniciaremos el viaje mirando con ojos nuevos a tu persona, a esa que decimos conocer.

Comenzaremos con esta pregunta: ¿De qué estás hecho? Tu mirada antigua te dirá que eres solo cuerpo y mente, o que estás hecho de alma y cuerpo. Estas ideas provienen del comienzo de la historia del pensamiento y, con los avances científicos, ya se han vuelto caducas. Hoy somos múltiples y estamos compuestos de todo lo que conocemos e incluso de lo que no conocemos, de lo que vemos y de lo que no vemos, de algo tangible y de lo que no lo es. Nuestra composición humana posee *quarks*, electrones, átomos, moléculas, órganos, tejidos, sistemas, luz, agua, sentimientos, emociones. Está comprobado que no somos en absoluto una unidad, incluso que nada nos une a nivel cuántico. La materia de la que están hechos los átomos es casi inexistente, lo que las une es el vacío.

Virginia Satir, en el libro *Todas tus caras*[2], hace una propuesta para integrar nuestras diferentes partes con el ser esencial. Se trata de una obra de teatro, especie de remedo de auto sacramental, donde los personajes son alegóricos (la Cólera, el Sexo, la Estupidez, la Inteligencia, el Amor, el Humor...) y se mueven en el escenario representando lo que son en su esencia. En la escena, olvidada y llena de polvo, se encuentra lo que ella llama "la Rueda Universal de Recursos" (a mí me gusta llamarla "la Rueda de la Vida"). Esta vendría a ser como una enorme tarta de seis pisos, donde cada capa representa algo perteneciente a nosotros como personas. Ella propone que hagamos nosotros mismos nuestra propia rueda. Esta sería mi "Rueda de la Vida":

Primera capa: mi yo
Segunda capa: mi mente
Tercera capa: mis emociones
Cuarta capa: mi cuerpo
Quinta capa: mis relaciones
Sexta capa: mi ser interior. Mi esencia.

---

2 SATIR, Virginia. *Todas tus caras. Pasos para amar y ser amados*. Libros del comienzo, Madrid, 2006. Este libro hace una propuesta para integrar todas las partes del ser esencial.

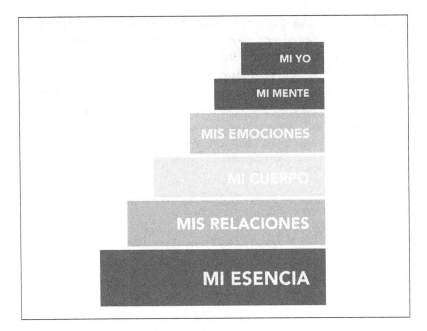

↳EJERCICIO:

- Diseña tu propia "Rueda de la Vida". ¿De qué está compuesta? ¿Tiene los mismos elementos que el modelo o has introducidos otros importantes para ti? ¿Has sacado alguno de los del modelo con él que no te reconoces?

Tu *rueda* puede tener más o menos capas que la que ves en el dibujo. Lo verdaderamente importante es que veas qué hay en el fondo como base, como fundamento tuyo y qué es lo que está más arriba, en la superficie, lo que muestras al exterior.

También la puedes pintar o ponerle colores. ¿Te gusta el resultado? ¿Has descubierto algo nuevo? ¿Te has dado cuenta de algo? ¿Te miras a ti mismo ahora con nuevos ojos? Escribe lo que has sentido haciéndolo y qué pensamientos te ha procurado el ejercicio.

(((-)))

Ahora imagina que estás cortando con un cuchillo una porción de la tarta. Al ver este trozo de perfil es posible que se asemeje a la imagen que tenemos idealizada de nosotros mismos. Así podría parecer que, cuando nos observamos y nos mostramos a nosotros mismos y al mundo, nos estamos llevando en la porción una gran parte de nuestra esencia, y una pequeña de lo que creo que soy, sin serlo esencialmente, es decir, *mi yo*, lo que llamamos también, *mi ego*.

Sin embargo, la realidad es que cortamos la porción de forma inversa a la que creemos y lo que resulta es un trozo donde lo que aparece ante nosotros y mostramos a los demás es una parte ínfima de nuestra esencia y mucho del Yo. Extraño o no, pero cierto, ya que nos han hecho así, como iremos viendo.

En realidad, aunque no seamos conscientes, todas esas partes que vemos en el dibujo, conforman mi Yo, mi verdadero ser. Lo que vamos a ver a partir de ahora es cómo estamos alejados de nuestra esencia y cómo recuperarla. Lo que te estoy proponiendo es que efectúes un viaje hacia tu ser interior, hacia tu esencia para que te conozcas más y que, por el camino, vayas recuperando tus talentos y tus virtudes. El fin último sigue siendo que te conviertas en un seductor, auténtico, vivo y genuino. Te sorprenderás cuando te des cuenta de que él siempre ha estado ahí. Veamos juntos lo que se esconde debajo de cada capa.

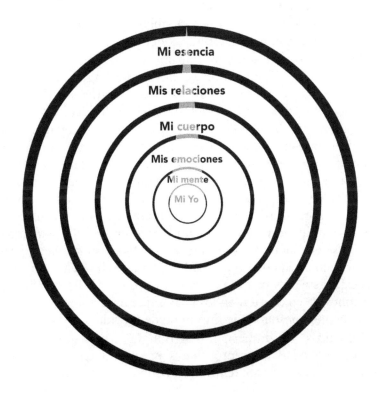

Primera capa: mi *yo*

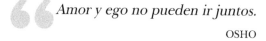 *Amor y ego no pueden ir juntos.*

OSHO

La primera capa de la *tarta*, es decir, la más pequeña, es el *yo*. Se le suele llamar *ego* y está hecha de lo que conocemos de nosotros, de cómo nos definimos a nosotros mismos y ante los demás. Esta definición casi siempre la ejercemos de una forma limitada y cambiante. Hoy puedo ser un tímido y mañana sentirme con coraje; dependiendo del momento me llamo optimista o pesimista. Esto sucede aunque haya personas que en su estructura mental posean ideas muy fuertes y poco flexibles sobre ellos mismos y se piensen siempre igual, sin cambios. Muchas veces hablamos desde nuestro ego y decimos: «Yo soy así». Esta frase no nos ayuda a cambiar y a convertirnos en lo que queremos ser, por ejemplo, seductores.

El *yo* es cómo me hablo a mí mismo y cómo le digo a los demás que soy, aunque en ocasiones no lo tenga muy claro. A unas personas les puedo decir una cosa y a otras una diferente dependiendo, por ejemplo, del grado de intimidad. Con la familia quizá pueda ser más sincero que con mis compañeros de trabajo. También puedo ser más o menos superficial o profundo dependiendo del momento, o sincerarme con alguien desconocido casi sin darme cuenta. El caso es que tengo muchas probabilidades de, a la par, ser sincero y parcial, porque todo eso que me define ha sido creado por etiquetas que me han puesto desde la infancia y yo he concluido que era *yo*. Sin embargo, este *Yo* se encuentra muy lejos de lo que llamo mi verdadero *Yo*, mi esencia. Toda esta *etiquetación* que he hecho mía, sumada a mis experiencias y condicionada por estos límites hechos de definiciones, se convierten en los juicios que hago sobre mí mismo y que he ido consolidando durante toda mi vida.

De chicos cuando hacíamos algo ingenuo o despreocupado, propio de la edad, nos reprobaban si no se ajustaba a los cánones familiares y sociales: «Si te metes el dedo en la nariz te van a llamar cochina» o «Termina los deberes que eres un vago». También solían compararnos con los demás y de esta forma aprendimos a construir un personaje, o varios, un *yo* que complaciera a todos. El *yo soy* se fue poblando de etiquetas y nos fuimos alejando de nuestro verdadero *Yo*. O como dice Joe Dispenza: «La persona que somos de verdad, el *yo* real se escuda tras la imagen que damos. Como no podemos soportar mostrar este *yo* al mundo, fingimos ser otra persona. Mentimos sobre quiénes somos porque sabemos que los convencionalismos sociales no admiten esa clase de personas». El resultado es que la mentira se convierte en verdad de tanto repetirla.

Según afirman filósofos y sociólogos actuales, en nuestras sociedades *hipermodernas* el individuo, contradictoriamente, se siente socialmente independiente pero no mejor emocional o existencialmente, al menos no tanto como en el pasado. La liberación social trae acompañada la sensación de impotencia y la infravaloración de uno mismo. Esto lo podemos detectar a través del aumento de enfermedades psicosomáticas y de trastornos compulsivos, depresiones, ansiedades y tentativas de suicidio. Ya no tenemos una idea clara de quienes somos, eso quedó en el pasado, en los tiempos de las fuertes convicciones, religiosidad e ideologías. Ahora, con esta sociedad ligera en doctrinas, hemos ido ganando en los terrenos de libertad, pero no en consistencia existencial. Es por ello también por lo que hay más separación entre nuestro *ego* y nuestra esencia. Esto hace que nos escudemos en potentes parapetos de aparente fortaleza llenos de justificaciones.

«Es que yo soy así». Esta es una frase que repetimos hasta el infinito cuando tratamos de justificarnos o excusarnos ante un reto no alcanzado o una crítica. Es decir, usamos esta definición de nosotros mismos para continuar en nuestra zona de confort. Esta clase de pensamientos sobre mí finalmente termina convirtiéndose en una fuerte excusa.

En muchas ocasiones también creo que *yo soy* como me siento, pero no deja de ser también otra clase de pensamiento limitante. Por ejemplo, si me siento *un fracasado*, termino por creer que lo soy, si me siento *poco atractivo*, pienso que lo soy. Lo que está sucediendo es que mis sentimientos me están engañando e identifico lo que siento con lo que soy, provocando una fuerte distorsión. Pero yo no soy mi mente, ni mis sentimientos, todo ello solo forma parte de mí. Yo soy todo eso y mucho más.

El *yo* de hoy en día está compuesto de tantísimos trozos minúsculos que separados se convierten en una nimiedad. Imagínate un puzle donde las piezas no tienen nada que ver entre sí y pasas los días queriendo unirlas para formar la imagen ideal usando tan solo tu mente, esto es a lo que llamas tu *yo*. Experiencias y traumas de la infancia, películas y relatos, creencias y dogmas, los fracasos y las victorias, las personas odiadas y las personas amadas. De todo ello y mucho más hemos elaborado nuestro *yo*.

En la Grecia clásica y en la Roma antigua las personas para decir *yo* se llevaban la mano al vientre. Decían que ahí nacían las ideas y que luego se refugiaban en el cerebro. Esto que hacían nuestros antepasados lo está corroborando hoy la ciencia moderna, ya que se afirma que hay un segundo y tercer cerebro situados en el corazón y en el estómago. La zona que va desde el estómago al bajo vientre es el centro del ser humano, es nuestro centro emocional y espiritual, así como el pecho es el símbolo de nuestra personalidad, de la individualidad. Es por ello que nos llevamos la mano al pecho para nombrarnos a nosotros mismos reafirmando nuestra personalidad o también tocándonos el corazón, en gesto de sinceridad. En realidad, yo creo que lo que tendríamos que hacer es llevarnos la mano a la cabeza para decir *yo*, porque se correspondería más con lo que vivimos de tanto que estamos en la mente.

Jodorowsky se pregunta: «¿Dónde está el *yo*?. Tenemos un *yo* y es muy difícil soltarlo». Y yo te hago la misma pregunta: ¿Dónde tienes al tuyo? ¿En qué parte de tu cuerpo lo focalizas? Ese *yo* que se proyecta en todo el mundo y que ve el mundo a través de su color, lo que llamas tu color. Ese *yo* que cuando te sientes triste, conviertes al mundo en una porquería y que, si te sientes alegre, todas las personas tienen la obligación de estarlo porque si no *es que te amargan el día*. Cómo vives ese *yo* tuyo al que le gusta tener razón, que vive para la fama, para tener más, para el poder y para ganar, sea lo que sea, no importa el cómo, ni casi el qué. Tener y ganar. Poco sentir y mucho menos ser.

Así, si nuestro *yo* es el del seductor, ¿estaremos cerca de nuestra esencia? Es muy probable que no. Esta visión limitada que ha nacido de la interpretación de las experiencias vitales no nos ayuda, sino que nos coloca una especie de malla de protección para no entrar más adentro de nuestro ser. Necesitamos bajar aún más hacia el fondo de la tarta para encontrar nuestro brillo más auténtico.

↳EJERCICIO:

• Mírate a los ojos en un espejo durante unos minutos y ve contestando a estas preguntas y otras muchas que nazcan de ti mismo: ¿Qué ves en tu rostro? Observa si puedes tu cara por completo o solo una parte y qué sientes cuando la ves. ¿Cuánto tiempo puedes estar así? ¿30 segundos, un minuto, cinco? ¿Lo aguantas? No te digas nada. Solo mírate... ¿Qué ves ahora? ¿Hay algún cambio en tu cara? ¿Qué te estás diciendo?

La idea es que te sientas de alguna forma mirándote durante un rato, y que te des cuenta que tu *Yo* probablemente se esconda detrás de ese rostro.

Escribe las sensaciones, emociones y pensamientos que has tenido durante esta experiencia.

↳EJERCICIO:

• Llámate a ti mismo. Para ello busca un lugar solitario, alejado de otras personas. Siéntate en un lugar cómodo y escucha el silencio durante algunos minutos. Vete preparando para romper el silencio y... pronuncia tu nombre en voz alta. Hazlo durante unas veinte veces y luego comienza a llamarte. Búscate más allá de la sala o el espacio donde te encuentres usando una voz alta y todas las inflexiones y matices que seas capaz incluido el grito. Realiza unos cinco minutos esta actividad. ¿Qué has sentido?

Escríbelo, por favor.

(((–)))

Segunda capa: mi mente

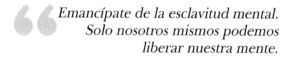

Emancípate de la esclavitud mental.
Solo nosotros mismos podemos
liberar nuestra mente.

BOB MARLEY

La segunda y gruesa capa que nos separa de nuestra esencia es la mente, la ensalzada mente racional.

Según el budismo, la mente es un mono loco. Yo agrego: un mono loco y borracho. ¿Te lo imaginas? ¿Puedes ver como ahora todos tus pensamientos van saltando de rama en rama dentro de una selva? Si solo escuchas tus pensamientos, te sentirás tan perdido como este mono loco y borracho en la espesura.

«Mi *yo* es el mejor amigo de mi mente», afirma Jodorowsky, y es, gracias a la mente, como construimos este *yo*, y nuestro cuerpo y nuestras emociones se adecuan para sentir lo que nuestra mente piensa. Es decir, dejamos que los pensamientos guíen nuestra vida.

Venimos de una época donde creíamos que la mente estaba separada del cuerpo y que poseía un funcionamiento independiente y autónomo, por lo que la encumbramos llegando a afirmar que «pienso, luego existo». El pensamiento cartesiano nos hizo personas alejadas de nuestras emociones, sentimientos y, mucho más aún, de nuestro cuerpo. A las emociones las comenzamos a considerar algo sin valor o incluso perniciosas, ya que estaban relacionadas con las «bajas pasiones propias de seres inferiores». Y el resultado fue que, como hoy no reconocemos lo que sentimos, nos encontramos muy disociados de nuestro cuerpo, el escenario donde las emociones transitan. Y al estar tan alejados de nuestras emociones, ¿cómo vamos a saber lo que sentimos?

La buena noticia es que no somos solo mente, aunque nos identifiquemos continuamente con nuestros pensamientos para así construir ese *yo* que nos da una pequeña seguridad. Eckhar Tolle afirma lo siguiente: «La identificación con tu mente crea una capa opaca de conceptos, etiquetas, imágenes, palabras, juicios y definiciones que bloquea cualquier relación verdadera. Se interpone entre tú mismo y tú, entre tu prójimo y tú, entre naturaleza y tú».

Por todo esto, no resulta nada fácil desear algo con la mente y conseguirlo. Utilizamos el pensamiento para casi todo, nuestra educación y cultura así nos lo ha inculcado, y al hacerlo nos limitamos. Si tengo un problema, uso mi mente para solucionarlo y en muchas ocasiones ese procedimiento no nos ayuda. Yo creo que la respuesta está en nuestro cuerpo la mayor parte de las veces y que la mente se convierte en una *máquina de dudar* cuando la ponemos en funcionamiento. Por ejemplo, si tenemos un dilema preguntamos a la cabeza qué opción escoger y casi nunca a nuestro cuerpo, a nuestro corazón. Realmente, creo que casi siempre tenemos la respuesta rápida a nuestros dilemas, lo que sucede es que no escuchamos las otras partes de nuestro ser y, al buscar solo en la mente, creamos la confusión. La mente es solo una parte pequeña de quienes somos.

«El pensamiento es el sustituto de la acción», dice Giulio Cesare Giacobbe[3]. También lo sostengo, porque muchas veces nos quedamos pensando, buscando la solución al problema y no hacemos nada, nos inmovilizamos. Esta especie de pasividad es la que no nos permite salir de nuestra zona de confort para afrontar nuevos retos, porque continuamos creyendo que «yo soy mis pensamientos». Estos solo crean una realidad limitada, como es limitada mi visión del mundo.

Muchos de estos pensamientos son interpretaciones de un hecho objetivo. Por ejemplo, decir que este deportista ha conseguido batir un récord, es una afirmación de un hecho. Asegurar que este deportista es el mejor del mundo, es un juicio, aunque yo crea que es así. Estos juicios marcan unas creencias y mis creencias una visión del mundo. Yo soy lo que cree mi mente y así creo mi visión de mí mismo y de la realidad que me rodea. Si creo que el mundo es un lugar inhóspito y lleno de zancadillas, mis comportamientos serán de preven-

3 GIACOBBE, Giulio Cesare. *Cómo dejar de hacerse pajas mentales y disfrutar de la vida.* La esfera de los libros, Madrid, 2012.

ción o de ataque ante los demás. Si creo que hay siempre oportunidades para todos, viviré mi vida con placer y satisfacción por lo que me depare el futuro.

Tenemos muchísimos juicios y creencias que emitimos sobre nosotros mismos y son los que marcan nuestros comportamientos y, por supuesto, dependerán de si estos son positivos o negativos. Imagínate que cuando te dispones a salir a la calle, además de ponerte la ropa, tienes que coger del armario un número indeterminado de etiquetas adhesivas para que tu día sea tan feliz como has deseado. Así que la primera que te pones es la de «Soy fuerte, puedo con todo», seguida de la de «Soy simpático», quizá alguna más... Y así comienzas a vivir tu día convencido de que eres así y haciendo que tus conductas se acomoden a estas etiquetas. Pero la vida está llena de accidentes y resulta que un pequeño contratiempo hace que dejes de comportarte de *forma simpática*. ¿Qué te ocurre en ese momento? ¿Eres simpático o desagradable? Posiblemente lo segundo, sin embargo es posible que te digas a ti mismo: «Sí, yo soy muy simpático, lo que pasa es que...» ¿Reconoces esa clase de pensamiento? ¿Lo usas mucho? De esta forma lo que consigues es excusarte ante ti mismo por no alcanzar la idea que habías construido en tu mente, la idealización de tu vida o tus actos cotidianos.

Cuando llegamos al mundo somos como un lienzo en blanco y según vamos creciendo, las experiencias, las personas y el entorno ayudan a llenar ese lienzo. Sus colores y sus trazos son nuestras creencias, juicios y valores. Nuestras creencias hacen el mundo a nuestra imagen y semejanza y siempre hallaremos evidencias para corroborar nuestra forma de pensar.

Existe un tipo de carpa llamada *koi* que es muy popular en Japón. La leyenda dice que los peces que consiguen nadar río arriba y ascender la cascada se transforman en dragones como recompensa por su esfuerzo. También se cuenta que si el *koi* se mantiene en una pecera pequeña, solo crece de cinco a seis centímetros de largo, que si se coloca en un recipiente mayor crecerá de quince a veinticinco centímetros, que si vive en un estanque de gran tamaño puede llegar a crecer hasta cuarenta y cinco centímetros, y que cuando vive en un gran lago puede desarrollarse por completo llegando a medir hasta el metro de longitud. Así funciona también nuestra mente respecto a las creencias, ya que estas pueden ser limitantes, como las peceras, y hacer que no nos desarrollemos, o pueden ser potenciadoras, permitiendo que nademos libremente en los grandes lagos de nuestra existencia.

La fuerza de las creencias es tan grande que puede determinar nuestra salud, nuestra creatividad, inteligencia, relaciones sociales e incluso nuestro éxito personal y profesional. Por ello, es muy importante conocerlas para poder cambiarlas. Y esto no siempre es fácil, ya que nos obliga a salir de nuestra zona de confort. Al revisar nuestras creencias para cambiarlas, también se puede producir un cierto dolor al darnos cuenta de todo lo que hemos vivido limitadamente, o simplemente por el hecho de comenzar a vivir en la incertidumbre que nos provoca cambiarlas.

Ahora te invito a que pares y te preguntes: ¿Cuántas creencias limitantes tienes sobre tu persona? ¿Cuántas que son potenciadoras y alimentan tu autoestima? ¿Cuántas veces te dices a ti mismo 'no puedo', 'no sirvo', 'no me merezco…', 'Yo nunca podré ser un seductor', 'Yo no sirvo para las matemáticas' o 'No me merezco que me quieran tanto'. Estas son algunas de las creencias limitantes con las que vivimos. No es fácil llegar a dar el salto para comenzar a creer que *yo puedo ser un seductor, que sirvo para las matemáticas o que merezco que me quieran tanto.* Para conseguirlo hay que revisar toda tu vida y saber cómo se crearon estas creencias limitantes para luego cambiarlas y conseguirlo.

↳**EJERCICIO**:

• Vomita tus creencias si no quieres mantenerlas en tu interior. Para ello, escribe en un papel todas las que crees que son tus creencias limitantes tipo: «Nunca llegaré a nada»,«El dinero solo es para los ricos», «No sirvo para este puesto», «Nadie me escucha…» Al menos diez.

Luego, en pie, dilas con voz alta y fuerte. Cuando termines cada frase, haz el gesto y el sonido de vomitar.

Finalmente, siente cómo te has quedado emocionalmente después de hacer un par o tres de vueltas repitiendo la creencia y vomitándola.

(((~)))

Para la mayoría de nosotros el pensamiento se produce con independencia de nuestra voluntad. Viene y se va, luego vienen otros, y tantos y tantos pensamientos no nos permiten tener un momento de calma para reflexionar de verdad y darnos cuenta de que también ¡podemos elegir los pensamientos! ¿Lo sabías? ¿Sabías que tenemos esa clase de libertad? ¿Qué te sucedería si los pudieras elegir como te plazca? ¿Qué te pasaría si pudieras cambiar tu forma de verte?

Los últimos avances científicos han demostrado que el cerebro del ser humano es *plástico*, es decir, que se puede modelar con tiempo y dedicación. Así, tenemos la capacidad de adaptarnos, de aprender y de superar las limitaciones de nuestro entorno, por otra parte, como hemos hecho como especie. Nuestro cerebro es cambiante por naturaleza, al contrario de lo que se creía en el pasado. También está demostrado que a lo largo de la vida seguimos creando nuevas neuronas y que no solo se van muriendo con los años, como se pensaba anteriormente. La creación de las nuevas neuronas se produce cuando, por ejemplo, aprendemos o memorizamos algo nuevo.

Este avance científico echa por tierra las excusas típicas a las que solemos recurrir a la hora de aprender un nuevo idioma o cambiar un comportamiento. La neurociencia ha comprobado que, si ponemos empeño, emoción y dedicamos el suficiente tiempo, podemos crear nuevas conexiones neuronales.

Si somos *plásticos* en nuestro cerebro, el concepto de mí mismo cambia, es decir, puedo hacer que cambie. Más aún, si somos capaces de ir transformando la percepción que tenemos de nosotros mismos a través del aprendizaje, podemos cambiar nuestro propio concepto del *yo*.

Por lo que la mente empleada en nuestro beneficio –sabiéndola usar–, se convierte en nuestra aliada y nos ayuda a convertirnos en lo que deseemos ser. Eso sí, con ayuda de las otras partes que forman parte de mí, en consonancia y alineación, trabajando conjuntamente por el éxito.

↳EJERCICIO:

• Haz una lista de todo lo que no te permites decirte a ti mismo.

Puedes comenzar por escribir lo que no has dicho durante el día a ciertas personas. Lo que te has guardado y no ha salido por tu boca. Luego anota el pensamiento que tuviste sobre ti asociado a eso que no dijiste. Es decir, tus creencias sobre ti mismo.

También puedes comenzar a escribir sobre tus sueños, tus fantasías y tus ilusiones.

(((–)))

Tercera capa: mis emociones

> *No nos afecta lo que nos sucede,*
> *sino lo que nos decimos acerca*
> *de lo que nos sucede.*
>
> EPICTETO

La tercera capa de nuestra "Tarta de la Vida" está compuesta de nuestras emociones. Hasta ahora se pensaba que las emociones eran propias de *seres inferiores*, como los animales, de "gente poco formada", y que dominarlas era labor primordial de las personas. Se afirmaba que, al considerarlas como pasiones, había que frenarlas y ocultarlas, lo que creó unos seres humanos dedicados a taparlas y reprimirlas. Esto es el pasado. Hoy comienza a ser diferente ya que se sabe, gracias a los avances de la neurociencia, el papel fundamental que juegan en nuestras vidas y que, por ejemplo, una persona con un alto grado de inteligencia emocional tiene más probabilidades de éxito en la vida que uno que solo tenga un elevado cociente intelectual.

De una forma breve ilustraré lo que sabemos respecto a las emociones y la neurología en relación a nuestro objetivo en este libro, ya que el tema es ingente.

En los años 50, el neurólogo Paul MacLean planteó que contamos con tres sistemas que conforman un todo, pues están interconectados, y al mismo tiempo son independientes, ya que cada uno de éstos tiene una inteligencia especial, su propia subjetividad, sentido de tiempo y espacio, así como otras funciones. A esto lo llamó *cerebro triuno* y aseguró que cada una de las partes o *cerebros* fueron añadiéndose sucesivamente como respuesta a las necesidades evolutivas. Estos tres núcleos son el cerebro reptiliano, el límbico y el neocortex. Cada uno de ellos está orientado hacia funciones separadas del cerebro, pero los tres interactúan entre sí. Es decir, nuestro cerebro está compuesto de tres grandes centros que hemos heredado del pasado, de quienes fuimos en nuestro desarrollo evolutivo.

El cerebro reptiliano, el más antiguo de todos, es el encargado de la digestión, reproducción, circulación, respiración, y la ejecución de la respuesta lucha o huida para defender el territorio. Es decir, las funciones básicas para la supervivencia. El sistema límbico, el segundo cerebro en evolucionar, alberga los centros primarios de las emociones, el aprendizaje y la memoria a largo plazo. Incluye la amígdala, que es importante en la asociación de los acontecimientos con las emociones. El tercero es el neocortex, también denominado corteza cerebral. Es el que fabrica el lenguaje, incluyendo el habla y la escritura. Construye el pensamiento lógico y formal y nos permite mirar hacia adelante y planear el futuro. Y como he dicho, todos ellos interconectados, afectados mutuamente.

De los tres el reptiliano resulta el más poderoso prevaleciendo sobre los otros. Así, ante una situación de riesgo de vida, este la evalúa mucho más rápido que los otros y decide el quedarse a luchar o huir. Resulta casi imposible oponer el sentimiento y/o la lógica ante su reacción. O sea, que el primer cerebro es el que se ha encargado de nuestra supervivencia durante la mayor parte del tiempo, más de dos millones de años.

"Emoción" es una palabra que viene del latín *emotio* y significa «impulso o movimiento para la acción». Es una combina-

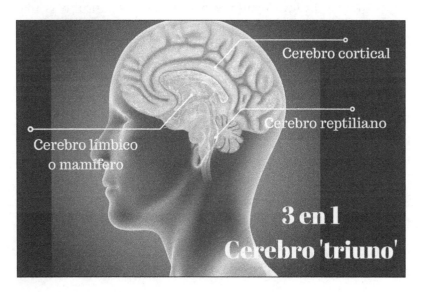

Cerebro cortical

Cerebro reptiliano

Cerebro límbico o mamífero

3 en 1
Cerebro 'triuno'

ción de reacciones bioquímicas, energéticas y fisiológicas, de duración breve, desencadenada en el sistema límbico, que nos predispone de forma rápida a un tipo de reacción o comportamiento. Aunque no sepamos darle nombre, todos las sentimos en nuestro cuerpo a través de las sensaciones fisiológicas. Es decir, si no sabemos qué estamos sintiendo, al menos sí sabemos reconocerlo en nuestro cuerpo. Por ejemplo, la tristeza se manifiesta a través de las lágrimas y es necesario sacarlas y llorar cuando llega el momento para hacerlo. Si no lloramos por sentirnos fuertes o cualquier otro motivo, estas lágrimas fluirán hacia dentro de nuestro cuerpo y provocarán más daño del que pensamos que hubiera sucedido en el caso de haber llorado. Yo mismo, cuando pasa una semana o diez días sin que me afloren las lágrimas, aunque no haya habido una causa inmediata o concreta, comienzo a sentirme alterado, y cuando me paro y me observo, me doy cuenta de que mi hábito de estar con mis pensamientos e identificarme con ellos, me ha conducido a estar apartado de mí y de mis emociones.

Nos han enseñado que las emociones se dividen en buenas y malas, en positivas o negativas, y eso ya es un error. Son todas necesarias, forman parte de nuestra evolución: el cerebro las recoge, envía una señal a nuestro cuerpo y nos permiten avanzar en nuestra vida.

Según varios investigadores, las emociones básicas o primarias son seis: alegría, tristeza, miedo, enfado, sorpresa y asco, aunque algunos incluyen más o restan alguna de estas. Su misión principal es la de la supervivencia humana ya que, por ejemplo, el miedo o el asco nos permiten salvar la vida y la alegría celebrar que estamos vivos y llegar a conectar con los demás. Las emociones nos impulsan a realizar determinadas acciones, como comunicarnos y compartir lo que nos sucede con los demás, nos enseñan qué es lo que nos agrada o desagrada para luego tomar decisiones y nos facilitan la adaptación ante nuevas circunstancias.

Las emociones forman parte de nuestra biología y ni yo, ni nadie, las puede controlar. Son necesarias y, si las reprimo, las retengo o no las muestro, su carga repercute en nuestro cuerpo de forma somática. Si no me permito vivirlas en su justa medida, las ignoro o las reprimo, afectará a mi cuerpo terminando por estallar de alguna forma. Así como el miedo es necesario, el exceso de miedo no, ya que nos conduce al pánico. Saber decir «No» viene de nuestro enfado, pero cuando nuestro enfado es extremo aparece la dañina ira. No llorar cuando nuestro cuerpo nos lo pide puede conducirnos a la depresión. Y manifestar la alegría es necesario, pero el exceso de alegría no, porque la euforia que nace de no mostrar las cotidianas alegrías nos puede llevar a cometer actos que no se nos hubieran pasado por la cabeza en situaciones normales. Véase si no algunas consecuencias de la euforia en los campos de fútbol.

Por lo tanto, nuestro cerebro no es el lugar exclusivo del pensamiento, también alberga otros comportamientos inconscientes, que gestionan nuestras emociones y sentimientos. Todos ellos repiten de forma constante un ritmo monótono, siempre los mismos pensamientos, las mismas reacciones ante los acontecimientos. Las neuronas que albergan nuestros *tres cerebros* se han estado uniendo en el sistema nervioso y han conseguido que nuestros pensamientos sean los que definan mi vida y estos, unidos a las emociones, procuren un comportamiento que corresponde a ese pensamiento. Y ¿de qué tipo es ese comportamiento? ¿Es uno que me conviene para alcanzar mis metas?

Los descubrimientos acerca de nuestro cerebro conducen a la difusión de lo que Daniel Goleman llamó *inteligencia emocional*, ya que razón y emoción van íntimamente ligadas y no se pueden separar. Como puedes comprobar, si piensas en algo positivo como alcanzar un reto o ganar un premio, automáticamente te conectarás con la alegría a través de tu cuerpo y, al contrario, si piensas en una pérdida será la tristeza, en mayor o menor medida, dependiendo de qué tipo de pérdida, la que lo inunde. Todo ello nos conduce a que cuanto más conozcamos nuestros procesos emocionales más éxito conseguiremos en nuestra vida.

Las decisiones que tomamos en la vida generalmente están influenciadas en un 80% por nuestras emociones y en un 20% por el razonamiento. Lo que supone que, si no tengo un buen conocimiento de mis emociones y las sé reconocer en mi cuerpo, tomaré decisiones que estarán teñidas por ellas. No es igual decidir algo enfadado o con miedo, que alegre.

Las emociones, al provocar impulsos eléctricos y descargas químicas en el cuerpo, se convierten en adictivas y esto provoca comportamientos que repetimos configurando el *Yo soy así*. Escribe Joe Dispenza: «Cuando memorizamos estados emocionales adictivos, como la culpabilidad, la vergüenza, la ira, el miedo, la ansiedad, la depresión, el engreimiento o el odio, creamos un vacío entre quien aparentamos ser y quienes somos en realidad. El tamaño del vacío varía de una persona a otra».

Por lo tanto, las emociones y los sentimientos, aunque necesarios para mi supervivencia, son algo que me puede alejar o acercar a mi esencia, a mi verdadera luz interior. Es cuando no los reconocemos cuando más nos alejamos. La forma de llegar a mi ser esencial consiste en conocer mis emociones para luego saber usarlas, vivirlas y sentirlas como lo que son.

Este punto es muy importante, ya que las emociones no se piensan. Generalmente estamos viviendo en «Yo pienso lo que siento» y ante la pregunta de cómo te sientes nos falta el vocabulario, un léxico emocional y sentimental que supla a las ideas, los análisis y a las imágenes que nos hacemos al querer responder a esa pregunta. Nos hace falta bajar a nuestro cuerpo desde la mente y sentir lo que sentimos. Esta fase es crucial y la siguiente es conectarnos con lo que estamos sintiendo. La última consiste es saber cómo comunicarlas. Y, repito, las emociones no se piensan, se sienten y es en el cuerpo donde se genera esta información.

El seductor auténtico sabe en cada momento cómo se siente y lo comunica, o al menos, se lo dice a sí mismo. Sabe vivir con ello para que sus comportamientos y actitudes no estén derivadas de reacciones emocionales desconocidas, sino que sus elecciones vengan de lo más hondo de su ser, de sus deseos y objetivos que siempre estarán teñidos de alguna emoción.

Una parte de mi proceso de aceptación de mí mismo consistió en aceptar mis emociones de forma natural. No solo aceptarlas, sino expresarlas públicamente cuando era pertinente. Como, por ejemplo, mis enfados. En ocasiones, en mis sesiones o talleres hay situaciones que me enfadan, no así las personas, que no lo buscan a propósito, sino un determinado comportamiento, como la inacción o la insensibilidad; entonces dejo que aparezca mi enfado sobre la situación: suelto una palabra malsonante o aumento el tono de voz o dejo que mi cuerpo se tense y destense con un gasto de energía... Porque, seamos sinceros, descargar el enfado ¡nos hace sentirnos tan bien! Todo esto me acerca a mi libertad emocional y me acerca más aún a los demás. No voy a mentir y decir que es una situación dominada, no, ya que aún me asusto sobre las posibles consecuencias de mi libertad expresiva, temo sobre la reacción de los otros. Tan fuerte es mi legado educacional. Sin embargo, lo sigo practicando y me sigue dando más y más seguridad en mí mismo cada vez que lo hago.

Para ello los pasos a seguir en el conocimiento de mis estados emocionales son: primero identificar la emoción, ponerle nombre y observar qué hago con ella y cuáles son mis pensamientos y acciones. En segundo lugar y muy cercana a la anterior, es aceptar esa emoción, no pretender ignorarla o reprimirla, ya sabemos los efectos que eso puede conllevar. Y, por último, trabajar en el cambio emocional a través de diferentes técnicas como la meditación, la relajación o cualquier habilidad que conlleve una profunda auto observación, para poderlas modular.

↳EJERCICIO:

• Dibuja unas cartulinas y pon los seis nombres de las emociones... Paséate por ellas y conéctate a tu cuerpo. Puedes hacerlo con los ojos cerrados para estar más concentrado.

Luego pregúntate qué sientes cuando has pasado por ellas. ¿Has sentido lo que estaba escrito? ¿Alguna con mayor o menor intensidad? ¿Qué deduces de esto?

(((-)))

Cuarta capa: mi cuerpo

> *Ahora ya sabemos que el alma es el cuerpo*
> *y el cuerpo el alma. Nos dicen que son*
> *diferentes porque quieren persuadirnos*
> *de que podemos quedarnos con nuestras almas*
> *si les dejamos esclavizar nuestros cuerpos.*
>
> GEORGE BERNARD SHAW

El lugar donde suceden todas estas descargas químicas y se producen los encuentros neuronales, el lugar donde se desarrolla todo este mundo de pensamientos y emociones, es nuestro cuerpo. Posiblemente sea el lugar menos visitado de toda la tarta, de toda la "Rueda de la Vida".

Nos acordamos de nuestro cuerpo cuando enferma, cuando vivimos situaciones extremas o con el ejercicio físico y cuando los instintos actúan. Sin embargo, nuestro cuerpo siente a cada instante. Nuestras emociones transitan por nuestro cuerpo al igual que nuestros pensamientos, segundo a segundo. ¿Quieres comprobarlo? Detén un momento la lectura y cierra los ojos. Piensa en un hecho triste o una pérdida. Quizá no quieras hacerlo, está bien, pero si lo haces, concéntrate en ello. Después de unos momentos sentirás, probablemente en tu estómago o pecho, algún tipo de sensación. Ahora haz lo mismo con un recuerdo muy agradable, algún triunfo o encuentro con alguien querido y siente cómo ese recuerdo, ese pensamiento creado por ti, circula por algún lugar de tu cuerpo. Quizá lo notes en tu pecho o en tus manos.

Volviendo a algo más sencillo aún de comprender, cuando sentimos profundamente nuestro cuerpo, nuestra percepción se afina muchísimo. Imagina la diferencia entre escuchar con los ojos cerrados una sinfonía y escuchar una orquesta en directo mientras vamos de camino al trabajo o a casa. En el primer caso la música pasa a formar parte de tu cuerpo de forma mucho más profunda.

También las diferentes posturas corporales, al igual que las emociones, afectan a nuestros pensamientos y acciones de nuestro ser en la vida cotidiana. Y, desgraciadamente, no somos conscientes de ello.

El cuerpo responde con clara efectividad a lo que nuestro pensamiento desea, no está separado de nuestra mente. El cuerpo habla, aun cuando permanecemos en silencio. Y principalmente, el cuerpo no engaña cuando lo que decimos no está en consonancia con lo que estamos pensando, sintiendo o ambas cosas. La comunicación no verbal es algo bastante popular gracias a la difusión en los medios y sabemos mucho de nuestros gestos conscientes e inconscientes. Por ejemplo, rascarse la nariz o la postura de unas piernas cuando permanecemos sentados, puede decir mucho más de lo que nos pasa por dentro que toda la palabrería que salpique nuestra comunicación.

No obstante, aún no queremos dar esta preponderancia a nuestro cuerpo, lo tenemos colocado en un lugar inferior con respecto a nuestra mente, quizá por desconocimiento, quizá por miedo a saber demasiado y desmontar la frágil realidad en la que nos movemos. Muchas veces este temor proviene de no querer aceptar cómo somos por dentro, de no querer responsabilizarnos de cómo es nuestro verdadero ser, de sentirlo y vivirlo. Es entonces cuando seguimos en nuestra zona de confort, con nuestras quejas cotidianas, con sus frustraciones, y no salimos de allí porque no deseamos admitir que la rigidez de mi brazo puede significar el peso de la rigidez con la que he sido educado o la rigidez de ideas que poseo.

Es más fácil no querer vernos a nosotros mismos y no tomar en cuenta las señales que emiten nuestros órganos o nuestros músculos y tendones. «Estás enfadado», le digo a uno de mis clientes y automáticamente responde: «¿Yo? ¡Qué va!». Y cuando me pide explicaciones de por qué lo digo, insisto en que se dé cuenta de cómo se encuentra de irritado. El cliente suele decir que no es lo mismo, que él no está en ese estado y fuerza una sonrisa que en ocasiones se transforma en mueca. Una irritación es un enfado leve en el sentido emocional, le explico. Pero no está de acuerdo en que eso sea un enfado, e insiste: «Esto es algo habitual en mí, no es un enfado. Además ¿cómo lo sabes?». Entonces le explico que su voz se ha metalizado o enfriado, que ha cambiado el eje de su cabeza para mostrar algo de desafío. Que posiblemente no se haya dado cuenta de que algún músculo de su cuerpo se ha tensado o de que su circulación ha variado el ritmo. Todo consecuencia de la descarga de un neurotransmisor emocional, o neuropéptido, que se ha activado en su cerebro ante mi estimulo en la sesión cuando le he dicho algo que le molestó. No se puede ocultar.

A partir de este conocimiento puedes comenzar a usar tu cuerpo como lugar de recogida de información y como instrumento de apertura y felicidad. Ahora fíjate cuántos tipos de masajes o de prácticas como el yoga, *tai-chi*, *chi-kun*, el *reiki* –por citar unos pocos–, abundan a nuestro alrededor para hacernos la vida más grata, usando nuestro cuerpo como medio para conseguirlo. Y si miras un poco más, te asombrarás de cuántas terapias modernas usan el cuerpo como forma de detección y de curación, desde el *reiki* hasta el EFT (Técnica de Liberación Emocional) o el EMDR (Desensibilización y Reprocesamiento por medio de Movimientos Oculares), pasando por la kinesiología o la técnica metamórfica.

Como ves, todo está en nuestro cuerpo, todo. Incluso, las experiencias vividas desde antes de nuestro nacimiento cuando nos encontrábamos en el vientre materno se encuentran alojadas en alguna parte de nuestra neurología, es decir, en nuestro cuerpo. Nuestro cuerpo almacena tres tipos de memoria en sus células y en ellas se encuentra la información de lo que somos. La primera es la congénita, la ancestral, compuesta por todas las generaciones que nos preceden, la segunda es la genética o del ADN, ya que usamos y nos condiciona sobremanera la memoria de aquello que vivimos en el vientre materno. Y, por último, la memoria adquirida, lo que vamos aprendiendo a lo largo de la vida. Todo ello se encuentra alojado en nuestro cuerpo y la información guardada en esta memoria celular nos condiciona de tal modo que nos predispone a percibir y comportarnos de una determinada manera. Esto nos lleva a repetir conductas de nuestro pasado o de nuestros antepasados, ya que llevamos esa información grabada en nuestra memoria celular y estamos por lo tanto condicionados por ella. Ya existen muchos métodos para desactivar la memoria celular que están funcionando en nuestro entorno gracias a estos conocimientos científicos, y todos a través de nuestro cuerpo.

↳EJERCICIO:

• Date una ducha con los ojos vendados. Y percibe lo que sientes.

Desnúdate con los ojos cerrados y métete en la ducha de la misma forma. Quizá te des cuenta de todas las preocupaciones que vienen a tu mente o quizá comiences a disfrutar de las sensaciones amplificadas que tu cuerpo experimenta, ya que no tienes la vista para distraerte. La vista es el sentido que más tarde aparece en nuestra vida, el oído es el primero. Así, ¿qué escuchas ahora? ¿El agua, la frotación del jabón o tus manos sobre tu cuerpo?

Siente el calor o el frío del contacto con el agua o cualquier otro elemento. Y pregúntate ¿cómo estoy ahora? Si estás concentrado en las sensaciones te darás cuenta de que todo está bien ahí, que las preocupaciones se van alejando, porque estás contigo mismo a través de tu cuerpo.

(((–)))

• Colócate un lápiz entre tus dientes. La primera vez ponlo hacia delante de los labios frunciéndolos y también arrugando el rostro. Es posible que muy pronto te llegue el enfado al cuerpo y, aunque lo quieras rechazar, permanecerás durante algunos segundos instalado en él. Ahora cambia la posición del lápiz y llévalo lo más dentro de la boca que puedas, sin dañarte, y verás que tu rostro construye una sonrisa y que si esperas unos minutos, llegará a tu cuerpo la emoción de la alegría. Quizá sea leve esa sensación, pero te darás cuenta de que la puedes aumentar si usas tu pensamiento haciendo que esa sea tu intención.

En definitiva, el cerebro siente lo que queramos que sienta, podemos modular lo que sentimos, para mal y para bien. Y eso lo hacemos a través de nuestro cuerpo. Y ¿cuál es la emoción del seductor que quieres ser?

(((–)))

«Vivir en el cuerpo es vivir el momento presente», dice Ekhart Tolle y nosotros vivimos o en el pasado o en el futuro. Vivir en el pasado nos genera un sentimiento de pena por lo perdido o lo que pudo ser. Es decir, recordamos y activamos nuestra memoria celular llegando a caer en depresiones. Proyectarnos hacia el futuro frecuentemente activa la ansiedad por lo que pueda venir. Vivir en el presente es sentirse en paz, es sentirse seductor de uno mismo. Ni exceso de pasado ni exceso de futuro, solo el presente. ¿Y cómo lo hago? Pues comenzando, de una forma sencilla, a sentir el cuerpo, tu cuerpo.

La única realidad es mi cuerpo y lo que le rodea. Nuestro cuerpo es energía, energía física, energía intelectual y sexual. Cuando aprendemos a canalizar todas estas fuerzas nos encontramos cada vez más cerca de nuestra esencia. No en vano afirma Osho: «El vientre es la fuente de tu vida. Te hallabas unido a tu madre por el ombligo; ahí es donde empezó a palpitar la vida. La cabeza es el lugar más alejado de tu existencia»[4]. Por todo ello, regresa a tu cuerpo, vuelve a tu origen, ya que nunca lo perdiste, ya que fue tu primer lugar y quizá el último.

↳EJERCICIO:

• Recuerda algún evento de tu niñez y siéntelo en el cuerpo. Imagina, por ejemplo, un día de Reyes por la mañana, un éxito de tu vida de escolar o algo similar que te produzca bastante alegría. Para ello tienes que cerrar los ojos y concentrarte en las imágenes que aparecen ante ti. Cuanto más detalles, mejor. Cuando hayas concluido de construir la imagen pasa a tu cuerpo y busca dónde sientes algo. Suele estar casi siempre entre el cuello y el bajo vientre. Localízalo para hacer que crezca. Ahora, si es una sensación positiva, imagina que tiene un color y que se expande por todo tu cuerpo, desde los dedos de los pies hasta el cuero cabelludo. Luego abre los ojos y comprueba que puedes expandir esa sensación por todo el lugar donde te encuentras.

---

4 OSHO. *El sendero del zen.* Editorial Kairós, 2003.

Finalmente, comprueba durante cuánto tiempo puedes mantener la sensación apacible, agradable o alegre que has creado. Éste es un buen comienzo para un seductor que sale a la vida.

• Coloca tu cuerpo en una posición nueva para ti. Es decir, pon tu mano en un lugar de la cabeza durante algún tiempo o cualquier otra postura nueva. Lo primero que sentirás es extrañeza, y te dirás: «Ese no soy yo». Pero a medida que te dejes estar y que observes las nuevas sensaciones verás que estarás más y más cómodo con el tiempo y la irás incorporando como tuya.

Nota lo que vas sintiendo y escríbelo en un cuaderno. Prueba otras diferentes posiciones del cuerpo.

Este ejercicio, en primer lugar, te sirve para enviarle a la mente la noticia de que tú puedes ser también otros; es decir, que puedes cambiar y transformarte pasando de la extrañeza a la comodidad. En segundo lugar, también te puede servir para conectarte con toda la "Rueda de la Vida", con toda la *tarta*, ya que puedes llegar a ser quien tú quieras.

(((-)))

Quinta capa: mis relaciones

> *Todos nacemos originales y morimos copias.*
>
> CARL GUSTAV JUNG

En esta penúltima sección de la *tarta*, un trozo bien ancho y profundo, comenzamos a admitir que no estamos solos, y que no venimos de la soledad o el abandono, sino todo lo contrario. Venimos del contacto intenso, interno y profundo con los demás. Mis relaciones de la *tarta* son los demás, son los otros, los que me han definido y los que me definen hoy mismo.

Ya que en otros capítulos del libro exploraremos otros tipos de relaciones, aquí vamos a ver cuáles fueron nuestras primeras relaciones, es decir, los padres, los primeros cuidadores, los que han dejado su herencia en nosotros.

Para comenzar hazte, quizá de nuevo, esta pregunta: ¿Cómo vives la relación con tus padres? ¿Cómo la sientes? No es importante si tus padres están vivos o no, porque los recuerdos y sentimientos permanecen en nuestra memoria y en nuestro cuerpo. Sigue preguntándote cómo sientes tus relaciones con los hermanos, abuelos y otros ancestros. ¿Están presentes como algo positivo? ¿Estos lazos te hacen crecer como persona o, por el contrario, te fijas mucho en el pasado y te quejas? ¿Vives estos vínculos con frustración o tristeza o, al contrario, te dan fuerza para ser feliz hoy en día? Detrás de estas preguntas te puedo imaginar, quizá, resignado a que tu experiencia de vida con ellos en el pasado haya hecho de ti una persona limitada y alejada del seductor que se sabe seducir a sí mismo.

Ya hemos visto que las etiquetas que nos han colocado provienen de esa época de nuestra vida y que con ellas no resulta fácil ni llegar a la esencia de cualquiera de nosotros ni seducirme a mí mismo con lo mejor que yo tengo. Tantos y tantos juicios me lo impiden. Pero, al mismo tiempo, podemos revisar nuestros orígenes para observar de donde provienen y ponerles fin de alguna forma. A esto lo podemos llamar «sanar las relaciones desde las raíces».

Y nada mejor que mirar nuestras raíces con la lupa de la mirada al sistema y el enfoque que aporta Bert Hellinger, creador de la terapia de las Constelaciones Familiares. Este terapeuta parte de la idea de que somos grupales por naturaleza; es decir, que al nacer y vivir en grupo, formamos parte de un sistema. De esta manera, para la existencia de un hijo es indispensable la existencia de unos padres, y para la existencia de estos padres, fue indispensable a su vez la existencia de los suyos propios. Así yendo hacia atrás en el tiempo llegamos al comienzo de la creación de la vida. Cada persona es el final de una pirámide de muchos seres humanos que han sido indispensables para nuestra existencia. Cuando nacemos nos convertimos en un ser altamente desvalido en comparación a otros mamíferos, además nuestro cerebro es la tercera parte de lo que llegará a ser cuando alcance su máximo desarrollo. La necesidad de los demás, los cuidadores, es absoluta hasta bien avanzada la juventud.

Esta forma de comenzar a vivir deposita en nosotros una dependencia absoluta de quien nos da la vida y de quien nos cuida, de esa forma adoptamos, a nivel consciente e inconsciente, todo su legado. Así, la pertenencia a un grupo social, familia u otros, nos asegura la supervivencia. El deseo de pertenecer a un grupo está muy arraigado en nosotros y viene desde la época en que éramos nómadas. En ese tiempo, separarse de la tribu significaba la muerte. Desde entonces, este instinto de pertenencia es esencial para todos nosotros.

¿Recuerdas la cara de tus padres cuando hacías algo que no se adecuaba a los cánones establecidos? Por ejemplo, puede que te pusieran mala cara o te reprendieran por chillar o decir palabras malsonantes delante de los vecinos. ¿Recuerdas la cara o las palabras de tu madre o de tu padre en esas situaciones? Su preocupación o enfado no venía directamente del temor a los vecinos, tenía que ver mucho más con el viejo instinto de supervivencia que regía su conciencia. De forma inconsciente, lo que temían tus padres, e incluso tú ahora mismo con tus hijos (si los tienes), era el aislamiento social y el posible rechazo hacia esa familia, tú, tus padres, tus hijos. Como dice Svagito R. Liebermeister: «En las capas inconscientes de la memoria colectiva, este rechazo implica la muerte»[5].

Los niños hacemos cualquier cosa para pertenecer a nuestra familia, pues sin esa unión y sin ese derecho a pertenecer estaríamos perdidos, y en un sentido profundo, muertos. Imagina que en una familia lo que *está bien* es estudiar, casarse y tener una familia, y uno de los hijos decide no seguir esta senda e irse a la India de mochilero o ingresar en un templo budista. Este hijo seguramente sentirá una mala conciencia por estar haciendo algo *malo* o no adecuado, aunque él sienta que internamente es su deseo y quiera conseguir la felicidad con ello. Si discrepamos de las normas de nuestra familia, entramos en un profundo conflicto por lo que muchas veces nos hacemos leales a ritos y comportamientos que nos dañan personalmente.

Pero todo esto no tiene que ver con el amor, yo puedo amar a mi padre y no necesariamente convertirme en abogado como él, o amar con todo mi corazón a mi madre y no sentir en mi cuerpo que la vida es sufrimiento, como para ella lo fue. Separarme de esto me hará sentir culpable, pero quizá sea la forma de comenzar a ser adultos y dueños de nuestro destino.

De todas formas, lo que es fundamental en esta capa de la *tarta* es conocer cuáles son los vínculos profundos que te atan a tu familia, comprender su conciencia colectiva y, con amor, tomar lo que es bueno para ti de todo ello. Imagina que tus padres y tus ancestros no consiguieron el éxito en su vida por las circunstancias que fueran, ¿crees que tú lo vas a conseguir fácilmente? Aprendiste eso, lo llevas de alguna forma en tus genes, te contaron sus *fracasos* desde chiquito y tu necesidad de pertenencia te hacer comportarte, inconscientemente, como ellos.

Ahora bien, la buena noticia, es que te puedes liberar y comenzar a vivir tu propia vida por tu propio camino asumiendo de dónde vienes y qué quieres llevar de todo eso como equipaje.

---

5 LIEBERMEISTER, Svatigo R. *Las raíces del amor. Constelaciones familiares.* Gulaab. Madrid, 2007.

↳EJERCICIO:

• ¿Qué querían mis padres que fuera de mayor? Es posible que lo sepas, es posible que no lo recuerdes. Quizá no te lo hayan comunicado directamente o quizá te lo hayan dicho muchas veces. Trabajes en lo que trabajes, sea lo deseado por ellos o lo contrario, escríbelo en un papel, con lápices o rotuladores de colores. Usa una cartulina bien grande y luego colócala en la pared para que la veas delante de ti. ¿Qué sientes en tu cuerpo ahora? ¿Se trata de una sensación agradable o de tristeza? ¿Qué sientes cuando te das cuenta de que te has convertido en lo que tus padres querían de ti o cuando te percatas de que has hecho lo opuesto? Y ahora pregúntate, ¿quieres seguir trabajando en lo mismo? ¿Deseas cambiar algo? ¿Tienes perspectivas de cambio en el futuro? ¿Hay alguna afición que pueda convertirse en una actividad lucrativa? ¿Quieres cambiar algo de este aspecto de tu vida y seducirte a ti mismo?

(((～)))

Si quieres seguir observando de qué forma las familias, y más exactamente los padres, influyen de forma determinante en nuestras vidas, comprueba si cumples alguna de estas premisas con respecto a la relación con tus padres:

1. Hago lo que quieren mis padres
2. Hago lo opuesto a lo que mis padres quieren.
3. No quiero saber nada de ellos. He roto el vínculo.
4. Quiero que mis padres cambien.

Todas ellas suponen algún tipo de nudo emocional con ellos y esto se convierte en una carga que no te deja caminar ligero en tu vida. Todas te hacen llevar tu mirada hacia el pasado y no hacia el futuro.

Cierto que el pasado nos ha marcado a todos de una forma importante y que gracias a él somos quienes somos, pero no podemos vivir mirando hacia atrás. El pasado se sana, hoy cada vez más. Existen terapias para ello, tradicionales y mo-

68

dernas, y cada vez más con especial énfasis puesto en los traumas. Así que comienza a mirar hacia delante para que estés más conectado contigo mismo a cada paso que das.

↳EJERCICIO:

• Imagínate a tus padres dándose un abrazo. Puedes usar dos piedras blancas o dos *playmobil* y jugar con ellos como si fueras un niño. Elige quien es tu papá y quién es tu mamá y concéntrate en ello. Puedes darte un tiempo visualizando sus rostros en los objetos que has elegido. Cuando estés plenamente concentrado y lo sientas, acércalos muy lentamente y júntalos en un abrazo imaginario. Quizá compruebes cuánto te conmueve emocionalmente y cómo tu cuerpo se abre para volver a sentir los recuerdos que se han quedado instalados en tu memoria neuronal. Disfruta de este momento porque, pasara lo que pasara, y recuerdes lo que recuerdes, esto también ocurrió.

(((–)))

Sexta capa: mi esencia

> *Conocí un segundo nacimiento, cuando mi alma*
> *y mi cuerpo se amaron y se casaron.*
>
> KHALIL GIBRAN

Finalmente llegamos al fondo de la *tarta*, a la capa más profunda y fundamental, nuestra esencia. Ésta nos habla de quienes realmente somos y quizá sea la que no puede respirar tranquila debajo de tantas pesadas capas que le hemos puesto en forma de losa, a pesar de que todas son parte de nosotros mismos.

Pudiera parecer accesible, pero, como hemos visto, tenemos tanto peso, tanta carga encima de nuestra esencia que no es nada fácil. Yo creo que todas son necesarias, pero cada una de ellas en su justa medida. Todas nos han servido, sobre todo en el pasado y nos podrían servir en el futuro si sabemos usarlas, si somos conscientes de que nos permiten cierta impostura y enmascaramiento. Es decir, siendo conscientes de que somos muchos y no un único *yo* y sabiendo usar esta variedad de personajes. De esta forma, dejaremos de hacernos daño y podremos llegar a nuestra esencia fácilmente.

Nuestra forma de protección consiste en admitir y sobrellevar muchas máscaras. Desde que salgo al mundo, todos estos condicionantes internos que hemos visto, hacen que construya unos personajes variados que me permiten transitar por el mundo de la mejor manera posible y menos dolorosa. Conviene recordar que la palabra persona proviene del griego *prosopon* (pros = delante, opos = cara, y máscara = delante de la cara), término que hace referencia a las máscaras que utilizaban los actores del teatro en la Grecia clásica. Yo creo que cuando construimos una personalidad estamos elaborando una máscara y que, como tenemos diferentes formas de comportarnos en diferentes situaciones, ambientes y personas diversas, llegamos a construir más de una "máscara". Poseemos tantos personajes que nos definen hacia el exterior que no solemos mostrar quienes somos realmente por no sentirnos vul-

nerables, y esto hace que nos disfracemos con estas personali-
dades, con gran cantidad de maquillaje y vistoso vestuario.

Mis máscaras no son yo. Son únicamente una protección
que, cuando llega un determinado momento de la vida, por
hartura o por elevado conocimiento, comienzan a hacerme
daño. Quizá estés leyendo estas páginas por este motivo, quizá
te hayas dado cuenta de que has perdido el contacto con tu
esencia de tanta *representación* efectuada durante tantos años y
quieras cambiarlo.

Para ello pregúntate: ¿cuántos personajes interpretas en tu
vida? ¿Cuántas máscaras llevas puestas? Todos usamos varias,
unas son las que los demás conocen y otras son las que llevas
por dentro. Pueden ser similares o no. Cuanto más diferentes
sean entre sí, más dolor nos proporcionamos. Tanto unas como
otras provienen de nuestra educación y experiencia de vida, ya
que hemos hecho nuestra una creencia extendida que dice que
nadie debe saber lo que pensamos. «Las ideas deben llevarse
por dentro», decía mi padre en una época en la que no se podía
mostrar lo que se pensaba ideológicamente, y creo que hoy actuamos de igual forma. Creamos unos personajes para poder
encajar en el mundo, pero ese personaje puede que esté muy
alejado de nuestra esencia.

Por ello, es importante que identifiques tus máscaras, que
sepas reconocerlas y decidas qué hacer con ellas. Puedes tener
varias o una sola, y reconocerlas no es nada fácil, incluso puede
llegar a resultar doloroso el saber que has estado interpretando
un personaje que no eras tú durante muchos años de tu vida.
Ante eso solo queda tu elección de seguir adelante o no.

Los personajes más *populares* que interpretamos son: el per-
feccionista, el fracasado, el tímido, el orgulloso, el sumiso, el sexy,
el niño bueno, el rebelde, la víctima, el gracioso, el valiente o el
cobarde.

↳EJERCICIO:

• Vuelve a la "Rueda de la Vida" que dibujaste. ¿Qué cambiarías ahora que ya sabes un poco más de qué está hecha?

• Identifica tus máscaras y dibújalas. Luego cuélgalas de una pared y déjalas durante unos días así, expuestas.

• Compra pintura de maquillaje para niños y pinta tu rostro de algo que represente tus máscaras sociales, la de profesional, la de hijo, la de amigo de sus amigos, luego mírate al espejo durante unos minutos. ¿Qué ves? ¿Eso es lo que quieres que los demás vean de ti?

¿Cómo hacer eso de pintarse? Pues es sencillo, puedes hacerlo antes en un papel y luego copiarlo, pero es mejor hacerlo directamente sobre la cara ante un espejo.

Si no te ves capaz, ponte una cartulina en el pecho que tenga escrita la etiqueta que te das y paséate por donde quieras durante unos minutos. También puedes llevar esa etiqueta por dentro de la ropa. Sal a la calle y nota lo que sientes. Si lo vas a hacer de esta manera, lleva la etiqueta durante una semana.

Sea cual sea la opción que elijas escribe en una especie de diario lo que estás sintiendo y de lo que te das cuenta.

(((-)))

> *No tengo cosas, las cosas me tienen.*
> *No sentimos miedo a morir, sino a*
> *perder lo que tenemos. Somos*
> *aquello a lo que* nos consagramos.
>
> ERICH FROMM

Si has hecho el ejercicio, habrás podido comprobar que tenemos tanto miedo y vergüenza de mostrarnos ante los demás que nos hemos ocultado a nosotros mismos. Nuestras máscaras, nuestras corazas, nuestras armaduras, están hechas de dolor. En fondo de nuestro corazón todos sabemos que nos ocultamos de algo y eso nos produce algún tipo de angustia vital que se puede traducir de muchas formas. Si no es angustia ese sentimiento, se tratará de una desazón que experimentamos y que proviene de una mentira que sabemos que nos hemos estado contando mil y una veces. Al repetirla íntimamente solo conseguimos separarnos más y más de nosotros mismos.

Escribe el sociólogo Gilles Lipovetsky: «Asistimos en concreto a una inquietante fragilización y desestabilización emocional de los individuos. El hiperconsumo ha desmantelado todas las formas de socialización que antaño daban puntos de referencia a los individuos. De ahí la espiral de trastornos psicosomáticos, depresiones y demás angustias que son la otra cara de la sociedad del bienestar»[6]. ¿No es esto alejarnos de nosotros mismos? Cierto, hemos perdido las referencias y volver atrás es imposible, volver a creer en las ideologías o en las religiones, como sociedad, no nos ayuda a mantenernos serenos y hemos sustituido ese vacío con el hecho de poseer cosas. Aunque a nivel personal el mundo y la forma del *pensamiento fuerte* del siglo XX les sirva a algunos individuos, estamos viviendo la época del *pensamiento débil*, la era de la incertidumbre. Además, en los últimos años, en nuestras sociedades hemos construido un paradigma que básicamente consiste en **tengo** luego **hago** y de esa forma **soy**. Quizá tengamos que in-

---

6 LIPOVETSKY, G. y CHARLES, S. *Los tiempos hipermodernos*. Anagrama, 2014.

vertirlo para convencernos que lo primordial es llegar a **ser** y así, posteriormente, poder **hacer y/ o tener**. Esto sería volver a nuestra esencia, mirarnos en ella para fortalecernos con nosotros mismos.

Antiguo Paradigma TENGO HAGO SOY

Nuevo Paradigma SOY HAGO TENGO

Decía Erich Fromm en los años 70 del siglo pasado: «El hombre solo puede ser él mismo cuando es capaz de expresar sus potencialidades innatas, pero esto difícilmente llegará a ocurrir cuando su objetivo es poseer la mayor cantidad de cosas; si solo se empeña en obtener posesiones concluirá convirtiéndose en un objeto más. En cambio, para lograr "ser" debe dedicarse a una actividad auténtica que no es otra que aquella que le permite un pleno desarrollo de sus capacidades». ¡Qué hermoso! Quizás te preguntes cuál es esa actividad auténtica. Quizá otras personas no se lo cuestionen y ya la sepan. Sea como sea, para mí esta actividad viene de mi esencia y consiste en, por ejemplo, seguir mi vocación y hacer lo que amo.

Según Fromm los humanos tenemos dos opciones para definirnos a nosotros mismos, o lo hacemos en términos de lo que poseemos o de lo que vamos siendo. Como él opina: «¿Quién soy yo si lo que soy lo puedo perder?». Y entonces llega esta especie de eterno miedo. Miedo de perder. Si tenemos algo, siempre lo podremos perder; es decir, que, si tenemos una identidad construida en base de nuestras pertenencias, la podemos perder. Pudiera parecer que es lo que está pasando en esta larga crisis económica. Como nos hemos dedicado sobre todo a poseer, perdimos la dirección, todo consistió en tener. Incluso el lenguaje se convirtió en una muestra donde tener era la preocupación central, por eso «tenemos un problema, un trabajo, tenemos enfermedades, tenemos un matrimonio», todo puede ser convertido en una posesión. Además, cuando nos preguntan decimos: «Soy médico, soy ama de casa, soy interventora». Realmente, ¿quién soy yo? Todo ello nos proporciona una seguridad alimentada por el exterior, por los demás y la sociedad, pero no por lo que nosotros representamos para nosotros mismos como seres únicos e irrepetibles.

Volviendo a Fromm, éste opinaba que, solo renunciando a la forma de pensar para tener, donde nos aferramos a las pertenencias y a nuestro ego, puede surgir el modo de ser. Para ser es necesario evitar el egoísmo y el egocentrismo, pero para muchos esto es dificultoso, renunciar al deseo de tener les provoca angustia, ya que carecen de una base humana donde sustentarse. ¿Has pensado en cuánta fuerza y confianza tendrías si no te apoyaras únicamente en tus propiedades? ¿Has pensado de cuánta energía dispondrías si hicieras lo que amas y no lo que es *bueno* para ti o lo que es *socialmente bueno*?

Para sortear el egoísmo es imprescindible cambiar las costumbres, empezando por dejar de estar obsesionado por la posición social, por tener más o menos, por aparentar y vivir de lo que piensen los demás. Para ello es necesario que cambiemos los hábitos, las rutinas diarias y comencemos a vernos con una mirada amable y que empecemos a ver a los demás como a nuestros semejantes de verdad, y no como a unos competidores. Volver a la Naturaleza como inspiradora y maestra, saber apreciar el Arte como metáfora de lo que somos, pueden ser dos caminos para comenzar a rescatar nuestra esencia. Prestar atención a lo que sucede a nuestro alrededor en vez de estar encerrados en nosotros mismos nos abre las puertas a los demás y a su mundo.

↳EJERCICIO:

• Haz una lista de lo que tienes en una hoja de papel. Luego coge otra hoja y escribe lo que eres. Finalmente, compáralas.

• Date cuenta de lo que te conecta contigo mismo: ¿una música, un baile, un paseo por el monte o la playa, mirar crecer a tus hijos…? ¿Estás atento a esto a menudo?

(((–)))

> *Las personas son difíciles de guiar cuando creen que saben las respuestas. Cuando saben que no saben, encuentran su propio camino.*
>
> CLAUDIO NARANJO.

Siguiendo con esta premisa, si yo soy lo que yo tengo, ¿qué sucede con la seducción? Ésta ¿en qué parte de la *tarta* estaría colocada? ¿Estará más cerca de mi *yo* o de mi ser esencial? Si nos referimos a la seducción manipuladora, pasaría a ser una pertenencia: cuantas más personas seduzco, más seguro me siento. Si seduzco a alguien, ya tengo una pertenencia, más seguridad, aunque provenga del exterior. O lo que es lo mismo, un deseo de seguridad, cumplido o no. Si no se cumple, puede seguir aumentando la falta de autoestima y de confianza, y si es al contrario, pasará a formar parte de un efecto pasajero que necesitará verse reafirmado cada cierto tiempo. Será un hecho egocéntrico y narcisista que alimentarán mis diferentes personajes, pero no a mí mismo. Desde estas líneas confesaré que cuando atravesaba mis veinte años y comencé a vivir por mi cuenta, por cada conquista amoroso-sexual, marcaba con una muesca hecha con un cuchillo la cabecera de la cama de aluminio donde dormía; como si fuera un pistolero del Oeste. Una conquista, una muesca, de la que estaba orgullosísimo, lo creas o no. Luego, a medida que mi personaje de *seductor profesional* iba creciendo, tapando las carencias propias, con cada *presa* iba calmando mis miedos y angustias. Y digo calmando, que no sanando. Lo cual, a la larga, iba provocando un vacío existencial profundo y lleno de soledad.

Este alejamiento de quién era yo esencialmente, se convirtió en una especie de droga a la cual mi cuerpo se fue habituando poco a poco. La fuente de mi seguridad se centraba en dos polos que eran mis baluartes de posesión: mis éxitos laborales y mis *conquistas*. Este castillo de naipes, afortunadamente, se derrumbó el día en el que me di cuenta de que me había desviado completamente de lo que mi ser esencial estaba compuesto. Había desviado mi verdadera vocación y relegado mis ganas de ser padre y de construir una familia, entre otros objetivos. Falsa seguridad, castillos en el aire. Al final, a eso de los cuarenta años, cambié mi proceder y comencé a trabajar mejor mi persona, mi autoconocimiento, en lugar de vivir para construir un mejor personaje, como les sucede a muchas de las personas que conozco y que acompaño.

Por estas experiencias y casi por sentido común, la verdadera condición humana no puede estar fuera de nosotros; está dentro de nosotros. Ese es el lugar donde nunca miramos. Y sí, claro, dentro de nosotros mismos pero, ¿cómo se encuentra eso? Sé lo que tengo, conozco lo que hago, comienzo a sentir lo que siento... pero no es fácil decir lo que soy, nada fácil conocer de qué está hecho mi ser esencial, porque a medida que profundizo en él, me encuentro con ese mundo tan infinito, tan sin límites que es uno mismo, que no es fácil de definir.

Yo defino a mi ser esencial como mi naturaleza innata, mi parte mágica y mi mago, es mi anciano sabio y mi niño sabio, es mi inocencia experimentada.

↳EJERCICIO:

• ¿Cómo defines a tu ser esencial? ¿De qué estás hecho? ¿Qué características te definen en esencia?

• Visualiza tu esencia. Ponte una música suave y cierra los ojos tranquilamente. Una vez que te has relajado y sientes tu respiración, pregúntate, ¿qué es lo que eras antes de nacer?

Esa sería tu esencia. Escribe y describe cómo la percibes, si tiene color, forma, o es un sentimiento o una imagen.

(((–)))

> *A menudo encontramos nuestro destino*
> *por los caminos que tomamos para evitarlo.*

JEAN DE LA FONTAINE

Esta última pregunta es la que más me gusta hacerte: ¿de qué crees que está constituida tu esencia, de qué está hecha? Y estoy casi seguro de que ya lo sabes, porque es lo que busca el seductor cuando sale de caza, lo sepa o no. Lo que sucede es que lo que busca lo hace de una forma egoísta, sin mirar a su alrededor, ni a los seres humanos de los que cree que se nutre. ¿Qué elemento primordial tiene tu esencia? Y sí, claro, me estoy refiriendo al amor. Cuando el *seductor manipulador* busca y/o encuentra una *presa*, solo se ocupa de sí mismo, no da, solo toma de los demás lo que cree que es amor, y en ello radica su placer, posiblemente en un autoengaño, porque si no da no puede recibir. Es más, su actuación se basa en una descompensación, incluso humana, ya que no tiene respeto por la integridad y la dignidad de los demás. El amor es generoso, es dar, no solo tomar y busca el equilibrio en su encuentro con él mismo.

Porque nuestra esencia es amorosa. Nacemos del amor y nos rodeamos de amor. El amor es una energía, como la de nuestro cuerpo físico, como la del dinero. Una energía que está en todos nosotros, llamémosla creatividad, alma, impulso, o con cualquier otro nombre. Lo cierto es que el amor del que hablo no es un sentimiento compuesto de experiencias más o menos resueltas a lo largo de la vida, no hablo de eso. Lo que quiero que veas es que el amor esencial del que estamos hechos es trascendente, nos prolonga más allá de nosotros mismos y desea perpetuarse.

Por ello mismo, no se conforma con las relaciones de pareja, ni con el sexo promiscuo, no se rinde ante los estímulos físicos o emocionales y, por supuesto, no está en nuestros razonamientos, en nuestras construcciones mentales. Se le puede encontrar en la vida que damos o en el arte que creamos, pero tampoco es eso exactamente, ya que lo podríamos encontrar en cada pensamiento o acción, si lo hiciéramos consciente. *El amor es un fenómeno espiritual; el deseo es un fenómeno físico. El ego es un fenómeno psicológico; el amor es espiritual.* Tendrás que aprender el alfabeto del amor. Tendrás que empezar desde el principio, desde cero; de lo contrario te sentirás herido continuamente. Y recuerda, solo tú puedes ayudarte a ti mismo; no hay nadie más que sea responsable», afirma Osho.

Esto es lo que desarrollaremos en los siguientes capítulos cuando nos abramos a los demás y al mundo, en éste nos dedicaremos a la práctica del amor hacia nosotros mismos. A partir de aquí, continuaremos con el no solo recibir amor de los demás para sentirte pleno, si no de darlo, pero no de darlo solo a las personas amadas. El verdadero reto consiste en dártelo a ti mismo, el desafío es ese famoso «ámate a ti mismo».

En resumen, todo lo que creo que soy se reduce a una porción pequeña de la tarta de mi ser, donde la parte más grande está compuesta de mis creencias sobre mí mismo, es decir, de mi mente. El resto son zonas en mayor o menor medida conocidas. La parte que está sin explorar, mi ser esencial, es donde se encuentran los valiosos recursos que van a permitir convertirme en un seductor amoroso. A continuación, comenzaremos a usar herramientas para llegar a ellos.

(((-)))

Comienza a seducirte a ti mismo

Ya hemos hecho el recorrido para saber que el seductor es la persona que llega a ser ella misma, la que se ama y se fortalece desde su amor. Ahora viene la pregunta, ¿qué hacer para seducirte amorosamente a ti mismo?

Ser uno mismo no es fácil, como tampoco lo son los diferentes caminos que podemos elegir para conseguirlo. La seducción amorosa es uno de ellos y aquí te propongo diferentes opciones para alcanzarlo.

Primer Camino: la autoestima

> *Tienes tan poca autoestima que te engañan con cualquier halago.*
>
> DE LA PELÍCULA *ANGEL-A*,
> DE LUC BESSON

Habitualmente nos sentimos listos o tontos, capaces o incapaces, nos gustamos o nos despreciamos. Andamos con esas diferentes voces en nuestra cabeza y conseguimos marearnos con tanta locuacidad estéril. No llego a ningún lugar pero, ¡es tan importante saberlo! Y realmente, ¿qué es lo que creo de mí? Es fundamental conocer esta autovaloración, dado que de ella depende en gran parte la realización de nuestro potencial personal y nuestros logros en la vida

Hace años conocí en uno de mis cursos a una persona, a la que llamaremos Antonio, que se sentía tan mal consigo mismo que, aunque reconocía su gran capacidad intelectual, no se tenía en alta estima. Yo creo que se veía feo por fuera y por dentro. Su principal afición en la vida, e incluso más que una afición parecía su objetivo, consistía en pervertir a la gente con carencias emocionales y no muy segura de sí misma. Era un *seductor corruptor*. A Antonio le daba un placer inconmensurable el que las personas rompieran con sus barreras morales y sexuales. En ocasiones, con un tipo de personas, lo conseguía. Corrompía en el trabajo, en las relaciones familiares y de pareja, en el sexo…

Se le podría considerar, etiquetándole, un depravado inmoral y egocéntrico, ya que su interés era puramente personal y no existía detrás de sus acciones ninguna ideología o creencia que le pudieran convertir en un nuevo Marques de Sade. ¿Qué sentiría Antonio al irse a dormir, o cuando estuviera a solas consigo mismo? ¿Puedes imaginarle cuando, después del placer adquirido al ver cómo sus víctimas sucumbían, se sumía en una profunda soledad, en un vacío nada fácil de llenar? O, al contrario, ¿le imaginas sintiéndose pletórico y con una alta autoestima fortalecida por todos los triunfos conseguidos?

La autoestima es el cómo nos vemos a nosotros mismos, cuál es la imagen que tengo de mí mismo y cómo la valoro. Cómo me pienso y cómo pienso el mundo, como vimos anteriormente, y en esta ocasión incluyendo el hecho de cómo me trato a mí mismo en el terreno de lo saludable y lo íntimo. En lo más profundo de nuestro ser hemos construido una imagen de nosotros mismos y es la que se encarga de lo que ocurre en nuestras vidas. Esta valoración la efectuamos en privado, nos aceptamos o rechazamos en secreto, nadie va con un cartel por la calle que refleje cómo se siente consigo mismo. Y aunque está comprobado que las personas con baja autoestima suelen ser más proclives a las adicciones, la depresión, la violencia o el abuso, puede existir una persona que, como este Antonio de la historia, se crezca con cada triunfo. Como opina el psiquiatra Luis Rojas Marcos, «cuando hablamos de alta autoestima es importante distinguir la autoestima saludable o constructiva de la autoestima narcisista o destructiva (…) Para hacer esta autovaloración la persona elige y sopesa sus virtudes, defectos, capacidades, limitaciones, y también las consecuencias gratificantes de sus comportamientos para su sano bienestar y desarrollo, y el de los demás. Por el contrario, la alta autoestima narcisista o destructiva se basa en valorar, en exclusiva, las capacidades y talentos que alimentan el sentimiento de superioridad o de poder sobre el prójimo, y las conductas placenteras que resultan del ejercicio o la puesta en práctica de dicho dominio o supremacía sobre los otros»[7].

---

7 ROJAS MARCOS, Luis. *La autoestima. Nuestra fuerza secreta.* Espasa Libros, 2007.

Una vez más, la autoestima consiste en tratarnos con cariño y tener una mirada benévola sobre nuestras acciones, nuestros sentimientos e, inclusive, nuestro cuerpo. Y se empieza por el principio, por comenzar a hacerlo, aunque creamos que no sabemos, aunque no nos salgan las palabras, aunque nunca nos lo dijeran de pequeños: «Quiérete a ti mismo. Me quiero». Pero, cuidado, no basta con repetírnoslo o escribir en un espejo frases del tipo: «Me quiero mucho, soy especial, soy único...», esto no funciona así. Además, eso ya lo sabes, aunque no te lo digas. Posiblemente te quieras mucho aunque des más que recibes, probablemente seas único porque estés leyendo estás páginas y te sientas especial, aunque te dé miedo mostrarte diferente. Por lo que repetir este tipo de frases no va a funcionar, ya que solo te van a afectar a nivel cognitivo, no orgánico y la mente por sí sola no produce cambio alguno. Para que suceda algo parecido tienen que intervenir las otras partes de la *tarta*: al menos, las emociones y el cuerpo. Usando únicamente la mente no se cambia, lo que hacemos es imaginar, visualizar el resultado, poco más. Al estar en la mente, cualquier movimiento real se pospone, y, finalmente, se produce el abandono debido a la frustración por no haberlo conseguido. También puede existir la posibilidad de que, de tanto repetir las frases positivas, solo llegaras a construir una máscara y que, pasado el tiempo, desde fuera se te viera como a un narcisista o un egocéntrico. Poco seductor, ¿verdad?

Para conseguir una autoestima saludable, dice Rojas Marcos, hay que poner en marcha los talentos naturales y estoy completamente de acuerdo con él. En bastantes ocasiones les pido a mis clientes, *coachees*, participantes de cursos y talleres que escriban diez talentos, virtudes o singularidades altamente positivas de ellos y muchas de las reacciones son del tipo: «¿Tantas? Yo no puedo encontrar más de dos, tres, cuatro... ¿Qué son talentos? ¿Los negativos también valen?» Y, ante esto, me quedo sorprendido y triste. Al final, casi todos lo consiguen, no sin esfuerzo. El resumen es el siguiente: «Es que... nadie me lo había preguntado nunca». ¿Y tú? ¿Tú te lo has preguntado alguna vez?

↳EJERCICIO:

• Haz tu lista de virtudes, talentos, características altamente positivas tuyas.

Después lee la lista en voz alta y escribe, al lado de cada virtud tuya, qué sientes cuando la escuchas de tus labios. Puedes iniciar cada una diciendo: *Me gusta mi...*

(((–)))

"Talentos" es una palabra que suele estar vinculada a la inteligencia o a las aptitudes y habilidades. Además, parece que hay que ser especial para tenerlos y que los que los tienen ha sido por naturaleza o porque los han educado. Y es una posibilidad. Al mismo tiempo, yo puedo tener talentos escondidos y sacarlos a la luz en algún momento de mi vida. Mi facilidad para la música puede estar oculta durante años o décadas y, con un buen plan de acción y tesón para el aprendizaje, convertirme en un profesional en la edad madura. La palabra "talento", aunque está asociada a la habilidad innata y a la creación, también puede desarrollarse con la práctica y el entrenamiento. Es decir, que todos hemos nacido con talentos que se han podido desvelar o no, y que también se pueden comenzar a descubrir y a desarrollar en cualquier momento de nuestra vida.

Nuestros talentos innatos estarán posiblemente más cerca de nuestra esencia que los otros. Quizá tú, amigo lector, puedas poseer un talento innato para los negocios, aunque desees convertirte en artista a toda costa, y viceversa. Quizá tú mismo tengas un gran talento para dar amor y lo tengas oculto por la opinión de los demás o porque tu creencia te ha dicho que eso no *es bueno.*

Carlos, nombre ficticio, es otro de mis clientes que vino a la consulta con una terrible baja autoestima. Desde niño vivió la violencia en su propio cuerpo y en el de su madre, así como el abuso. Durante su juventud, Carlos transitó por grupos sociales violentos y la cárcel. El primer día llegó con un libro bajo el brazo y se quedó mirando mi biblioteca. Durante la conversación observé que era inteligente, se lo dije y se echó a llorar.

Nunca se lo habían dicho con amor. Luego le invité a pasar a la biblioteca y le dejé todo el tiempo que quiso contemplando y hojeando los volúmenes. Se quedó unos veinte minutos dentro de la estancia. Sencillamente, esa posibilidad de mirarse (y de que le miraran) desde la estima saludable permitió que iniciara un camino donde comenzaría a verse como un ser digno y a poder incluir a los demás en su vida, desde la aceptación y no el rechazo o la huida. Porque Carlos no había escuchado nunca a los demás, especialmente cuando lo halagaban. Carlos se sentía incapaz de imaginar que podía elegir su camino en su vida. Es por ello por lo que hacía oídos sordos a los comentarios positivos de los demás, que le decían: «¡Que sí, que tú puedes con tu vida!».

¿Y tú? ¿Aceptas los halagos? ¿O te pones en modo *por un oído me entra y por otro me sale*?

Sí, es cierto, no es fácil aceptar los halagos o los piropos cuando la mayor parte de nuestra vida hemos estado escuchando las críticas y las exigencias de los demás, especialmente de nuestros padres. Hoy no aceptamos fácilmente los halagos porque no estamos acostumbrados y los tiramos a la basura, o porque nuestro juez interior nos lo prohíbe construyendo creencias del tipo: «Si me dicen algo bonito es que algo querrán de mí a cambio. Eso se lo tiene que decir a todo el mundo. Debe de ser falso. No me las merezco». Y quizá por estas mismas razones no se las digamos a los demás. No nos sale decirlo, porque… «Van a pensar que soy un *lameculos*, un arribista, o un hipócrita, pero, ¡si nadie halaga a nadie! Todos los padres quieren a los hijos, no hace falta estar siempre repitiéndolo, La gente que recibe elogios se echa a perder».

En el campo de la psicoterapia, en el llamado Análisis Transaccional, a esto se le llama "caricias" y éstas pueden ser positivas o negativas. Las caricias negativas, ya sean verbales o no verbales, disminuyen la autoestima de las personas. Cuanto más intensas son, más hieren y por más tiempo son recordadas. Responden a la estructura *yo estoy bien; tú estás mal*. Es decir, la autoestima destructiva de la que hablábamos antes. Las caricias positivas son habitualmente el tipo de transacciones que son directas, apropiadas y pertinentes a la situación. Cuando las caricias son positivas, dejan a las personas sintiéndose bien, significativas, vivas y alertas. Son un acto de reconocimiento y de generosidad al mismo tiempo. Las caricias positivas incluyen sentimientos de buena voluntad y responden a la relación *yo estoy bien; tú estás bien*. Las caricias que son legítimas, sinceras y no exageradas, hacen crecer la autoestima saludable.

Por ejemplo, algunas parejas suelen tratarse a través de las caricias negativas y convertir la relación en una lucha por el poder, donde hay que decir la última palabra o quedar por encima. Es el esquema *yo estoy bien; tú estás mal*. Por otro lado existen buenos líderes que en el mundo de la empresa, acostumbran a tratar a sus colaboradores desde la caricia positiva: «¡Qué buen trabajo habéis realizado! Gracias por el esfuerzo». O sencillamente: «Muy buenos días ¿cómo estás hoy?». Es el esquema del *yo estoy bien; tú estás bien*.

↳EJERCICIO:

• Lo que más me gusta de ti. Pide a todas las personas que conozcas de todos los entornos, no necesariamente íntimas, que te digan, mejor que te escriban, tres cosas que les gusta de ti, siguiendo este modelo:

Luis, lo que más me gusta de ti es tu:
1.-
2.-
3.-

Si has hecho el ejercicio, ¿qué has sentido cuando has recibido estas caricias positivas? ¿Las has aceptado, agradecido? ¿Las has rechazado? ¿Las has filtrado y escogido solo algunas? ¿Crees que las mereces?

En muchas ocasiones, como hemos visto, las rechazamos de alguna manera y no nos permitimos crecer con ellas. Hemos construido una fuerte coraza hecha de miedos irracionales y anticipatorios que impide que construyamos una mirada amable o amorosa hacia nosotros mismos. Es decir, perdemos autoestima. Esa pérdida tiene que ver, muchas veces, con los momentos en nuestra infancia en los que nos hemos sentido rechazados, desprestigiados, comparados, etiquetados y aparecen los sentimientos de culpa y de vergüenza, llenos de miedo y de tristeza. Éste es uno de los principales motivos por los que no aceptamos vernos como nos pueden llegar a ver los demás. Toda esa valía que los demás perciben está en nosotros mismos. Es por ello por lo que tenemos que mirarnos con más amor, pero si no lo podemos hacer con nosotros mismos, ¿cómo lo vamos a poder hacer con los demás? Y, además, ¿cómo vamos a poder ser, de esa forma, empáticos?

Reforzar mi autoestima significa que necesito aumentar mi valía ante mí mismo, pero no delante de nadie. Cualquier palabra que empiece con "auto" tiene que ver con uno mismo y no con los demás. Aún estando claro, parece que lo olvidamos y, en ocasiones, nos encontramos llamando a la puerta de los demás para *sentirnos bien* y, de esa forma, creer que aumenta nuestra estima. El resultado final es de una profunda insatisfacción, y si continuamos durante mucho tiempo así, de dolor.

Para conseguir una autoestima saludable, en primer lugar tengo que mirar mis necesidades y preguntarme si las tengo cubiertas o no. El psicólogo estadounidense Abraham Maslow, hace casi ochenta años, dibujó una jerarquía de las necesidades humanas que, dejando a un lado sus detractores, nos puede ayudar a visualizar una forma de conseguir una sana autoestima. En el cuarto nivel, la satisfacción de las necesidades de autoestima nos conduce a los sentimientos de autoconfianza, fuer-

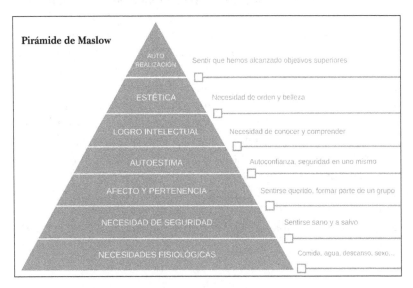

Pirámide de Maslow

AUTO REALIZACIÓN — Sentir que hemos alcanzado objetivos superiores

ESTÉTICA — Necesidad de orden y belleza

LOGRO INTELECTUAL — Necesidad de conocer y comprender

AUTOESTIMA — Autoconfianza, seguridad en uno mismo

AFECTO Y PERTENENCIA — Sentirse querido, formar parte de un grupo

NECESIDAD DE SEGURIDAD — Sentirse sano y a salvo

NECESIDADES FISIOLÓGICAS — Comida, agua, descanso, sexo...

za, capacidad y suficiencia, de ser útiles y necesarios en el mundo. Pero la frustración de estas necesidades nos producen los sentimientos de inferioridad, de debilidad y de desamparo. Estos sentimientos a su vez dan paso a otros desánimos elementales u otras tendencias neuróticas o compensatorias.

¿Y cómo sé que tengo cubiertas las necesidades que favorecen mi estima propia? Son múltiples y personales, por supuesto. Sin embargo, haciendo un trabajo de síntesis, podríamos reducirlas a estas seis:

1. Escucharme a mí mismo antes que a los demás. Dedicar tiempo para mí mismo. Por ejemplo, yo sé que necesito unas horas para mí y no lo hago, por no parecer egoísta a los demás.

2. Cambiar la palabra *juzgar* por la de *jugar*. Juzga menos y juega más.

3. Aceptar mis limitaciones y mis talentos.

4. Aprender a decir *no* a los demás.

5. Dejar de compararme con los demás. Cada uno de nosotros somos únicos e irremplazables.

6. Valorar y celebrar los pequeños logros de la vida.

Cuando me escucho me tomo en consideración y me valoro produciendo este aumento de autoestima. Aunque lo que suele suceder es que ante nosotros aparece el juez que vive de nuestra autoexigencia y echa al traste todos los propósitos de buscar tiempo para mí, de salir antes del trabajo, de hacer deporte… Y, claro, ¿cómo acallar esa voz interna que nos impide conseguir nuestros objetivos? ¡Jugando! Se dice fácil, ¿verdad? ¿Y no te has parado a pensar que te tomas a ti mismo muy en serio? ¡Qué con tanto estrés y frustración vas a conseguir enfermar!

¿Cuándo fue la última vez que celebraste algo que habías conseguido? ¿Cuánto tiempo hace que lloraste por alguna pérdida? Todos los días ganamos y perdemos algo y quizá no sea necesario llegar a los extremos, pero sentir lo que sentimos y que nuestro cuerpo actúe en consecuencia favorece mi escucha interior y me aleja de las enfermedades. Sentir no nos enferma, lo que nos lleva a los ambulatorios y los hospitales es *sobresentir* o *infrasentir*.

Como has visto, la autoestima no se encuentra ni en el ADN, ni en los genes. Se puede desarrollar y éste es uno de los caminos para convertirte en seductor. Así que ya puedes comenzar a creer en ti ahora mismo.

También piensa que, si mi autoestima tiene que ver con el amor que me doy a mí mismo, ¿de qué estará hecho ese amor? Yo creo que tiene que ver con nuestra esencia, ¿recuerdas? Porque me puedo autovalorar altamente y no estar conectado con mi esencia. Cuando pienses en aumentar tu autoestima recuerda cómo describiste tu esencia. ¿Estás cerca o lejos de ella? ¿Y qué tiene que ver lo que haces, cómo te tratas, lo que te dices, con tu esencia?

↳**EJERCICIO**:

• Mírate a un espejo a los ojos durante unos minutos y dite: «Te quiero (tu nombre)». Escribe tus sensaciones, emociones, pensamientos de esta experiencia.

• Haz un círculo pegando sobre el suelo una ancha cinta de carrocero. Ese círculo representa tu espacio vital. Cierra los ojos y pregúntate qué sientes ahí dentro.

Cuando lo hayas identificado, escribe con un rotulador sobre el papel a qué tienes derecho de la siguiente forma: «Yo, (nombre propio) tengo derecho a...» Tienes que conseguir rellenar todo el perímetro del círculo, de tu círculo de derechos. Luego vuelve a cerrar los ojos y comprueba qué ha cambiado dentro de ti.

• Haz un listado de las etiquetas que te pones de esta forma: «Yo es que soy un/una...».

(((-)))

Segundo camino: la autoconfianza

> *Haz siempre, porque si no haces,*
> *te arrepentirás, y si haces y te*
> *equivocas, al menos habrás*
> *aprendido algo.*
>
> ALEJANDRO JODOROWSKY

La autoconfianza es una parte importante de la autoestima, ya que sin confianza en mí mismo no podré conseguir las cosas que me harán sentirme querido.

La autoconfianza es poder superar tus límites, marcarte retos e ir a por ellos; es saber comprometerte contigo mismo y tener la disciplina necesaria para conseguir esos objetivos marcados. La sentimos cuando nos vemos eficientes y con alegría, asumiendo cuáles son nuestras debilidades y también aceptando que los *fracasos* son parte del aprendizaje. Es un paso más hacia el sentimiento de seguridad, pero no podremos alcanzar la seguridad sin poseer una buena dosis de confianza y amor en nosotros mismos.

Ahora presta atención a este cuento y, al leerlo, estate atento y averigua cuál es la clave del mismo:

Cuentan que hace muchos años vivía un califa avaro y cruel que sentía verdadera pasión por las apuestas. Se decía que solo apostaba cuando tenía la certeza absoluta de que iba a ganar. Y para ello imponía las condiciones de la apuesta para asegurarse siempre la victoria.

Una mañana, al salir a uno de los patios, vio una enorme pila de ladrillos. Al instante gritó: «¿Quién quiere apostar conmigo?». Ninguna de las personas que estaban en el patio respondió, dado que conocían sus temibles condiciones a la hora de apostar.

El califa, enfadado por el silencio de las personas ante su ofrecimiento, volvió a decir: «Apuesto a que nadie es capaz de transportar esta pila de ladrillos con sus manos de un lado al otro del patio antes de que el sol se ponga».

Un joven albañil que se encontraba ahí, le preguntó:«¿Cuál sería la recompensa?».

—«Diez tinajas de oro si lo consigues», respondió el califa.

—«¿Y si no lo consigo?», le preguntó el joven albañil.

—«Entonces te cortaré la cabeza», le contestó el califa.

El albañil, tras dudar unos minutos, le contestó: «Acepto la apuesta con una condición: podrás detener el juego en cualquier momento y, si lo haces, solo me darás una tinaja de oro».

El califa, sorprendido por la condición impuesta por el joven y tras meditarlo para tratar de encontrar dónde estaba la trampa, aceptó la condición solicitada por el joven albañil. .

El joven empezó a transportar los ladrillos con sus manos y, tras una hora de trabajo, solo había transportado una pequeñísima parte de los ladrillos. Y, sin embargo, sonreía.

—«¿Por qué sonríes?», le preguntó el califa. «Está claro que vas a perder la apuesta. Nunca lo conseguirás».

—«Te equivocas», le contestó el joven albañil. «Estoy seguro de que voy a ganar».

—«¿Cómo es eso posible?», preguntó el califa sorprendido.

—«Porque te has olvidado de algo muy sencillo y por eso sonrío», contestó el joven albañil y siguió transportando los ladrillos.

Ante esa respuesta, el califa empezó a inquietarse. ¿Se habría olvidado de algo? La condición parecía sencilla y era imposible poder transportar los ladrillos en el día. Harían falta varios hombres más.

Al cabo de varias horas, el califa le volvió a preguntar al joven albañil si seguía convencido de ganar. La respuesta fue la misma acompañada de una gran sonrisa. El califa se sentía cada vez más agitado. ¿Cómo era posible que fuese a ganar? Empezó a sudar ante la posibilidad de perder la apuesta y diez tinajas de oro. Consultó con varios matemáticos, astrólogos y todos le dieron la misma respuesta: es imposible que un solo hombre pueda cumplir la apuesta.

A medida que iba pasando el día, el califa se sentía cada vez más turbado, pese a que la pila de ladrillos estaba casi entera. Estaba claro que no iba a ganar la apuesta, entonces, ¿por qué sonreía?

—«¿Por qué sonríes?», le preguntó nuevamente el califa cuando quedaban ya unas pocas horas para que se escondiese el sol.

El joven albañil, pese al cansancio, le respondió:

—«Sonrío porque voy a ganar un tesoro».

—«Eso es imposible», le dijo el califa. «El sol está en la segunda mitad del cielo y la pila de ladrillos es muy alta todavía».

—«Has olvidado algo muy sencillo», le contestó nuevamente el joven albañil.

—«¿Qué me he olvidado?», le preguntó el califa consumido por la posibilidad de perder.

—«¿Quieres detener el juego, entonces?», le contestó el joven. «Eso significará que habré ganado la apuesta y habrás perdido una tinaja de oro».

—«¡Sí, sí!, ¡Dime qué me he olvidado! ¿Es algo sencillo?», le preguntó el califa.

—«No has prestado la suficiente atención a la condición que puse», le dijo el albañil.

—«Pero si no he hecho otra cosa que pensar en ello», protestó el califa.

—«Sí, pero sin comprender que para mí una tinaja de oro es un inestimable tesoro. Desde el principio sabía que no podía ganar la apuesta, pero yo solo quería una tinaja. Y tú te jugabas diez tinajas», le dijo el joven. «Te has olvidado de lo más sencillo», prosiguió el joven. «Te has olvidado de que podías perder la confianza en ti mismo».

¿Cuánta confianza poseía el albañil? ¿Cuánta el califa? ¿Cuántas veces te has sentido de esta forma? ¿Las recuerdas?

↳EJERCICIO:

• Haz una lista de todas las ocasiones de tu vida en las que has sentido una fuerte confianza en ti mismo y has conseguido los retos marcados. Busca también una ocasión de fuerte confianza donde has llegado a tus objetivos pese a la opinión de los demás.

Como ves, la confianza tiene como antítesis el temor, la incertidumbre, y desde este lugar de miedo es fácil que nos traslademos hacia la inseguridad, el desasosiego. Estos sentimientos se instalan en nuestro cuerpo de forma poderosa, ya que los alimentamos con nuestros pensamientos continuamente. El procedimiento ya lo hemos ido viendo en anteriores páginas. En resumen, si mis temores se vinculan a los miedos de no ser aceptado o de no ser querido, para alejarme aún más de la confianza solo necesito sumar un nuevo miedo: el de no poder conseguir lo que deseo. Este exceso emocional puede convertirse en pánico y llegar a paralizarme.

Nuestros miedos se pueden resumir en dos clases, los que pueden tener un fundamento y son adaptativos, como el miedo que nos permite huir o defendernos ante cualquier peligro. Y los otros, los infundados o anticipatorios, que pueden llegar a provocar ansiedad, pánico o fobias. Estos últimos son creados desde la imaginación y, aniquilándonos por dentro, no llegamos a hacer cosas que para otros son fáciles.

Ante el miedo, como emoción primaria y adaptativa, nuestro cuerpo actúa. La descarga de neuropéptidos desde mi cerebro consigue que mi cuerpo se movilice para defenderse o escapar. Lo que sucede es que no analizamos nuestros miedos y al cerebro le es igual sentir miedo ante un león dispuesto a comernos, que ante una audiencia numerosa; en ambos casos la descarga de adrenalina, entre otras sustancias, es enviada a nuestro sistema nervioso. Ya que el cerebro no distingue si la emoción es real o fruto de la fantasía, nuestras acciones son similares a situaciones donde el miedo nace de un hecho real: huimos o nos paralizamos. Y se produce un efecto curioso, convirtiendo al primer miedo en uno secundario colocando otro más poderoso en su lugar. Es lo que llamamos *tener miedo al miedo*.

Desgraciadamente, debido a estos miedos infundados, no nos arriesgamos, no apostamos por nosotros en la ruleta de la Vida. Como hemos visto, en muchas ocasiones, nos paralizamos. A causa de esta emoción primaria, no reflexionada, creamos un mundo de pensamientos cobardes que comienzan con un generalizado *Y si...*: «¿Y si me sale mal? ¿Y si me dice que no? ¿Y si quedo en ridículo?». De esa forma, nos vamos inmovilizando y vamos reduciendo nuestra capacidad de movimiento hasta que al final quedamos encerrados en una especie de caja, una caja creada por nuestra mente.

↳EJERCICIO:

• Salir de la caja. La idea es convertirse corporalmente en el ser más pequeño ocupando el menor espacio posible tumbado en el suelo (puedes adquirir una posición fetal), para luego convertirte en el ser más grande llenado todo el espacio donde te encuentres, con todo tu cuerpo.

Así que prepara el espacio donde vas a hacerlo. También puedes poner música y bailar al final del ejercicio. Pero hay una condición, solo puedes salir de la caja usando un talento tuyo altamente positivo.

Si te parece complicado, busca una caja grade y métete dentro. Siente las limitaciones que te procura ese espacio y aguanta lo que puedas en ella.

(((-)))

Espero que hayas hecho este ejercicio y hayas podido salir de esta caja mental. Como habrás comprobado, la buena noticia es que puedes aprender a incrementar tu confianza buscando dentro de ti, de nuevo, en tus talentos y virtudes. Si no has podido realizarlo, busca qué es lo que te ha hecho detenerte. Prueba a hacer una lista de todas las justificaciones que han surgido en tu mente para que te quedaras tranquilo con tu inacción. Recuerda que entre lo que tenemos y somos, y lo que deseamos, hay un espacio grande lleno de justificaciones, en suma, de excusas.

Rosa Montero afirmaba hace décadas que los hispanos preferimos quedarnos quietos antes que hacer nada que sea risible: «Tenemos el orgullo en carne viva, y una conciencia tan aguda y enfermiza de nuestra apariencia, de lo que otros pensarán sobre nosotros, y del qué dirán, que preferimos pecar de mudos, de paralíticos y sosos de solemnidad». Esto se puede observar en cuestiones tan sencillas como la de hablar en público en un evento familiar o laboral, o a la hora de preguntar algo que no sabemos. Es tan español esa creencia: «Si pregunto van a pensar que soy tonto». Y nos paralizamos. Y esta parálisis viene de nuestro *miedo al miedo*.

El miedo es una respuesta emocional frente a un estímulo o situación que se interpreta como peligrosa, y que puede alterar nuestra seguridad física o psicológica. ¿Es eso lo que nos ocurre cuando nos paramos ante todas las cosas que no realizamos? ¿Responde el miedo que sentimos a esa definición? ¿O es una especie de doble miedo? Ahora bien, ¿qué pasaría si nos atreviéramos a reconocer nuestro segundo miedo y solo nos quedamos con el primero?

Yo creo que el miedo es la emoción que más experimentamos durante el día y la que menos sabemos reconocer. Vivimos continuamente con nuestros temores y no sabemos cómo sentirlo, dónde sentirlo, y no los expresamos, no los evidenciamos y no los compartimos ni con los íntimos.

Como cualquier animal, nuestro miedo nos obliga a escapar o a defendernos. Y, ¿de qué forma nos han enseñado a defendernos? ¿Cómo nos vamos a colocar *delante de este toro*, ante este miedo intangible? Una de ellas es el uso exacerbado de la mente, el refugio por antonomasia del ser cuando no quiere sentir, cuando anula esa parte de su persona. Me defiendo utilizando el chiste verbal, aunque mi cuerpo exprese inhibición, frustración o enfado. Me defiendo utilizando conceptos abstractos para no bajar a mis emociones y sentirlas. Me defiendo con un «ya lo sé...» para olvidarme de expresar lo que mi cuerpo está cansado de decirme con algún tipo de tensión o de enfermedad. Me defiendo con la distancia mental que me dan los conocimientos, aunque mi cuerpo que no soporta tanta rabia me castigue por la noche con el bruxismo... Me refugio en la frustración o el estrés que me provocan los demás, las circunstancias, como si no pudiéramos canalizarlas nosotros mismos... Y finalmente, me convenzo de que lo que tiene mi cuerpo, eso que llamamos enfermedad, malestar físico, no tiene que ver con mis creencias, con mis pensamientos ni la verbalización de los mismos. Quede como dato que España es el país de Europa donde más psicofármacos (ansiolíticos y antidepresivos) se consumen (por vía sanitaria, no contamos lo que se compra por Internet) y en Madrid es lo que más se consume en las farmacias.

El miedo está presente en nuestro día a día. No hay más que salir a las calles de las ciudades para poder observarlo a través de las reacciones violentas entre los individuos. A mi parecer, estas actitudes han ido en aumento en los últimos años. El miedo social se observa en la forma de comunicación, de acercamiento a los demás, de respuestas desmedidas. La desconfianza del vecino, tan española, está volviendo al escenario de las calles fomentada por el poder a través de los medios de comunicación. La propia desconfianza sobre la política, los órganos de gobierno, la justicia, todo ello crea un sentimiento colectivo que se agranda ante la falta de sustento interno o espiritual del individuo.

Jodorowsky asegura: «Si no asumes un riesgo por miedo a equivocarte, ya estás cometiendo un error por no ser fiel a ti mismo, a tu corazón». Venimos de un pasado donde la estructura social, y por ende los comportamientos individuales, estaban muy marcados por la geografía, las estructuras familiares y condiciones socio-económicas. Hoy la seguridad no radica en un puesto de trabajo *para toda la vida* o en poseer un nivel social. Estamos asistiendo a una nueva forma de vivir el mundo y en éste, *sin saber hacia dónde vamos*, la autoconfianza es fundamental.

La confianza en ti mismo se incrementa comenzando a hacer algo nuevo: deporte, un viaje, una nueva relación, un trabajo o afición. No es necesario que des un giro de 180 grados a tu vida, ni cambiar de un día para otro de profesión, ni marcharte dos años a la India a meditar. Creo que, siendo estos ejemplos importantes para algunas personas, el seductor de sí mismo tiene a mano otros recursos sencillos para adquirir una buena dosis de confianza. Recuerda la famosa frase de Henry Ford: «Tanto si crees que puedes como si crees que no, tienes razón». Así que comienza dando un paso, uno pequeño, ya vendrán los restantes y los medianos y los grandes.

Casi te escucho decir en este momento que cuál es mi primer paso, ¿cierto? Pues yo creo que es sencillo: hacer lo que más amor te procure. Yo no puedo confiar en mí si no me amo, si no me doy un placer, una satisfacción personal, unos momentos para mí al día. Si no me cuido haciendo estas pequeñas cosas, no puedo cuidar a nadie; y si no confío, es decir, no me amo, no puedo amar.

Decía Earl Gray Stevens que «la confianza, como el arte, nunca proviene de tener todas las respuestas, sino de estar abierto a todas las preguntas». Por ello, puedes comenzar a preguntarte qué sería bueno para ti empezar a realizar, cuáles son tus propósitos.

↳EJERCICIO:

• ¿Qué te da seguridad en la vida? Escribe cinco cosas que te den seguridad de las siguientes áreas: la familia, el trabajo y la sociedad.

• Construye un círculo de papel donde puedas pintar una cosa que no te atreves a hacer. Pueden ser de todo tipo, desde tirarte en paracaídas, hasta abordar a una persona desconocida. Luego llena ese espacio de todo lo que te apetezca, de lo que consideres que te puede ayudar a superar ese miedo; desde un arma hasta un libro, déjate llevar por la imaginación. Finalmente, métete dentro.

• Con pintura de dedos, para niños, píntate todo el cuerpo de colores y sal así a la calle. Si no te atreves, puedes reducirlo a la cara solamente.

• Déjate caer en un colchón, con la espalda recta.

• Haz de ciego por la calle.

• Comete un error a propósito.

(((–)))

Tercer camino: la vulnerabilidad

Comenzar a tener confianza haciendo cosas nuevas nos puede colocar en una situación de vulnerabilidad, especialmente al comienzo, y esto realmente no nos gusta, ¿verdad? No queremos que se nos vea vulnerables, ni un poquito. Es un sentimiento que identificamos como negativo, cuando no abyecto. Además, no queremos ni sentirla, ya que vivimos habitualmente detrás de la coraza que nos proporciona la idea de tener fortaleza y control. Creemos que necesitamos tener control sobre los acontecimientos, sobre nuestro trabajo, nuestra vida y nosotros mismos para no sentir la vulnerabilidad y no vernos vulnerables ante el espejo de los demás.

Aunque en los diccionarios y en nuestro lenguaje cotidiano figure y usemos la palabra vulnerabilidad como sinónimo de debilidad, fragilidad, inseguridad y flaqueza (incluso aparece en ocasiones como pusilánime), quiero destacar la definición de la RAE: «Pusilánime: Que puede ser herido o dañado física o moralmente». Y, ¿quién puede ser herido física o moralmente? Todos nosotros, todos los seres humanos. ¿Es que puede haber alguien que no se sienta así en algún momento de su vida? Todos nosotros, sin excepción, somos vulnerables y nadie puede afirmar lo contrario. Sentirnos vulnerables es un acto propio de las personas, aunque no lo queramos aceptar en bastantes ocasiones. ¿Recuerdas cuándo te permitiste sentirte vulnerable en alguna ocasión? ¿Lo has llegado a admitir íntimamente? ¿Y en público?

Tanto nuestra educación, donde perviven las creencias de que vivimos en un mundo duro e injusto, como la ausencia de una gestión emocional en el ámbito familiar y laboral, han pervertido la palabra, identificándola como algo negativo cuando, bajo mi punto de vista, vivir la vulnerabilidad es sanador.

Sentir la vulnerabilidad puede ser un acto íntimo que podemos vivir cuando nos encontramos a solas o, dando un paso más hacia nuestro personaje seductor, podemos comunicar este sentimiento a los demás. Cuando solo la aceptamos íntimamente, nos perdemos la oportunidad de aprender y de crecer, ya que, al sentirnos expuestos y no mostrar nuestra vulnerabilidad a los demás, dejamos de convertirnos en seres humanos, imperfectos y hermosos. Nos alejamos de nosotros mismos, de mi ser interior. La vulnerabilidad nos hace humanos porque sentimos temor y vergüenza, emociones que forman parte de nuestra naturaleza. Lo que ganamos al poderlas comunicar a los demás, comunicar que tenemos miedo a ser dañados, es sencillamente un don que los animales no poseen. Imperfectos porque somos humanos, y aunque algunos deseen y aspiren a la perfección, todos sabemos que nunca la alcanzaremos, al menos en esta vida. Y hermosos porque, paradójicamente, al mostrar nuestro temor a que nos hieran, es esa misma acción la que nos convierte en seres valientes y grandes.

No mostrar nuestras emociones forma parte de nuestro deseo de control y, al parecer, tenemos tanta necesidad del mismo, es decir, tenemos tantos miedos ilusorios, que llegamos a construir la idea de que lo opuesto al control es el descontrol y el caos. La ausencia de control para mí es la sensación de dejarse abandonar, el abandonarse al destino, a la vida, a la confianza. Es el dejarse llevar, lo que hoy está popularizado como *fluir*. Aun así, si la antítesis del control fuera el caos, del caos surgió la vida y puede ser una buena fuente de creatividad.

La debilidad que se suele asociar al concepto de vulnerabilidad nos hace crear en nuestra vida personajes duros, *invulnerables* como héroes primitivos, y crear una gruesa capa de cemento alrededor de nuestras emociones. Una máscara de acero que, en algún momento de nuestras vidas, se resquebraja y duele más que si hubiéramos admitido nuestra *emocionabilidad vulnerable*.

Muchos de nosotros hemos sido educados, especialmente los hombres, en la creencia de que había que ser duro y no mostrar los sentimientos, *ser fuertes*. En el mundo laboral se reproduce este esquema y, desafortunadamente, cuando la mujer entra en ese mundo incorpora este comportamiento como un valor en sí mismo, produciéndose un efecto paradójico en nuestra sociedad. En muchas ocasiones he escuchado a mujeres y hombres afirmar en charlas de café que preferían «tener jefes hombres antes que a jefas mujeres», posiblemente y precisamente por este desatino.

Recuerdo una ocasión durante mi curso de hablar en público al que asistió una joven directiva, a la que llamaremos

Beatriz. Cuando le daba *feedback*, le hice la sugerencia de que mostrara un poco su *emocionabilidad* y vulnerabilidad en su comunicación. Para mí, su verdadera persona, cálida y cercana, se escondía detrás de un personaje duro, rígido y distante. De cerca, ella no lo era en absoluto, pero lo sacaba cuando adoptaba un rol profesional. Hecho bastante común en muchas mujeres profesionales. Beatriz estuvo completamente de acuerdo con el hecho de que había construido una máscara protectora imitando los roles masculinos que había observado en su empresa y se marchó contenta y con ganas de poner este objetivo en práctica. Al cabo de una semana me llamó para decirme que estaba muy feliz ya que había mostrado su vulnerabilidad en la empresa. Cuando, después de mi primera sorpresa, le pregunté qué había hecho para conseguirlo, me contestó que había llorado un par de veces en el despacho de su jefe (¡!). Después de mi sorpresa, empleé un tiempo en explicarle cuál era la diferencia entre mostrarse vulnerable ante los retos u otros acontecimientos de la vida y *desnudarse emocionalmente* ante su jefe. Al parecer este hombre era comprensivo y atendió a las necesidades emocionales de Beatriz pero, ¿y si no lo hubiera sido? ¿Y si hubiera aprovechado esta *desnudez* para cualquier otro fin que no hubiera sido amistoso? Este error de Beatriz es bastante común cuando confundimos vulnerabilidad con debilidad. Mostrar la vulnerabilidad en su caso hubiera sido explicar cómo se sentía o compartir algo personal, respetando los límites propios y los de los demás.

Ya que no nos han enseñado ni hemos aprendido cómo reconocer y modular nuestras emociones, vamos creando máscaras que reflejan comportamientos pensados y no sentidos. Observamos e imitamos, creyendo que eso es lo correcto, con el afán de sentirnos parte de o para sentirnos queridos. Todo ello consigue que nos apartemos de nosotros mismos más y más cada vez.

Para ser yo y un seductor de mí mismo, me puedo sentir frágil, ¡tenemos permiso! Somos frágiles como bebés y especialmente cuando nos protegemos detrás de máscaras. No por ser adultos tenemos el don de la fortaleza invulnerable. Somos frágiles y firmes al mismo tiempo. Nuestro cuerpo es frágil y nuestras convicciones y comportamientos pueden ser poderosos y firmes. Podemos ser fuertes en nuestra generosidad y nuestra capacidad de amar y vulnerables ante cualquier rechazo, ante el dolor. Y reconocer el dolor nos regresa a nuestra humanidad, porque todos somos vulnerables y algunos valientes se atreven a reconocerlo y a mostrarlo.

Puedes dejar de vivir con la máscara del fuerte, del poderoso, del héroe y sentir más; entonces te darías cuenta que los demás existen con sus vulnerabilidades, sus miedos y sus temores, al igual que tú. Quizá reconocer al otro de esta forma, se convierta en un comienzo del camino para quitarte esas máscaras dolorosas, más angustiosas que el propio dolor. Porque quizá lo que sientas en esos momentos no sea más que miedo al miedo, miedo a lo desconocido, miedo a verte en el espejo de los demás sin reconocer que el otro es como tú.

Por ahora te puedo ver, junto a otros, danzando la mascarada del miedo a mostrarnos vulnerables. ¡Que cese el baile! Ahora mírate por dentro para saber cuánta confianza tienes en ti mismo a día de hoy.

↳EJERCICIO:

• Escribe cómo te sientes al final del día. Aprende a percibir tus sentimientos. Lleva un diario o ponte una alarma en el móvil para sentir cómo te encuentras en esos momentos.

(((~)))

> *En la incertidumbre encontraremos la libertad para crear cualquier cosa que deseemos.*

DEEPAK CHOPRA

La vulnerabilidad consiste en saber que somos humanos y que, como tales, nos pueden hacer daño y que es y será así siempre. Esto es fragilidad y no debilidad. Hay que admitir nuestra fragilidad, nuestra vulnerabilidad. Es esto lo que nos puede hacer más fuertes. La otra forma de verlo es sentirnos débiles, que no vulnerables. Nadie quiere sentirse débil, nos gusta sentirnos fuertes y que podemos con todo. De hecho, es lo que nuestros padres han deseado para nosotros, pero ¿realmente quieres ser un superhéroe en el día de hoy?

Cuando era joven leía los cómics de Marvel y me sentía muy identificado con esos personajes que se sentían diferentes y que no tenían éxito en sus relaciones sociales y/o de pareja, pero que triunfaban ante fuerzas más poderosas. Eran grandes héroes. El cine de los 60 y 70 popularizó la figura del antihéroe, de la que el Woody Allen de esa época se convertiría en icono. Hoy en día, Tony Soprano es un personaje que puede dirigir con éxito los negocios mafiosos de New Jersey, pero no solucionar sus problemas familiares. Las series actuales nos presentan ese tipo de personajes una y otra vez: *A dos metros bajo tierra, Friends, The Wire, Breaking Bad*, la argentina *Vulnerables*... El personaje de ficción con conflictos y vulnerable forma parte de nuestra cotidianidad, el cine refleja nuestra realidad. Sin embargo, nosotros insistimos en mostrar *fortaleza* ante la adversidad.

Brené Brown, que se ha destacado en reivindicar el sentido poderoso de la vulnerabilidad dice: «Sí, cuando somos vulnerables, estamos totalmente expuestos. Sí, estamos en la cámara de tortura que llamamos incertidumbre. Y sí, estamos asumiendo un enorme riesgo emocional cuando nos permitimos ser vulnerables. Pero no hay razón para creer que asumir riesgos, afrontar la incertidumbre y exponeros a las emociones equivalga a debilidad»[8].

---

8 BROWN, Brené. *Frágil. El poder de la vulnerabilidad.* Ediciones Urano. Barcelona, 2013.

Pero ocultar las emociones en ocasiones, es síntoma de debilidad. También es débil la persona *excesivamente emocional* al no poder equilibrarse con su parte racional. Ambos cometen errores en su extremismo, no arriesgan y se sienten débiles en el fondo de su corazón. Somos emocionales y ello no es una lacra ni una debilidad. La debilidad reside en la persona que no muestra las lágrimas ni en el entierro de su padre, como el que vive anegado por ellas, defendiéndose; ambos son igualmente débiles.

Para sentirnos vulnerables y fortalecidos con ello, necesitamos afrontar la incertidumbre que vivimos desde hace décadas o más, incluso aún desde el comienzo de la Modernidad. Vivimos una época de falta de certezas y las que quedan son personales, individuales, además van cambiando con el tiempo, como ya hemos explicado. El filósofo y sociólogo, Zygmunt Bauman, asegura «que la única certeza que tenemos es que vivimos en una época de incertidumbre»9. Para él, como moradores de esta sociedad, tenemos la impresión de habitar en un mundo en el que todo puede ocurrir, y eso conlleva una grave pérdida de seguridad.

Ante la incertidumbre nuestra primera reacción es cambiar lo exterior y, ante esta imposibilidad, reaccionamos con frustración o resignación. Después, estos sentimientos nos llevan a realizar una serie de acciones que se convierten en hábitos de tanto repetirlas. Una vez más, deseamos controlarlo todo y ante el no saber qué sucederá, nos enfadamos y nos frustramos, o nos entristecemos y nos resignamos. Y de tanto esfuerzo por cambiar lo de fuera, terminamos exhaustos, como un Sísifo moderno, abandonándonos a la resignación y sintiéndonos víctimas. Pero nada de eso sirve para cambiar la incertidumbre en que vivimos.

Lo que puede hacerte cambiar en el mar del escepticismo y la inseguridad de nuestros días, es la calidad de tu espera y la aceptación de que las cosas son como son. Ante esta situación de incredulidad y reparo, que vivas la vida desde el conoci-

---

9 BAUMAN, Zygmunt. *Tiempos líquidos: Vivir una época de incertidumbre.* Tusquets Editores, 2007.

miento y la construcción de tu ser y desde la aceptación, te va a permitir asumir riesgos. Ya sabes que el exponerte emocionalmente es un riesgo grande. Mostrar tus emociones, vivirlas, te va a dar una seguridad más real que el esconderlas y escapar a ellas. Es por ello por lo que sentirte vulnerable es un riesgo grande para llegar a construir más seguridad. Si todo alrededor da la impresión de no ser duradero ni firme, qué mejor que construir un individuo sano y amoroso. Para ello una forma de acercarte a esta *amorosidad* es sentirte humanamente vulnerable.

«Hemos sido diseñados para estar en contacto con otras personas; es lo que da propósito y sentido a nuestra vida, y sufrimos cuando carecemos de ese contacto», afirma Brené Brown en su hermoso libro *Frágil*. Por lo que sería harto humano el arriesgar para conseguir de nuevo ese contacto que comenzó en nuestros primeros días, meses y años de nuestra vida.

↳**EJERCICIO**:

• Exponte emocionalmente. Comienza a hablar de tus emociones con los demás.

• Ve por caminos diferentes cada día al trabajo. Mira y descubre cosas nuevas en las que aún no te habías fijado. Siente que puedes sentir nuevas cosas cada día al hacerlo. Luego compártelo con alguien cercano.

• Ponte delante de un paisaje nuevo, urbano o campestre, y describe todo lo que ves. Y siempre hay algo más que no has visto, ni descrito. Grábalo y cuando lo escuches, vuelve a mirar, seguro que descubres algo nuevo. También lo puedes compartir con algún amigo.

(((–)))

Cuarto camino: los objetivos

> *Yo sé quién soy—respondió don Quijote—, y sé que puedo ser, no solo los que he dicho, sino todos los Doce Pares de Francia, y aun todos los nueve de la Fama, pues a todas las hazañas que ellos todos juntos y cada uno por sí hicieron se aventajarán las mías.*
>
> MIGUEL DE CERVANTES, *DON QUIJOTE DE LA MANCHA*

Cuando Don Quijote afirma «Yo sé quién soy», su locura se ha convertido en una nueva forma de ver el mundo, él se ha transformado. Es ya una persona diferente a la que conocían y, por desgracia para él, ese cambio no es agradable para la sociedad que vive. La época es violentamente homogeneizante. Y quizá por ello, otra conciencia se ha desarrollado en el hidalgo que se ha *transfigurado* en caballero andante. Alonso Quijano ha dejado ese personaje y se ha convertido en quien desea ser. Don Quijote sabe que puede ser quien él quiera y realmente sabe y elige quién es. Es en nuestra propia cultura donde nos podemos mirar en el espejo de un personaje que encarna la rebeldía, la lucha por la diferencia, aunque le llamen *loco*. Por supuesto que no está loco, el hidalgo ha elegido su camino y lo ha puesto en práctica. Su fantasía se ha hecho realidad gracias a sus acciones. Aunque tiene aventuras que le definirían como loco (los molinos o los odres de vino que toma por gigantes), éstas se contraponen con las otras que le confieren una cualidad ética envidiable (liberar a los galeotes o al mozo azotado por su amo). Cuando se trata de situaciones humanas, en el personaje aparece el sentido de justicia y libertad y actúa en consecuencia ya que así lo ha decidido. Y lo hace con valor. Nadie puede negar que la criatura de Cervantes se comporta como un personaje con coraje.

Porque valor –y mucho– es lo que necesitamos en el día de hoy cuando vivimos «atentados terroristas, el deshielo de los polos, la peste aviar, la bomba de Irán, los virus misteriosos, despidos masivos, congelación o recorte de los sueldos, espectaculares estafas de los altos cargos, corrupción de especuladores y concejales. El miedo encoge y anestesia. Tiende a crear una sociedad anonada y, a la vez, conformista», afirma Vicente Verdú. Nada especial si la comparamos con la crisis del siglo XVII español, su grandísima crisis económica, el cierre de fronteras, el hambre y la lucha de poderes feudales.

De nuevo vivimos en crisis, habitamos el centro del huracán del miedo y la incertidumbre. La pregunta es ahora qué hacer con tanto temor, cómo salir de esta especie de parálisis que embarga a la sociedad y a nosotros mismos como individuos que la componemos. La primera respuesta aparentemente sencilla es admitirlo, darnos cuenta de cuánto miedo tenemos entre nuestras vísceras y con cuánto miedo miramos a los demás. Después, sentir la vulnerabilidad que nos humaniza y nos hermana. Modular nuestro miedo sería la tercera fase.

Ya sabemos que no podemos controlar el temor y, aun así, escondemos la cabeza debajo del ala creyendo que, por no querer sentirlo, nuestro cuerpo no lo va sufrir. De hecho, al actuar de esa forma se crean repercusiones aún mayores, como hemos visto antes. Al modular el miedo nos distanciamos de este *vivir en el miedo*. Es un buen recurso, siempre y cuando no nos dejemos llevar por el miedo que nos transmiten los medios y otros canales de comunicación. ¡Ay, los medios! Con el objetivo de lucrarse vendiendo más, convierten en espectáculo cualquier noticia, por nimia que sea. Cualquiera que vea hoy las noticias se alarmará ante el cambio estacional o de las temperaturas. En la calle y el trabajo se respira miedo y la parálisis parece que se ha convertido en norma social. Hoy la palabra guerra ya está entrando en nuestra cotidianidad. Incluso es posible que, ante la intención de dejar el trabajo o de cambiar de vida o de casa, hayas recibido alguna indicación directa o indirecta para que te quedaras quieto, porque *los motivos para no moverse son muchos*. Las voces del miedo son diversas y estamos llenos de imágenes en el cerebro que lo afianzan día a día. Así, no es fácil convertirnos en seductores de nosotros mismos, ni de nadie.

Claro que modular el miedo no es nada fácil. Ante tanto miedo infundido podemos actuar, movilizarnos, arriesgar. Ya que, de hecho, es para lo que sirve: el miedo vale para que nos movamos, nos pongamos en marcha, para actuar. ¿Es eso lo que realmente hacemos? ¿O nos camuflamos entre la masa para que no se nos note que tenemos ideas y comportamientos diferentes y así terminar desapareciendo? ¿Nos convertimos en Quijotes o nos quedamos al calor de la lumbre sintiendo la miseria del que soñó y olvidó sus sueños en el sótano de la mediocridad?

Siempre es mejor hacer que no hacer. Hacer es vivir, es equivocarse y aprender, es estar al lado de la corriente de la vida. Paralizarse es convertirse en agua estancada. Y para poder movernos es necesario sentir la antítesis del miedo, ya que, gracias a éste, podemos sentirnos valerosos. No puede existir uno sin el otro. Como sabes a estas alturas, en muchas ocasiones reprimimos nuestro valor convirtiéndonos en espectadores tristes de nuestra vida.

Adolph Huxley escribió: «El amor ahuyenta el miedo y, recíprocamente el miedo ahuyenta al amor. Y no solo al amor el miedo expulsa; también a la inteligencia, la bondad, todo pensamiento de belleza y verdad, y solo queda la desesperación muda; y al final, el miedo llega a expulsar del hombre la humanidad misma». Sin embargo, podemos abrazar y bailar nuestro miedo haciéndolo nuestro de verdad, no escapando sino sintiéndolo como propio. Simplemente recordemos que, gracias a él, hemos luchado históricamente por la supervivencia y por la libertad, entre otras cosas. Gracias a sentirlo nuestro, peleamos con más energía para conseguir alcanzar un nivel superior. De otra forma no seguiríamos vivos.

Haciendo un juego de palabras con el origen de la palabra corazón, cor-cordis, y el significado de valor, me gusta y elijo la palabra coraje como síntesis de ambas. Así, coraje vendría a ser valor amoroso.

Según el escritor estadounidense Mark Twain, «el coraje es resistencia al miedo, dominio del miedo y no la ausencia de miedo». Porque es imposible quitarlo, controlarlo. El coraje es la valentía que se requiere para superar los retos de la vida. Es una fuerza interna que todos poseemos y que proviene de nuestro ser esencial. Dice Woody Allen: «El miedo es mi compañero más fiel, jamás me ha engañado para irse con otro». Por ello el coraje es necesario cuando estamos hablando de conseguir nuestros objetivos para seducirnos a nosotros mismos. Has necesitado coraje para poder hacer los ejercicios anteriores, ¿cierto? Porque el seductor de sí mismo no se protege, se expone. Una y otra vez... Hasta que ese exponerse es familiar.

↳EJERCICIO:

* ¿Te apetece ahora hacer alguno de los ejercicios que no has hecho? Si los has hecho todos, ¿te apetece repetir alguno?

(((–)))

Imagino que cuando has comenzado a realizar algún ejercicio te has dicho a ti mismo: «Tengo que hacer este ejercicio». Y quizá no lo hayas conseguido realizar. No estoy seguro de que hayas pensado: «Debo hacerlo». En ambos casos te has impuesto una obligación y, con casi seguridad, habrás abandonado. La obligación nos conecta con nuestro enfado y tristeza; emociones que no queremos elegir en nuestra vida. Por eso es importante que te plantees objetivos con la palabra quiero. Todo es una elección que hacemos con la mente. Piensa, por ejemplo, que los platos están sucios y han de ser lavados. Si te encuentras solo ante la pila ¿qué eliges en tu mente? ¿Tengo que lavarlos o quiero hacerlo? Si te apuras un instante, te darás cuenta de que podemos elegir los pensamientos para poder vivir mejor. Así ante la disyuntiva de los platos ¿por qué no eliges *quiero* fregarlos?

↳EJERCICIO:

* Haz una lista con todos los *tengo que* y *debo* que te dices en el día. ¿Cuáles quieres cambiar por un quiero?

(((–)))

> *Cualquier cosa se convierte en placer*
> *si uno la hace con mucha frecuencia.*
>
> OSCAR WILDE, *EL RETRATO DE DORIAN GRAY*

Al igual que en el teatro, donde el actor no solo se pregunta quién es el personaje, sino qué quiere, en la vida para alcanzar nuestras metas debemos tener claro nuestros objetivos. Y aquí es donde aparece la voluntad y la fuerza de la intención. En estos casos no sirve una idea aproximada, algo genérico o abstracto, necesitamos de acciones concretas, que nuestras emociones y nuestro cuerpo estén alineados con el fin que perseguimos.

El teatro en sí mismo es acción, sin ella sería retórica, discurso, es decir, algo muy cerebral. Por ello, es necesario que, ante un planteamiento de metas, todo nuestro ser esté integrado para lograr el objetivo. Para ello, no hay otro modo que empezar por el propio cuerpo, al igual que los actores cuando encarnan un personaje. Por otro lado, cuando asistimos a una representación teatral, los espectadores vemos el resultado y no el trabajo de semanas de ensayo, de pruebas, de errores, de equivocaciones, de frustraciones, de alegrías, de momentos donde parece que no se avanza, de pequeños éxitos... en suma, no hemos sido partícipes del proceso. Cuando los actores están en escena, llevan instalado en todo su organismo, en su memoria celular, ese aprendizaje, y es eso lo que les da la seguridad.

Al igual que en el teatro, en la vida, el éxito al conseguir un objetivo consiste en observarnos y asentar este proceso de aprendizaje. Además de asimilar el error como enseñanza.

Aun así, en ocasiones, existirá algún tipo de obstáculo que no nos permita conseguir el objetivo. Algunos los superaremos fácilmente y otros no tanto como nos gustaría. Posiblemente estos formen parte de nuestra mente inconsciente y, como mandatos, actúen en nuestra contra, auto-boicoteándonos o conduciéndonos por caminos opuestos a los marcados. Hablamos entonces de creencias limitantes que, como pautas invisibles, nos bloquean y necesitamos cambiar. Ya he mencionado anteriormente este tema y lo seguiré haciendo más adelante.

Generalmente, adquirir una habilidad se hace de forma paulatina y como parte del proceso de aprendizaje. Se suele partir de la incompetencia inconsciente (*no sé que no sé*) para llegar a la competencia inconsciente (*me olvido de que lo sé*). Por ejemplo, la habilidad de conducir un automóvil tiene un desarrollo y un tiempo que se asume como primordial y finalmente se consigue el aprendizaje llegando a integrarse de manera inconsciente. Pero puede plantearse también la creencia de *nunca voy a poder conducir* y que esto bloquee la capacidad de aprender. Por lo que habrá que superar esa creencia para poder llegar a conducir.

Sin embargo, puede que para otros objetivos el método no sea tan claro. Ante la creencia *nunca sabré conducir un coche,* podremos modificarla y superarla y aun así, es posible que necesitemos aún un impulso que nos anime a comenzar, a dar un primer paso y continuar avanzando. Esta energía impulsora, en ocasiones necesaria, también la podemos construir con nuestro cuerpo activándolo de forma orgánica.

Como verás, para que un objetivo tome fuerza, *el cuerpo, el querer* y el *querer hacer* deben estar alineados. Necesitas que tu pensamiento sea claro y conciso, sin generalizaciones. Es mejor que comiences por algo pequeño a que te *vayas por las ramas* de la mente. Tus emociones te tienen que acompañar, por eso un *quiero* te asocia con la alegría, un *tengo que* con la obligación y quizá con el enfado. Un *debo* aún más.

Como seductor de ti mismo, puedes comenzar celebrando los pequeños logros, tus éxitos diarios. Primero, haciéndolos conscientes para ti. Una pequeña meta laboral o unas horas que pasas de más con tu familia pueden ser motivo de celebración. Es decir, que, si la alegría pide al cuerpo reír, saltar, cantar, bailar, incluso llorar (de alegría), compartir celebrando te asociará con tu alegría y de esa forma harás crecer tu autoestima.

Celebrar es una acción seductora que, en muchas ocasiones, olvidamos. Vamos de celebración familiar o por obligaciones sociales, sin embargo, que yo celebre mis éxitos conmigo mismo es algo que no solemos hacer. Conocí a una actriz joven que no celebraba sus pequeños éxitos.

Comenzaba su carrera profesional y, en lugar de ser elegida para pequeños papeles y así darse a conocer, los directores de casting la seleccionaban como rival de primeras figuras del cine y la TV. Eso a ella la enfadaba: «Quiero trabajar aunque sea diciendo una frase», refunfuñaba y añadía, «porque seguro que se lo dan a la otra». Y así sucedía, se quedaba sin el trabajo. Una especie de *auto-profecía cumplida*. Para mí, que la invitaba a celebrar cada paso profesional que daba –incluidas estas selecciones para los castings, por supuesto–, tenía que haber algo que la impidiera brindar por esos avances profesionales. Y finalmente, lo descubrí: no se quería a sí misma lo suficiente, por supuesto, pero era aún más poderoso que no se sintiera merecedora de estos progresos y de que los demás la vieran tan excelente actriz como era.

El merecimiento es un sentimiento que proviene de la alegría y de la aceptación de mí mismo. Me puedo decir todos los días que me merezco todo lo que deseo, sin conformarme con algo, con un poco, sino todo, y no conseguirlo porque, para ello, necesito alinear mis emociones y mis acciones. En el ejemplo de la actriz, que después de quince años aún no ha conseguido llegar a la reputación profesional de su talla y mérito, es sencillo. Si hubiera celebrado esos momentos le hubiera enviado una señal a su mente para que cambiara su creencia sobre lo que se merecía.

Cuando entrevistan a Peter Vesterbacka, el creador de *Angry Birds*, y le preguntan por el secreto de su éxito él afirma: «Celebrar los fracasos». Su historia y la de Rovio fue similar a la de todos los emprendedores: más de seis años de videojuegos que pasaron por el mercado sin pena ni gloria hasta alcanzar la fama con *Angry Birds*, el sello y firma de la marca. Y también recuerda que los científicos celebran incluso los fracasos. ¿Sabes por qué? Porque están más cerca del éxito.

Esta es tu tarea como seductor, alinear las diferentes capas de la "Rueda de la Vida" para conseguir tus objetivos amorosos contigo mismo.

↳EJERCICIO:

• Escribe un listado de todo lo que te mereces en este momento y en esta vida.

• Comienza a listar tus objetivos personales de auto-superación.

• Imagínate que tu médico te ha informado que solo te queda un año de vida y estás convencido de que el diagnóstico es correcto. Date un tiempo para escribir cómo cambiaría tu vida esta noticia y luego sigue leyendo. Ahora que lo has escrito fíjate si en tu papel mencionas que quieres cambiar tu vida y, si es así, pregúntate: ¿Qué te detiene para hacerlo ahora mismo?

4
Cómo seducir a los demás

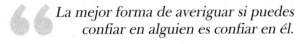

*La mejor forma de averiguar si puedes
confiar en alguien es confiar en él.*

ERNEST HEMINGWAY

NTERIORMENTE HE HABLADO DE QUIÉNES somos y de cómo
estamos construidos a través de la visión de la "Rueda
de la Vida". Hemos visto de qué estamos hechos y en
esta metáfora existe un trozo grande de la *tarta* donde las relaciones tienen un enorme valor. Y ya hemos visto cómo las primeras relaciones con nuestros padres, especialmente con nuestra madre, determinan nuestra historia de vida. Ahora vamos
a tratar cómo acercarnos a los demás, cómo, habiéndome seducido primero a mí, comienzo a seducir a los demás.

Durante mis últimos años, me ha pasado que cuando me
siento seducido por mí, algo hermoso me sucede. Ese algo, al
que llamo luz, atractivo, brillo, que nace de mi interior, es algo
así como un faro, un faro que brilla desde dentro hacia el exterior. Es una especie de radar que está atento a otros radares de
forma no consciente y que, cuando estos se encuentran, multi-
plican de forma grandiosa el encuentro.

El encuentro con el otro desde la seducción amorosa es diferente a los otros encuentros que hemos experimentado en
nuestra vida. Cuando buscamos pareja y cuando queremos seducir a los jefes y conseguimos alguno de estos objetivos, es
como si saltarán chispas en algún lugar de nosotros, es como si
se produjeran fuegos artificiales. Tenemos demasiada influen-

cia del romanticismo y del cine *hollywoodiense* y adecuamos nuestra visión de las relaciones humanas y algunos comportamientos a estos modelos. Así, cuando nuestra vida encaja con ese patrón que llamamos *felicidad,* nuestra alegría se convierte en euforia y perdemos levemente la capacidad de reflexionar con serenidad. A la larga podemos cometer actos que no son positivos o beneficiosos para nosotros. De esta forma, recuerdo clientes que dejándose llevar por la carga emocional de la euforia llegaron a apostarse la casa familiar o a casarse con alguien que no deseaban completamente.

Al conseguir la pieza ambicionada, ese objeto de deseo, generalmente la persona lo celebra y se coloca medallas para destacar sobre los demás, públicamente o en secreto. Este comportamiento es habitual ya que imaginamos y vivimos la seducción como una manipulación que va acompañada de su componente sexual o de poder. Pero si experimentamos la seducción como un acto amoroso, podemos contemplar un panorama donde nuestros hijos, nuestros padres, nuestros compañeros de trabajo y los amigos, forman parte de este *encuentro seductor.* Fuera de las relaciones de poder, entre los humanos, existen otras mucho menos conflictivas, las de la apreciación y las del respeto, las de la aceptación del otro y las del compartir lo que se pueda y quiera con los demás. Desde la paz, desde la calma, desde la tranquilidad que me da el estar seducido por mí mismo, ser consciente de mi vulnerabilidad, ser consciente de mi confianza y seguridad, de mis límites. Todo ello me dota de esa luz poderosa, la propia de un faro. Y no hay nada que hacer, el faro descansa sobre la costa e ilumina las tinieblas. Todo ello, asimilado en mi ser interior, me provoca una paz considerable, tanta que el encuentro con el otro es sereno, apacible y seguro.

↳EJERCICIO:

- ¿Hace cuánto que no miras a los ojos de alguien querido, conocido? Invierte tiempo en ello y comprueba lo que te sucede. Escríbelo también.

El otro existe

El primer paso para seducir a los demás consiste en reconocer que no podemos estar solos que necesitamos a los demás. No somos náufragos en islotes lejanos.

«No hables con extraños, aléjate de los desconocidos». ¿Cuántas frases más como estas hemos escuchado desde que éramos pequeños?

Así nos educaron nuestros padres a temprana edad para apartarnos de los posibles peligros, para mantenernos protegidos. Y pocas veces se ocuparon de que al crecer nos fuéramos dando cuenta de que las personas, desconocidas o no, son como nosotros, ni buenos ni malos, solo diferentes. Posiblemente porque ellos mismos no lo vivieron así y vieron a los demás como amenazas.

«Siempre hay alguien que te puede dar una puñalada... Si alguien me da algo, seguro que quiere algo a cambio... Nadie da nada por nada...» Escuchamos estas frases repetidas una y otra vez desde la infancia. Nuestros cuidadores, y con ellos la sociedad, nos vincularon con sus propios miedos a un comportamiento similar ante los desconocidos y terminaron por forjar unas creencias poderosas en nosotros. Y muy limitantes. Es decir, su miedo lo heredamos nosotros, y cuando llegamos a la edad adulta, de tanta imitación, acudimos a los encuentros con los demás con cierto pavor. Si nosotros no lo cambiamos ahora, es posible que leguemos a nuestra descendencia todo este miedo.

Como vimos, construir una creencia consiste en convertir una frase cualquiera en una realidad. Se trata de una verdad que casi nunca se replantea a medida que vamos avanzando en nuestras vidas, que queda ahí en el inconsciente y que, en el caso de que sea limitante, no potenciadora, no nos ayuda a conseguir el éxito en nuestro camino vital.

Vivimos en sistemas desde que nacemos; comenzamos en el sistema familiar y de ahí pasamos a los demás. Hacemos nuestras sus reglas por la necesidad de pertenecer, por la necesidad que tenemos de protección desde la infancia, como hemos explicado anteriormente. Así, transitamos del amparo del sistema familiar al sostén que nos proporcionan los otros diversos sistemas a medida que nos vamos juntando con diversos grupos y lo que nos vaya deparando la vida. Como, por ejemplo, los primeros grupos de amigos, sistemas importantes para nuestro desarrollo social, o los de la empresa en la que trabajaremos. Pasaremos por equipos deportivos, clubes, barrios, nacionalidades o lugares donde quizá vivamos, dentro o lejos de nuestra cultura. Todos ellos tendrán sus reglas y nosotros las convertiremos en nuestras creencias para podernos vincular y adquirir la seguridad que da la pertenencia. En todos conoceremos a nuevas personas, a desconocidos, que nos pondrán contra las cuerdas de nuestras primeras creencias familiares, ya que por una parte querremos entrar en ese nuevo *club* y por otra parte ese lugar estará lleno de ¡extraños! ¿Cuál crees que será la primera respuesta emocional ante esta situación? Para mí, un tanto dramática: «Si tengo miedo de los extraños mi cuerpo me pide huir o defenderme, pero deseo fervientemente pertenecer a algún sistema para adquirir seguridad». Muchas veces el cuerpo se bloquea y responde con una cierta parálisis. Si tiene una duración larga la llamamos *zona de confort*.

Pondré un ejemplo para verlo de forma más detallada: hoy estoy contento e intranquilo, ya que me dirijo a un nuevo trabajo y casi todos son desconocidos. Llevo dentro la antigua creencia de que *en los desconocidos no se puede confiar*, que se actualiza cada vez que se plantea la misma situación. Mi cuerpo se pone en alerta cuando aparece el primer extraño y veo el peligro que me inculcaron delante de mí en forma de persona. Mi respuesta es clara, no me acerco, me alejo, ya que veo el color rojo intermitente de *peligro* en éste y en casi todos con los que me voy encontrando. Incluso me ruborizo, lo que acentúa mi vergüenza y temor. Pero, ¡de igual forma me tengo que relacionar! Esto ocurre a nivel consciente e inconsciente, y aunque lo sepa ¿cómo crees que van a ser mis relaciones con los compañeros o jefes? ¿Cuánto tiempo voy a necesitar para que pueda confiar en ellos? ¿Cuántas comprobaciones en ellos y en mí voy a efectuar para que pueda dar algún paso? Y, por otro lado, ¿qué reciben los demás de mí? ¿Huelen mi miedo, mi temor, o están igualmente agazapados en su trinchera, compuesta de los mismos sentimientos, tanto que ni se dan cuenta de mi existencia? Posiblemente su respuesta sea la misma: la desconfianza y el temor. O peor aún, la etiquetación.

Poniendo más ejemplos, en el pasado me he llegado a encontrar solo en una fiesta rodeado de gente y sentirme en soledad nada más entrar a una casa o local debido a la frialdad o distancia de los asistentes. Si llegaba sin compañía, pocas personas hacían por acercarse y entablar conversación. Y sentía las ganas de salir disparado, al no encontrar respuesta positiva por parte de los demás: una sonrisa, un saludo introductor o una pregunta cómplice. Claro, yo también hacia lo mismo al no romper esa pared. Mi mirada se fijaba en los diferentes grupos que ya estaban formados y buscaba con ansiedad un flotador, en forma de persona, que me permitiera poder salir y respirar. Muchas veces, en mi huida, me encontraba finalmente con algún *raro* y en las estancias más *extrañas* del lugar. Esta situación la he visto en otras personas que se han quedado en las esquinas refugiándose durante el tiempo que, gracias al alcohol u otras sustancias, se animaban y rompían las barreras de lo desconocido. Para mí ha sido triste comprobar que en otros países existen otros tipos de comportamientos que buscan el contacto con los demás, que no se asustan por el otro, que en muchos lugares la gente quiere conocer a los extraños y actúan en consecuencia comunicándose con los demás.

Existen también otras influencias que nos afectan. Por ejemplo, no me permite acercarme a los demás con total apertura la antigua creencia cultural española que nace de la expulsión de los judíos y los árabes hace unos centenares de años y que circula a través de nuestro *inconsciente colectivo*. La construcción de España está basada en los mismos sentimientos de miedo, ya que ante el temor de ser diferentes, de ser perseguidos o de perder la vida, se edificó una cultura basada en la apariencia donde todos teníamos que ser cristianos, viejos o nuevos, perdiendo las múltiples identidades culturales heterodoxas.

Ante esos comportamientos, ahora de adultos, usamos una justificación: «Es que soy tímido. No me fío de los demás, es que soy desconfiado». Y de esta forma vamos perpetuando la creencia familiar con estas excusas que afectan directamente a nuestra identidad. ¿Es que realmente no nos gustan los demás? Pero, ¡si los necesitamos!

Sin los demás no podríamos definirnos a nosotros mismos. Yo no podría sobrevivir en el mundo sin los otros, sin esos extraños. Los otros son mi espejo, un espejo donde veo lo mejor y lo peor de mí. Un espejo donde aprendo y me permite comprobar mis avances. Lo que nos perdemos de la vida al sumergirnos en nuestra burbuja de protección es precisamente esto, nuestro propio crecimiento. En mi burbuja hiberno, no vivo.

Para mí los desconocidos son la fuente donde puedo beber el líquido de la Vida, el manjar de donde saborear el poder del Amor. Los desconocidos son yo mismo, con sus mismas inquietudes, temores y alegrías. Somos diferentes y somos iguales. Somos uno y somos los otros. En definitiva, seres en búsqueda de los otros dentro de una misma Alma.

↳EJERCICIO:

- ¿Qué piensas de los demás? ¿Cuánto aceptas las diferencias, las disparidades, las discrepancias, las heterodoxias, las variedades en los otros?

(((–)))

Ahora me gustaría que leyeras este cuento:

EL LADRÓN DE HACHAS

Un campesino, que tenía madera para cortar, no lograba encontrar su hacha grande. Recorría su patio de un lado a otro, iba a echar un vistazo furibundo por el lado de los troncos, del cobertizo, de la granja. ¡Nada que hacer, había desaparecido, sin duda robada! ¡Un hacha completamente nueva que había comprado con sus últimos ahorros! La cólera, esa breve locura, desbordaba su corazón y teñía su mente con una tinta tan negra como el hollín. Entonces vio a su vecino llegar por el camino. Su forma de caminar le pareció la de alguien que no tenía la conciencia tranquila. Su rostro dejaba traslucir una expresión de apuro propia del culpable frente a su víctima. Su saludo estaba impregnado de una malicia de ladrón de hachas. Y cuando el otro abrió la boca para contarle las trivialidades meteorológicas habituales entre vecinos, ¡su voz era sin lugar a dudas la de un ladrón que acababa de robar un hacha flamante!

Totalmente incapaz de contenerse durante más tiempo, nuestro campesino cruzó su porche a grandes zancadas con la intención de ir a decirle cuatro verdades a ese merodeador ¡que tenía la osadía de venir a burlarse de él! Pero sus pies se enredaron en una brazada de ramas muertas que yacía al borde del camino. Tropezó, atragantándose con la andanada de insultos que tenía destinada a su vecino, ¡y se cayó de manera que fue a dar con la nariz contra el mango de su hacha grande, que debía de haberse caído hacía poco de su carreta!

(((-)))

Como dice el cuento, lo importante es cómo pienso de los demás, mucho más que la relación que tengo con los otros. Cuando pienso en otra persona, me caiga bien o mal, experimento una conexión emocional en mi cuerpo, una sensación interior solo por el hecho de pensar en esa persona. Esto significa que estoy experimentando ese sentimiento incluso en su ausencia. Es decir, que es mi mente la que crea la relación, ya que ésta no existe físicamente.

Una pareja de recién casados se mudó a un barrio muy tranquilo. La primera mañana en la casa, mientras tomaba café, el marido vio a través de la ventana, que una vecina colgaba sábanas en el tendedero y dijo:

—¡Que sábanas tan sucias cuelga la vecina en el tendedero! Quizás necesita un detergente nuevo. Me gustaría ayudarla a lavar las sábanas.

La mujer miró y se quedó callada. Y así, cada dos o tres días, el hombre repetía su discurso, mientras la vecina tendía sus ropas al sol y el viento.

Al mes, el marido se sorprendió al ver a la vecina tendiendo las sábanas limpias, y dijo a su mujer:

—Mira las sábanas de la vecina, al final ha aprendido a lavar la ropa … ¡Qué bien!

La mujer le respondió:

—Mmm… no es lo que piensas. Hoy me levanté más temprano y por fin lavé los vidrios de nuestra ventana.

(((–)))

Como ves, lo que importa en cualquier relación es lo que sucede en tu mente, pues es ahí donde existen las relaciones. Además, con su componente emocional. La relaciones no existen, sino que existen las personas que se relacionan. Por todo esto, resulta muy poco útil trabajar sobre las relaciones en sí, y mucho más efectivo centrarse en la manera que uno tiene de relacionarse para crear intercambio y conexión entre los humanos.

↳EJERCICIO:

• Haz una lista de 10 personas con las que tienes una relación, ya sea positiva o negativa. A medida que escribes su nombre en un papel, anota a continuación cómo te sientes con ella. ¿Qué has descubierto? ¿De qué te has dado cuenta?

(((–)))

La mediocridad no es seductora

> *Cada acierto atrae a un enemigo.*
> *Para ser popular hay que ser mediocre.*
>
> OSCAR WILDE, *EL RETRATO DE DORIAN GREY*

Opina Jorge Wagensberg[10] que hay colectivos que funcionan y otros que no, que hay sociedades que funcionan y otras no, e incluso países que funcionan y otros que no. Para él, lo que consigue que un colectivo funcione, lo que permite el triunfo o fracaso de una sociedad, radica en los valores individuales, el conocimiento, en la tradición y en la cultura que permiten que se produzcan encuentros y avancemos colectivamente. En su visión para que el progreso continúe, plantea asomarse al conflicto humano entre dos conceptos extremos e inseparables: la creatividad y la mediocridad. El mediocre sabe que lo es porque ser mediocre es una decisión personal, dice el científico, afirmando que el mediocre no desea descubrir ese talento que todos llevamos dentro.

Está claro que el mediocre que lea esta afirmación dudará o negará que el mismo posea este talento, como tantas veces se lo habrá negado y hará lo mismo con todos los que le rodean. O quizá no, y salve a algún artista lejano. Sin embargo, todos poseemos la capacidad creadora, nacemos con ella. Lo que haya sucedido en nuestro pasado, tanto social como familiarmente, es significativo, pero no decisivo a la hora de elegir ser mediocre.

La diferencia entre las personas que usan su creatividad y las que no la usan, no reside en la inteligencia tal como ésta se mide en las pruebas de inteligencia, sino en su capacidad empática, desde donde nos relacionamos con los otros y hasta qué punto somos los dueños de nuestro destino, reflejando así un alto conocimiento de nosotros mismos.

Todos estamos en un tris de caer en la mediocridad, es más laxa, más fácil. Es mucho más sencillo seguirse a uno mismo

---

10 http://elpais.com/diario/2003/11/07/opinion/1068159606_850215.html

que trabajar para un proyecto de la índole que sea, poner la energía en algo que nos permita crecer como personas o como profesionales. No hablo ya de algo que nos haga trascender como individuos, sino de algo que nos ilusione, motive o mueva interiormente. Como podría ser la seducción de uno mismo o del otro.

El mediocre que elige este personaje, elige no crecer; es un niño que aún no ha desarrollado su empatía. Es aquel que se ríe de los demás y de su desgracia, el que se burla de las imperfecciones de los demás (¡esto tan español!). El mediocre se piensa perfecto o desea alcanzar la perfección. Y, como niños, son amantes de la destrucción y no de la construcción. Wagensberg dice que construir es ir de cualquier parte a una parte muy especial, y para ello hay que invertir tiempo, talento y esfuerzo; destruir es ir de una parte muy especial a cualquier otra parte, y para ello no se requiere absolutamente nada.

El mediocre no ve la película completa, no tiene perspectiva ni de su vida ni del mundo, se conforma con lo inmediato, con el caramelo rápido, y no espera la recompensa del trabajo bien hecho, ni la del esfuerzo. Sistémicamente, los mediocres son unos excluidos de sí mismos y solo encajan en un sistema de mediocres. Excluyen a los que son diferentes y desean serlo, a los que ven la posibilidad del cambio y trabajan para ello, a los que se transforman.

Los individuos creativos parecen estar relativamente liberados de prejuicios y convencionalismos, y no les interesa particularmente lo que sus semejantes o cualquier persona piensen de ellos. Tienen poco respeto por las tradiciones y reglas establecidas y por la autoridad en lo referente a su campo de actividad, prefiriendo fiarse de sus propios juicios. Se dice también que los varones creativos obtienen a menudo resultados altos en los tests de *feminidad*, lo cual indica que tienen una mayor sensibilidad y son más conscientes de sí mismos y más abiertos a la emoción y a la intuición que el hombre medio de la cultura occidental.

Dice Wagensberg en su último libro[11] que la creatividad es la principal fuente de autoestima y de equilibrio mental. Por

---

11 WAGENSBERG, Jorge. *Algunos años después.* Now Books, 2015.

eso, lo que destaca en las personas creativas es su confianza en sí mismos, su coraje, la flexibilidad, la alta capacidad de asociación. Factores fundamentales para crecer y seducirnos a nosotros mismos. También los creativos poseen capacidad intuitiva y crítica, así como imaginación, curiosidad intelectual y las características afectivas de sentirse querido y protegido. Tienen soltura y libertad, entusiasmo y tenacidad. Y destacan por su profundidad.

Los mediocres destacan también por un racionalismo extremo y un enfoque superficial. Poseen falta de confianza y poca motivación. Escuchan poco y respetan excesivamente a la autoridad. Tienen un talante no crítico, no observador.

Según Jodorowsky, existe en la naturaleza humana una tendencia primaria, muy inconsciente, a querer ser *normal* para no ser excluido y seguir formando parte de la sociedad, de pertenecer. Así, el mediocre, trabaja *como todo el mundo* haciendo los mismos trabajos que todo el mundo, se viste igual que *todo el mundo*, come sus bocadillos como *todo el mundo*, toma su vinito como *todo el mundo*, se angustia como *todo el mundo*, se frustra como *todo el mundo*, tiene pareja como *todo el mundo*, se va de vacaciones como *todo el mundo*, se ríe de las mismas cosas que *todo el mundo*, imagina desde el mismo lugar que *todo el mundo*, usa los mismos modismos que *todo el mundo*, se casa como *todo el mundo*, siente lo que siente *todo el mundo*, ama como ama *todo el mundo*, se dice las palabras que *todo el mundo* se dice y se muere de la misma manera en la que *todo el mundo* muere.

Y, de esta forma, cuando me convierto en mediocre acallo mi conciencia, es decir, sigo a la masa. Ya se sabe que existe la fuerte creencia de que *al que sobresale en este mundo se le corta la cabeza*, luego es preferible callar ante las opiniones de los demás, silenciarse ante los primeros vaivenes, paralizarse ante cualquier riesgo. «Las ideas hay que llevarlas por dentro», me aleccionaba mi padre y afortunadamente no le seguí en eso. Dichosamente sobresalí y me convertí en creativo y creador de mi vida. Hoy me dedico a acompañar a aquellos que desean salir de esa mediocridad vital para vivir en esta época de incertidumbres, por otro lado, tan creativas.

Por tanto, para seducir a otros hay que dar, no como una persona sacrificada, sino creyendo en la abundancia y en el intercambio, no el comercial sino el humano. Definitivamente el mediocre no da. No da porque no siente que ese sea el camino para el éxito, su ceguera es tan especial que le impide reconocer que su vida ha sido un verdadero regalo, que estar viviendo ya es una dicha. Así, el mediocre, en lugar de agradecer, encuentra un sentido a su vida en la queja. Y en la frustración y la resignación. «Como a mí no me han dado, yo tampoco doy», opina este personaje, y nadando en abundancia se ahoga en su propia inacción. La vida le va pasando por encima.

Vivir la existencia como un regalo parece que sea una actitud más propia del creativo. Curiosamente, también de las personas que se encuentran lejos de la abundancia de bienes, es decir, de quienes están más cerca de su corazón, de los que miran el **ser** antes que el **hacer** o el **tener**. Por ello pueden mirar a los demás como lo que son.

El mediocre entiende el dar siempre a cambio de algo. Se trata de un comerciante de emociones y de sentimientos empaquetados. Es un mercantilista de lo mejor que tiene. Posiblemente haya aprendido que al amor le sustituye el dinero y viceversa y lo ha llegado a creer haciéndolo hábito propio. Por lo que dar es una pérdida de tiempo, ya que si no hay algo a cambio, ¡para qué hacerlo! Con estas máscaras protectoras no hay forma de llegar a los demás, la luz de nuestro ser interior vuelve a cegarse con las corazas del miedo.

Para dejar de ser mediocres necesitamos una fuerte dosis de modestia, que el ego se vaya deshinchando a medida que nos reconocemos imperfectos y contradictorios. Es por ello que cuando una persona creativa da, sabe no esperar algo a cambio directamente de la persona a la que dio. Él solo espera que le regrese por algún otro lugar, inesperado siempre, sorprendente la mayor de las veces. Esta creencia le convierte en un ser menos egoísta y egocéntrico, ya que sabe que no puede dirigir los acontecimientos del Universo. Si lo aplicamos al mundo de la seducción no podemos iluminar un mar nocturno esperando que pase el crucero que deseamos, nuestra luz estará allí para todos los barcos que lo pidan.

La vida es como un espejo, te da lo que te das. Y la persona creativa posee una alegría interior que procede del milagro de descubrir el *yo* que habita en el interior de cada ser humano, el *yo* creativo en mi ser esencial. Es por ello que, para mí, triunfar en la vida es dar al mundo mucho más de lo que recibo de las creaciones de los demás. El ser creativo escucha, primero a su corazón, que no le engaña, y después a los demás, que le apoyan desde el cariño. Y eso le convierte en seductor amoroso.

↳**EJERCICIO:**

• Después de leer esta parte y sabiendo que son generalizaciones, ¿qué opinas de ti mismo? ¿Dónde te ves, en el lado creativo o en el opuesto? Haz una lista de todo lo que has dado a los demás generosamente en el último mes.

(((-)))

Intercambio

 Cuando alguien te da su confianza, siempre te quedas en deuda con él.

TRUMAN CAPOTE

¿Realmente tememos el intercambio con los demás? Recuerdo mi infancia en el barrio de Carabanchel Bajo. Allá por los años 60 del siglo pasado, con las puertas de las casas abiertas de par en par como en los pueblos. Aunque vivíamos en un bloque de pisos, esta costumbre se mantenía. La puerta abierta hasta la hora de dormir. Los adultos pedían permiso para entrar en una vivienda vecina, los niños correteábamos sin piedad por todas partes. Los vecinos compartían comida y mesa comunal algunas noches del verano... Pero aquello se terminó demasiado pronto, justo en el momento de la llegada de los bienes materiales de consumo. Entonces los adultos pusieron cerrojos a las puertas, cerraduras para proteger su televisión, sus electrodomésticos y otros objetos preciados. Después de la Guerra Civil, de nuevo los miedos se instalaron dentro de las viviendas. Entre ellos, el miedo al robo, el miedo a no resistir la comparación con los demás sobre el estatus, el temor a no estar a la altura. Y aquello quebró el intercambio y el compartir lo poco que se tenía.

Con esto no quiero afirmar que *cualquier tiempo pasado fue mejor*, ni mucho menos, lo que quiero es hacer notar que el **tener** nos aleja del **ser**, y hoy más, incluso más que en esa época. Y que ello nos conduce a otra forma de miedo. También nos encontramos alarmados ante la invasión del mundo de las pantallas, consolas, *smartphones*, *tabletas*, con el consiguiente alejamiento de los demás, quedando expuestos al temor de la soledad. La forma de relacionarnos ya no es tan fácil, tan casual. Hoy, especialmente en las grandes ciudades donde se reúne el mayor número de personas, entablar una conversación con un desconocido no es asequible. Antiguamente, antes de la llegada de la televisión, se hacia *la visita* a amigos o familiares durante las largas tardes del sábado o domingo. Ahora, con el estrés, las prisas urbanas y el mayor número de horas dedicadas al trabajo, relacionarnos con los amigos incluso es ardua tarea. Es habitual escuchar frases del tipo: «A ver si quedamos y nos vemos». Es como una muletilla que solemos pronunciar, además, por teléfono o mensajería instantánea.

Lo mismo nos sucede con las conversaciones que manteníamos antes sin tiempo límite, solo por el placer de conversar. Es habitual advertir que *solo tengo un par de minutos...,* o *es que no tengo mucho tiempo,* limitando así el devenir y las sorpresas de la vida. Idéntica situación vivimos hoy respecto a los paseos, aquellos sin destino, un caminar acompañado o no, conversando conmigo mismo o con otros. Hoy prima la carrera, el maratón, el *running,* y en ocasiones pareciera que estuviéramos corriendo de nosotros mismos.

Pero no todo va a ser miedo, también puedo encontrar a mi personaje valeroso, con coraje, y lanzarme a la contemplación de un paisaje o de una persona. Puedo comenzar a darme cuenta de que las prisas me evaden del placer y ponerme manos a la obra para reconquistar mi espacio de conexión con los demás.

Para conseguirlo está, como paso intermedio, la observación, la mirada consciente sobre lo que hay a nuestro alrededor. Podemos disfrutar observando los diferentes matices del verde en las hojas de los árboles para luego entrar en el museo y contemplar una pintura. Contemplar la belleza y extasiarse con ella.

↳EJERCICIO:

• Mira con mirada nueva una estancia de tu casa, como si la vieras por primera vez. Fíjate en todos los detalles que no habías observado hasta ahora. Los nuevos y los conocidos. Quizá una mancha en la pared, una grieta o un objeto al que hace años que no prestas atención. ¿Qué sientes cuando lo ves? Escríbelo.

(((-)))

Tras darme tiempo y espacio a mí mismo, puedo pasar al encuentro con los demás y para ello también está la conversación, no el debate ni la discusión, solo el placer de comunicarnos sin objetivos concretos, solo por sentirnos. Una conversación que no trata de influir o convencer al otro, que es lo que queremos conseguir en muchas ocasiones. Un ejemplo: una pareja decide salir por la noche y ya saben, porque se conocen, que cada uno va a proponer una diferente forma de entretenimiento. Llega el momento y uno de ellos le pide al otro que vayan al cine, que es su diversión favorita. El segundo, al que le gusta el teatro, evalúa las dos posibilidades y sintiéndose cómodo por esta vez con cualquiera de ellas, dice: «Está bien, vamos al cine». Entonces el primero contesta: «¡Ya! ¿Y quieres que me lo crea?! ¿Qué estarás tramando? Esto seguro que lo dices para conseguir algo».

Muchas veces parece que no podemos conversar sin que haya un conflicto, conversar simplemente por el placer de comunicarnos, auténticamente. A este respecto decía Fromm: «Es en la conversación diaria, o sea en la comunicación rutinaria, donde deberíamos elevar el nivel de nuestro intercambio con la finalidad de mejorar las relaciones y el entendimiento con las otras personas»[12].

↳EJERCICIO:

• Recuerda y escribe una conversación en la que interviniste que tenía como objetivo el placer de la compañía. Escribe también cuánto duró y qué sentiste.

(((-)))

El intercambio entre humanos se ha convertido en un acto comercial y creemos que es lo correcto. La conversación parece un utensilio, cuando no, un lugar de choque y enfrentamiento. «Prefiero no hablarlo, me lo guardo», es una

---

12 FROMM, Erich. *El arte de amar.* Paidós Ibérica, 2004.

acción común para nosotros hoy en día y así crece nuestra desconexión con los demás. Conversar tenía que ser un arte para Platón y hoy, entre el miedo a conocernos a nosotros mismos y también a los demás, se ha reducido a una habilidad o a un *chat*.

Durante siglos se ha temido a la conversación y se ha tratado de presionar sobre las personas para que no hablaran en público. El diálogo es peligroso porque se comparten no solo palabras, sino ideas, emociones y sinergias. Tiempo atrás se mantenía asustados a los individuos con el hablar, llegándose a potenciar el silencio como virtud, dependiendo de la época. Conversar era muy embarazoso, peligroso o doloroso. Hoy es una habilidad que tenemos que desarrollar. Es decir, no se ha convertido en un arte, no es ni tan siquiera un placer. Como dice Theodore Zeldin: «No podemos abolir la timidez de un plumazo, pero podemos reorientar los temores, de manera que puedan estimular la generosidad en lugar de la parálisis (en nuestras conversaciones)».

En este sentido, conversar con uno mismo es necesario y satisfactorio, pero nos dejamos atrás una parte importante de la "Rueda de la Vida", las relaciones. Comunicarme con los demás es la forma de crear y enriquecer mis relaciones con ellos, siempre más ricos e interesantes que nosotros mismos ¡Con más cosas que decir! No lo neguemos más: yo me nutro de los demás, aprendo y soy quién soy gracias a ellos. Zeldin, en su libro *Conversación. Cómo el diálogo puede transformar tu vida*, opina que no puede existir una conversación satisfactoria sin respeto mutuo. El resto, es decir la mayoría, no son conversaciones ni placenteras, ni útiles. Resulta muy paradójico que sabiendo cómo necesitamos de los demás no usemos la mejor forma de relación humana para satisfacer nuestro intercambio. Para ello es fundamental hablar de cómo nos sentimos. La vida moderna parece que nos obliga a hablar de lo que hacemos más que de cómo nos sentimos y, así, las conversaciones se convierten en *informes de lo sucedido*. Hablar es tan necesario que en el cuerpo repercute aumentando el sistema inmunológico y nos ayuda a adaptarnos a los cambios.

Necesitamos de los demás para llegar a la vida, para sobrevivir, para educarnos, para progresar en todo sentido y para el amor, que hace que la vida continúe su ciclo. Necesitamos de los demás para ser persona. El ser con otros no es una característica sobre-añadida a la persona, sino que está necesariamente orientada hacia los otros. Solo con ellos puede cumplir con su destino de vivir humanamente. Así, como dice Antonio Muñoz Molina: «El que conversa vuelve su curiosidad hacia las palabras del otro y ejercita de antemano la tolerancia. Cualquier tema suscitado en una conversación adquiere la temperatura de la amistad, y muchas veces también del amor»[13].

Porque de esto se trata el conversar, de dar lo mejor que tenemos, de intercambiar nuestras experiencias, nuestros sentimientos y sentirnos uno con los demás. No de manipular ni de conquistar. Al igual que en la seducción, en la conversación mostramos nuestra luz para encontrar la del otro.

↳EJERCICIO:

• Observa tus conversaciones y date cuenta qué sentido tienen. De si tienen objetivos concretos, si vas detrás de ganar dialécticamente, de conseguir un beneficio o si son por el placer de estar con tus semejantes.

(((-)))

13 MUÑOZ MOLINA, Antonio :
http://cultura.elpais.com/cultura/2015/07/16/babelia/1437044553_099522.html

El espejo y la sombra

> *Ni siquiera un espejo te mostrará*
> *a ti mismo, si no quieres ver.*
>
> ROGER ZELAZNY

En muchas ocasiones no nos acercamos a los demás por una sencilla ecuación: lo que no me gusta de los otros es lo que no acepto de mí.

Obsérvate y pregúntate por qué cuando te molestan los actos y comportamientos de los demás reaccionas emocionalmente. Posiblemente ya sabes que la respuesta es porque son tuyos, sus comportamientos molestos los efectúas tú también. ¿Lo dudas? ¿Crees que si no fuera algo tuyo te molestaría? Posiblemente aún no lo sepas, pero si indagas dentro de ti, quizá encuentres que esta afirmación es cierta y sientas algo de vergüenza. Posiblemente estén sumergidos en las aguas profundas de tu inconsciente y lo cierto es que cuanto más te disgusten más tuyos serán.

Cuando vivimos este choque emocional, grande o pequeño, muchas veces se trata de una proyección, algo que nos hacemos a nosotros mismos, nos estamos *espejando* en alguien, en una situación determinada. Generalmente nos gustan nuestras amistades porque *reflejan* algo que nos gusta de nosotros. Al igual, cuando hay algo que nos desagrada del otro, es de nuevo nuestra proyección lo que vemos en él. Nuestra reacción automática reproduce un patrón aprendido tanto si es negativo lo que vemos como si es positivo. Son partes de nosotros mismos que nos gustan o disgustan y que proyectamos en los demás.

Los otros son el espejo de mí mismo y no es fácil asumirlo. Lo que veo en el mundo exterior y en los comportamientos de las personas no es más que una representación de las ideas y actitudes que albergo sobre mí mismo y el mundo. Si no, ¿por qué me enfadan ciertos defectos o conductas, si no fueran mi reflejo? Verme con mi peor comportamiento en el espejo de los otros me causa mucho enfado e ira, o incluso rabia. Desafortunadamente lo suelo expresar de la misma forma que lo siento. Es decir, descargo esas emociones sin medirlas.

Lo que vemos en los demás nos dice mucho de nosotros mismos. El mundo exterior actúa como un espejo para nuestra mente. Es nuestro inconsciente, ayudado por la proyección psicológica, lo que nos hace pensar que el defecto solo existe *ahí fuera*, en esa otra persona.

Si te das un momento de calma te darás cuenta de que lo que te suele gustar en otra persona es un reflejo de lo que tú mismo eres. A veces es un reflejo directo, porque te gusta de otro una cualidad que tú tienes y que admiras en ti. En otras ocasiones es un reflejo inverso, porque es una cualidad de la que careces y por ello admiras a la persona que la tiene. A mí me puede gustar el humor de mi pareja y admirar su capacidad de organización. El primero es como el mío y el segundo es la carencia que me parece positiva y que me gustaría poseer.

En cuanto a lo que no te gusta de los otros también es casi siempre un reflejo de lo que tú mismo eres. De una forma directa cuando rechazas en otro lo mismo que tú eres. Así, me puede enervar la injusticia de mis compañeros de trabajo..., porque yo no quiero reconocer que también soy injusto con mis comentarios y acciones en bastantes ocasiones. De forma inversa puede ser aún mucho más fuerte, porque rechazamos a las personas que tienen algo de lo que nosotros carecemos. Por ejemplo, me puede molestar enormemente que me manden, ya que carezco de la capacidad de liderazgo.

Vivimos desde nuestros juicios, nuestras creencias y nuestros pensamientos; nuestra mente es poderosa y al mismo tiempo funciona como anteojeras de burro en nuestra percepción de la realidad debido a lo anterior. Lo que juzgamos en los demás, lo recibiremos nosotros, quizá incluso aumentado. Si abominas a los mentirosos, a los quejicas, a los inmorales, los encontrarás uno tras otro. También sucede de la otra forma, si nuestros juicios son alegres, positivos y amorosos, es posible que el mundo nos lo devuelva de la misma forma.

«La vida es como un espejo, te da lo que te das». Esta es una de mis frases favoritas y creo que es muy cierto. Lo he experimentado en muchísimas ocasiones, sobre todo cuando pongo la atención en lo que me está sucediendo y me doy cuenta de que, lo que tengo en mi mente, es lo que me encuentro gracias a este tipo de proyecciones. Es el reflejo de mi estado de ánimo. Si siento miedo, veré el miedo en los rostros de los demás, si veo que los demás necesitan ayuda, es probable que sea yo el que la necesite. Siempre me ha sorprendido que cuando aparece algún cliente nuevo por mi consulta a menudo trae problemas que son los que yo estoy rumiando en mis adentros. Me encanta esta frase: «Qué buen cliente tiene este *coach*».

↳EJERCICIO:

• ¿Qué es lo que más te enfada de tu pareja? ¿De tu compañero de trabajo? ¿Qué te molesta, enoja o saca de tus casillas? Escríbelo en un papel de la siguiente forma:

Por ejemplo: Lo que me molesta es que llegue tarde sin avisar; que no recoja la ropa desordenada; que no me mire cuando me habla...

Luego escríbelo en primera persona: Lo que me molesta es que no aviso cuando llego tarde, que no recojo la ropa y no miro a las personas cuando hablo...

Mira y siente cuánto hay de verdad en esta segunda afirmación. Es posible que si afirmaste: «Me molesta la arrogancia» o «No soporto que no me escuchen», hayas comenzado a ver en qué no escuchas tú a los demás o preguntado cuánto de arrogante eres tú y con quién.

(((-)))

> *Cuando estás con alguien que reconoce y aprueba sus rasgos negativos, nunca te sientes juzgado.*
>
> DEEPAK CHOPRA

El concepto jungiano de *sombra* es ya muy popular. Consiste, en un primer lugar, en todo lo que hemos ido ocultando y negando desde la concepción, la vida prenatal y en adelante, es decir, lo inconsciente. Es una zona oscura donde se han reprimido, por nuestra educación y cultura, instintos, deseos, sueños, e impulsos incivilizados. En un segundo lugar están todas las fantasías, frustraciones y resentimientos que hemos desarrollado nosotros mismos y que se encuentran en nuestra mente consciente, pero que deseamos relegar al olvido. A ambos los hemos ido excluyendo de nuestra propia autoimagen, es decir, de cómo nos vemos a nosotros mismos. Los hemos depositado en un lugar al que no accedemos porque no nos gusta vernos en ese comportamiento, en ese "personaje". Nuestro ideal se ve perjudicado y atacado por esas motivaciones que consideramos moralmente inferiores para nosotros, para la imagen del "personaje ideal" que nos gusta creer que somos. Básicamente, no presumimos de lo que no nos gusta de nosotros.

Cuando, en el capítulo *Sedúcete a ti mismo*, dibujé la "Rueda de la Vida" y esa especie de trozo de *tarta* y afirmé que todos somos todo, quería también manifestar que tenemos dentro de nosotros todo tipo de comportamientos, los que nos gustan y los que no nos agradan tanto. Incluso los oscuros y secretos. Los diferentes personajes que hemos interpretado desde niños se han quedado dentro de nosotros. ¡Y los hemos interpretado todos! Los violentos, los apasionados, los mecánicos y fríos, los destructivos, los románticos, los mentirosos y los seductores, entre otros cientos. Hemos experimentado todos los caracteres de esos personajes hasta que nuestros padres y educadores nos dijeron que dejáramos de hacerlo, obligándonos. Ellos fueron adaptando nuestras conductas para que pudiéramos vivir en la sociedad y, así, todo aquello fue quedando en el olvido de la mente inconsciente. Todo lo que hemos reprimido por restricción mental, o por la sociedad, ha quedado en esa parte y aparece en los sueños o cuando lo vemos en los demás y reaccionamos emocionalmente.

La *rueda*, la *tarta*, de esta forma, queda en negativo. Lo que era un círculo inmaculado se ha ido oscureciendo por tantos mandatos que han ido liquidando esas otras partes que también están dentro. Nosotros, seres inmaculados al ser concebidos y al nacer, hemos entrado en la zona lóbrega. La incapacidad de enfrentarnos a la autoridad, el desacato, la rebeldía, el instinto sexual reprimido, todo aquello que posiblemente haría desconectarnos de la sociedad y perder el sentimiento de pertenencia, forma parte de esa zona. Finalmente, el trozo de la tarta que queda iluminado es muy pequeño en comparación con lo que queda en sombra.

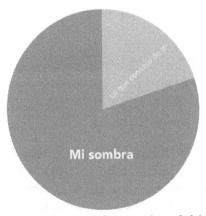

Y esta palabra, *sombra*, es el arquetipo del inconsciente colectivo del que habla Carl Gustav Jung[14]. Para él, *sombra* es «el nombre del aspecto inconsciente de nuestra personalidad, caracterizado por rasgos y actitudes que el *Yo* consciente no reconoce como propios». Y los rechazamos, pero no desaparecen, y cuando los vemos es precisamente cuando los detestamos en los demás. Ese mecanismo de proyección de nuestros

---

14 JUNG, C. G. *Psicología y Alquimia*. 1944: «La contraposición de lo luminoso y bueno, por un lado, y de lo oscuro y malo, por otro, quedó abandonada abiertamente a su conflicto en cuanto Cristo representa al bien sin más, y el opositor de Cristo, el Diablo, representa el mal. Esta oposición es propiamente el verdadero problema universal, que aún no ha sido resuelto».

propios aspectos en el otro es un arma poderosa para poder entender de qué hablamos cuando queremos definir la *sombra*. Es como si tuviéramos a los personajes de los dibujos animados, el ángel, la luz y el diablo, la oscuridad, en la totalidad de nuestro ser. El diablo es ese que suele aparecer en los sueños, sala de proyecciones de la mente inconsciente.

En el teatro existen las figuras del protagonista y la del antagonista, que luchan en un conflicto dramático para conseguir la victoria. Entre nuestra parte luminosa y oscura existe la misma pelea. Los asuntos de la *sombra*, sus personajes, los desterramos a otro lugar y no los deseamos *iluminar* para no tener problemas. De esta forma creemos que la fuerza protagónica, la luz, ganará en el combate. Sin embargo, la exigencia de nuestro propio antagonista, la sombra, aparece para mantenernos a distancia de los demás y crear en nosotros un odio hacia los que muestran nuestros comportamientos reprimidos. ¿Será oportuno conocer a estos personajes para acercarnos a los otros?

«Prefiero ser un hombre completo antes que un hombre bueno», afirmó Jung, resaltando que no quería dejar de lado su lado oscuro, sus instintos reprimidos. Ahora, imagina que todos tenemos nuestro Doctor Jekyll y nuestro Mr. Hyde y que a éste le permites salir de día, ¿qué sucedería? ¿Te acercaría o te alejaría de los demás?

El *hombre bueno* del famoso psicoanalista es una persona incompleta, y creer que la vida es sentirnos en *la luz*, pero incompletos no nos permite crecer como humanos. En la "Rueda de la Vida", estas dos partes son enteramente mías y me pertenecen. Son tan propias que hasta me hacen entrar en conflicto con el otro. Pero no puedo tomar solamente un fragmento de mi vida. Esta me viene dada por entero y no puedo pretender evolucionar como ser humano sin estar completo.

Como ya he dicho, a lo largo del día todos nos ponemos diferentes máscaras en función del papel, del personaje que estamos representando. Y generalmente elegimos unos cuantos del pequeño trozo de nosotros mismos que tenemos iluminado. Esto nos limita, nos empequeñece, y al mismo tiempo, pareciera que nos acerca a los demás ya que nos vamos adaptando a sus necesidades, a las normas sociales.

¿Estás pensando que para hacerte *completo* podrías iluminar a esos personajes que transitan en tu *sombra*? ¿Puedes darles nombre, identificar su manera de pensar, de sentir, de expresarse y de moverse? Con esto no quiero decir que obligatoriamente tengas que sacarlos al escenario de la vida, pero sí *re-conocerlos*, vivir con ellos de una forma valiente, con coraje. Al admitir que son parte tuya quizá llegar a aceptarlos y amarlos. Así también seduces tus partes oscuras.

Quiero compartir contigo que una de las experiencias más reveladoras de mi vida fue hacer consciente una parte de mi *sombra* y sacarla a la luz delante de todos. Imagina mi miedo antes de tomar la decisión y mostrar un comportamiento mío vergonzoso, uno que me quería ocultar a mí mismo para ser un *hombre bueno*. Mi temor era a la reacción de los demás, a sentirme rechazado y no querido. Sin embargo, sucedió lo contrario y aún estoy sorprendido. Ando perplejo porque no solo no hubo reacción negativa, sino porque no ha aparecido más. Es como si se hubiera diluido en mi persona. «Lo que niegas te somete, lo que aceptas te transforma», dice Jung, pues en mi ha sucedido, me he convertido en otro.

Podemos elegir cómo queremos jugar el juego de la vida. Unos cuantos personajes no son nuestra verdadera identidad, somos más que eso. Somos personas que tenemos creencias, expectativas, necesidades, deseos, emociones, temores y secretos. En el fondo de todo ser humano está la necesidad y el deseo de amar y ser amado, querido y aceptado. Cuanto más grandes son nuestros secretos, mayor es el temor a ser rechazados por aquello que ocultamos, y mayor fuerza cobran los personajes que se encargan de protegerlos. Cuanto más nos ocultamos, más lejos estamos de vivir con autenticidad.

Una metáfora de John A. Sandford[15] al respecto nos explica que mientras estamos despiertos el *Yo* que actúa es como el Sol de un día de verano: ilumina todo, pero no deja ver las estrellas. Cuando el Sol no está, nos damos cuenta de la diversidad de luces que hay en el firmamento. No podemos conocernos completamente si no hemos conocido estos aspectos

---

15 VV.AA. *Encuentro con la sombra.* Kairós,1991.

ocultos de nosotros mismos. No salen a la luz, pero están presentes en nuestro día a día.

Es posible que lo que me han hecho creer que me alejaba de los demás sea la fuerza que ahora me permita acercarme a los otros. Yo creo que la autenticidad es eso, vivir con todos mis personajes y no desear ocultármelos ni a mí, ni a los demás.

Afirma Jung que lo que no se hace consciente se manifiesta en la vida como destino. Ser yo completo me permite saber que los demás también son como yo, y de esa forma sentirme libre de tener que interpretar siempre al *hombre bueno*.

↳EJERCICIO:

• ¿Cuántos personajes luminosos y oscuros viven en ti? Haz una larga lista. Luego colócalos en las zonas de luz y de sombra de tu "Rueda de la Vida".

(((–)))

Conexión

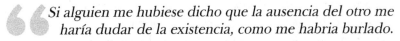 *Si alguien me hubiese dicho que la ausencia del otro me haría dudar de la existencia, como me habria burlado.*

MICHEL TOURNIER,
VIERNES O LOS LIMBOS DEL PACIFICO

Quiero comenzar con una cita de Erich Fromm: «Mucha gente entiende que dar es renunciar a algo, es decir, sacrificarse, el carácter mercantil que es muy habitual en nuestra sociedad capitalista solo está dispuesto a dar si a cambio recibe algo que intuye de idéntico valor, de lo contrario lo considera una estafa. Pero para aquellas personas con un carácter productivo eso no es válido, el solo acto de dar implica la aplicación plena de mis poderes y riqueza humana, eso solo debería llenarme de dicha. Dar produce más felicidad que recibir, pero no porque se considere una privación, sino porque al dar experimento mi vitalidad»[16].

Dar es un acto de amor, que el *seductor afectivo* conoce. Cuando doy de una forma completa desde mi ser esencial, me conecto conmigo mismo y con los demás.

Este es un trabajo arduo, ya que venimos de una larga época de desconexión y ansiamos lo contrario. ¿Qué es lo que nos impulsa en estas últimas décadas a la necesidad de conocernos y de conectar de una forma cada vez más acuciante? ¿Es esto cierto o es fruto de una percepción sesgada? Para mí existen una serie de hechos que así lo corroboran.

Desde una perspectiva histórica, en nuestro mundo vivimos un aniquilamiento, un exterminio cotidiano retransmitido en directo por la televisión. Vivimos en medio de guerras y, a pesar de la insensibilización producida por los medios, en nuestro fuero interior yace un pálpito de eterna lucha por la supervivencia... mucho más agudizada desde hace unos sesenta años, tras el comienzo de la *guerra nuclear.*

---

16 FROMM, Erich. *El arte de amar.* Paidós Ibérica, 2004.

Este concepto de destrucción es nuevo en la era contemporánea. Las guerras del siglo XX y las que llevamos del XXI han sido diferentes. La Primera Guerra Mundial fue, a diferencia de las anteriores, una guerra larga. Esta larga duración implicó la necesidad de reclutar cada vez un mayor número de tropas, lo que terminó por afectar a una cantidad ingente de combatientes: millones de personas. Además, fue una guerra cara, que movió mucho capital. Las fábricas se dedicaron a la producción de armamento, y la economía se volvió una economía de guerra y, dato curioso, lo fundamental para lograr la rendición del enemigo fue la asfixia económica, la guerra económica, por lo que se hizo necesario, además de controlar los frentes de tierra, controlar los mares y hacer la guerra contra la flota mercante. Lo dicho implicó, y esto es lo importante, que se viera envuelta en el conflicto toda la población civil. Al principio no se bombardeó a los civiles, pero posteriormente, para destrozar la moral, se bombardearon las ciudades. Por primera vez se atacó directamente a la población civil como objetivo de la guerra. El bombardeo de ciudades, la muerte de civiles, busca asimismo el aniquilamiento. No forma parte de un conflicto bélico entre ejércitos, tal y como se había vivido hasta entonces.

A lo largo de esa guerra hubo ocho millones y medio de caídos en combate y otros seis millones y medio de civiles. Todas las cifras de muertos de esta guerra palidecen cuando se comparan con los sesenta millones de muertos de la Segunda Guerra Mundial, entre los que los civiles son un 45% más que los militares. Especial relevancia tiene el peso de los bombardeos masivos a ciudades, con números ascendentes según avanza el conflicto. Hay que hacer constar además los genocidios que durante todo el siglo perduraron en el planeta, el holocausto judío, las masacres soviéticas, chinas, japonesas y de otros países asiáticos, más los bombardeos atómicos sobre las ciudades japonesas de Hiroshima y Nagasaki y, tras ellas, la Guerra Fría. Todo ello durante el siglo XX. ¡Demasiada desconexión!

Tras la hecatombe atómica de 1945, el arte teatral dio a luz lo que se denominó "Teatro del Absurdo", donde en unos textos redactados con una *lógica absurda*, se resalta la incongruencia entre los pensamientos y los hechos humanos, así como la incoherencia entre las ideologías y los actos. También en este tipo de teatro, los personajes tienen un gran obstáculo para expresarse y comunicarse entre ellos. La comunicación humana, tal y como la entendemos, ha desaparecido de ese escenario, al igual que la de los seres humanos desesperanzados, nihilistas y/o existencialistas que ya no saben a dónde dirigirse. Es la famosa ausencia de Dios iniciada un siglo antes por los filósofos y los movimientos sociales. Ahora, ni las personas saben cómo comunicarse entre ellas. Ya no es que seamos *lobos los unos para los otros*, sino que ni siquiera nos reconocemos delante del espejo de los demás. Es triste esta constante en muchas de las obras de teatro de los últimos cien años: los personajes no se pueden comunicar aunque se hablen.

Por ello la conexión con los demás tiene que ser también emocional, no sucede solo a nivel racional. O siento en mi cuerpo que estoy conectado o no lo siento. Por ejemplo, con un apretón de manos recibimos muchísima información de la otra persona, que desechamos porque no está comprobado con la mente y eso nos asusta. Así, nuestra intuición y nuestros sentidos nos proporcionan una forma de conocer y de conectarnos a los demás que no ponemos en práctica ni cultivamos habitualmente.

¿Qué hace realmente que no nos abramos a los demás con el conocimiento y la dicha que nos proporciona, por lo general, ese encuentro? Posiblemente, el miedo a nuestra propia intimidad, ya que si doy tengo que saber qué estoy dando, con lo cual me tengo que conocer. También el temor a que mi imagen, la máscara construida, es decir, mi *yo*, se vea alterado por el contacto con los demás. Como en la obra de Sartre, *A puerta cerrada*[17], tenemos pánico a mostrarnos a los demás y, ante ese conflicto, la solución se transforma en vivir en un mundo de apariencias. Ocultando el **ser**, se expresa el **parecer**, pero vacío de sentido, como hemos dicho anteriormente. El horror al vacío impone una máscara ya que creo que al otro le importa quién yo soy y vivo angustiado con ello. O sea, volvemos a la cima de la tarta alejándonos de nuestra esencia.

Por otra parte, si tú me ves me siento inseguro y vulnerable. Como ya dije anteriormente, Brené Brown, que lleva estudian-

---

17 SARTRE, Jean-Paul, *A puerta cerrada*. Editorial Losada, 1981.

do sobre la vulnerabilidad más de quince años, afirma que solo es la vulnerabilidad la que nos permite la conexión con los demás. Sin sentirnos vulnerables, es decir, sin bajar las barreras no puede *entrar* nadie en mí y difícilmente yo lo podré hacer con alguien. Esto o se hace con el cuerpo y mis emociones o lo conseguiremos a medias. El poder mirar a los ojos de los otros sin pensar en mi vergüenza, ni en mis juicios, ni en opiniones ajenas. Entrar en el otro con total transparencia y dando lo mejor de mí, es una forma seductora de conexión.

↳EJERCICIO:

• ¿Cuándo sentiste recientemente que estabas conectado con alguien manteniendo una conversación cotidiana? Si lo recuerdas escribe qué te hizo sentirlo, dónde lo sentiste. ¿Estabas realmente dando lo mejor de ti? ¿Exactamente qué era lo mejor de ti que estabas dando?

(((-)))

Miedo a la intimidad

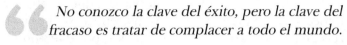

> *No conozco la clave del éxito, pero la clave del fracaso es tratar de complacer a todo el mundo.*
>
> WOODY ALLEN

Nos pasamos media vida tratando de complacer a los demás. Ya he mencionado que eso nos permite sentirnos integrados, admitidos en el clan, la tribu, el grupo social, es decir, pertenecer. Que no es lo mismo que sentirnos y estar conectados con los demás. Por otro lado, para alcanzar ese sentimiento de pertenencia, nos hemos de quitar buena parte de nuestra esencia al decir *sí* a mucha obligación y gente. No es fácil decir *no* al grupo que nos da identidad. Al menos no parece que esté premiado.

En mi caso, me pasé media vida peleando para huir de mi familia, a la que yo consideraba infausta, y buscar un grupo al que pertenecer que fuera mío, donde yo me pudiera abrir como ser humano sensible y vulnerable. Los primeros amigos, los grupos donde compartir creencias ideológicas o los lugares de trabajo asalariado, no me funcionaron. Para mi gusto había que complacer demasiado y siempre me encontré saliendo de ellos.

Sin embargo, el primer grupo con el que me identifiqué plenamente fue el de la adolescencia y juventud: todos raros, todos diferentes, los que no hacíamos gimnasia, entre otras cosas de *chicos normales*. Es decir, los que nos dedicábamos a apreciar la cultura, a leer y compartir los libros, a ver espectáculos de vanguardia. Coincidíamos en nuestra *rareza* y eso nos hacía fuertes, como quijotes. Éramos los que, entre los catorce y los veinte años, montábamos cine-clubs, obras de teatro, actividades *revolucionarias*, los *anti-todo* del momento.

Cuando pasé al mundo laboral ya no hubo manera, ni en una oficina de administrativo, ni en el teatro o la universidad. En todos los lugares había que *adaptarse*, no podía ser yo mismo y, por supuesto, no había lugar para la intimidad. No fui fiel a esos grupos, ni a sus hábitos ni a su forma de relacionarse. Y adopté la famosa frase de Groucho Marx: «Jamás aceptaré pertenecer a un club que me admita como socio».

El grupo de la adolescencia parecía que no iba a regresar nunca y así fui pasando por los diferentes estadios y experiencias de mi vida. Por diferentes trabajos, por diferentes culturas. Y fueron renovándose antiguas creencias que reforzaban mi identidad de *raro*, aquella con la que me sentía cómodo. En general, y en especial en este país, he estado huyendo de esta necesidad de pertenecer en cualquier ámbito; nada me satisfacía, ni las ideologías, ni los grupos de amigos, tan especialmente gregarios bajo este punto de vista. Todo ello me causaba dolor, en esa especie de lucha entre perseguir ese sentimiento de pertenencia y al mismo tiempo salir corriendo en cuanto me *obligaban* a hacer algo que no era propio de mi esencia. ¡Potente contradicción! Querer ser uno más del grupo y sentirme tan diferente. En ocasiones me ponía máscaras para poder sobrevivir en esos ambientes, pero no funcionaban completamente, ya que por dentro me dolía no ser yo. Además de las máscaras llegué a hacer cosas que no deseaba para estar con los demás, para poder sentirme dentro de algo que me diera cobijo.

Hoy entiendo el porqué de ese comportamiento y aún así me reafirmo en que no deseo pertenecer a ningún grupo donde no se incluya al ser humano en su totalidad, al ser humano emocional. Me aburre y enfada la superficialidad de las relaciones *comunes* y me encuentro, por fin a esta altura de mi vida, a gusto entre los *míos*, personas que se abren a la intimidad, que no sienten vergüenza por decir cómo se sienten. Que tienen el coraje de mostrarse como son en cualquier momento.

Pero llegar a este punto no ha sido fácil. He necesitado aceptarme y aceptar al resto. He necesitado aceptar mi vulnerabilidad y reconstruir mi autoestima. Sobre todo, aceptar que necesito de los demás tanto como del aire que respiro. Robinson Crusoe es una buena metáfora sobre la necesidad de contacto humano: todos necesitamos un Viernes para que podamos completarnos en nuestra existencia. Todos necesitamos a los demás para nuestra supervivencia y, de hecho, crecemos gracias al contacto con los demás.

En 1944, Jean-Paul Sartre escribió la obra de teatro antes citada, donde los personajes están condenados a una existencia *trágica*, ya que su destino es permanecer juntos durante la eternidad. De ahí la famosa cita: «El infierno son los demás». El filósofo explora lo que significa la influencia de las miradas ajenas en la persona. Allí, la mirada del otro es lo que desnuda, lo que nos muestra la realidad del ser. Y a partir de ésta, el individuo es juzgado, condenado. Los protagonistas de la obra son sus propios verdugos. Tienen la mirada fija y constante en sus compañeros. Se trata de un infierno donde están siempre y constantemente enjuiciados por el examen del otro. La solución sería encerrarse en sí mismo, huyendo de la mirada de los demás. Pero eso no los salva. Están condenados a escuchar los pensamientos de sus compañeros de cárcel, cuya presencia se hace interminablemente insoportable.

Este texto dramático es un buen resumen de la existencia de muchas personas: «No puedo soportar que me miren. Mantener la mirada no me gusta. Es violento mirar a los ojos». Es como si viviéramos dentro de este cuento:

Un hombre occidental estaba poniendo flores a la tumba de su esposa mientras observaba que un chino estaba preparando arroz en otra sepultura. Al terminar depositó un cuenco frente a la tumba. Luego el hombre se dirigio al chino y le pregunto: «Disculpe senor, ¿de verdad cree usted que el difunto vendra para comer arroz?» «Si», respondió el chino, «cuando el suyo venga a oler sus flores». ¡La famosa opinión de los demás! Somos el hombre occidental que enjuicia y se sale de sí mismo siempre que puede.

Y me digo: «Siento tanta presión desde el exterior que me asusta abrirme a mi interior. Me aterra asomarme a mi intimidad y creo que los demás lo hacen cuando me miran. Con lo que consigo un doble efecto, me tapo ante los demás y entierro mi autoconocimiento al mismo tiempo». ¡Felicidades! ¿No querías convertirte en seductor? Creo que será mejor invertir el camino y comenzar a mirar al otro como me te has mirado a ti mismo.

Mirar a los demás con apertura y respeto, con la paz que me da el conocerme desde mi ser esencial y la tranquilidad de que el otro es como yo, otro ser de luz.

¿Y desde dónde miro? Puede ser desde mis mejores y más altas virtudes. En los momentos en los que me considero y me siento a gusto conmigo mismo estoy conectado a mis talentos, a mí mismo. Ese es un buen momento para comenzar a trabajar la apertura a la intimidad. Desde esa sensación de seguridad que me da el conocerme y gustarme, desde ese sentimiento de confianza y autoestima.

↳EJERCICIO:

• En el epígrafe de la autoestima escribiste tus virtudes, tus cualidades. Ahora vuelve a mirar la lista y ordénalas de mayor a menor teniendo en cuenta lo que más te gusta de ti mismo. Elige la primera y pregúntate en cuántas ocasiones has mirado a los familiares, amigos, conocidos y compañeros de trabajo desde allí, con ese prisma. ¿Lo recuerdas? Si es así, ¿qué te sucedió? ¿Te fortaleció? Si no fue así, puedes comenzar a hacerlo ahora.

(((~)))

Si has hecho los ejercicios anteriores, quizá te habrás vuelto a dar cuenta de que tienes miedo de ti mismo y de los demás. «Los amigos, los enemigos y, sobre todo, los extraños, esquivos y misteriosos que tan pronto pueden ser amigos como enemigos, se mezclan ahora codo con codo en las calles de la ciudad. Y nos separamos, los barrios, los coches, los cerrojos, las cámaras, los vigilantes, los sistemas de seguridad... y nos aislamos de los demás por miedo. Pero los extraños viven entre nosotros, no podemos apartarlos tan fácilmente, la multiculturalidad, los extranjeros... Miedo a los demás: ciudades aisladas y protegidas, los *todoterrenos*, monstruos militares engullidores de gasolina, y mal llamados *utilitarios deportivos*, cápsulas defensivas, un símbolo de seguridad»[18].

---

18 BAUMAN, Zygmunt. *Tiempos líquidos. Vivir en una época de incertidumbre.* Tusquets Ediciones, 2007.

Mi pregunta es: ¿Hasta cuándo vas a ser un extraño de ti mismo? ¿Cuándo vas a comenzar a desplegar tu luz y tomar la de los demás?

Seguramente, si comienzas a hacer el ejercicio de mirar a los ojos a otra persona con al menos un poco de tu esencia, o de cualquiera de tus virtudes, te encontrarás delante de ti a otra persona que tiene tu mismo anhelo y condición. Y podrás bajar tus defensas y crecer en este sentido. Pero tienes que dar el primer paso solo, por tu propio pie.

«Creo que el amor es la llave principal para abrir las puertas al *crecimiento* del hombre. El amor y la unión a alguien o algo fuera de uno mismo permite trabar relación con otros, sentirse uno con otros, sin reducir el sentido de integridad e independencia», opina Erich Fromm[19]. Ese sentirnos uno con otros es sentirnos conectados por el pegamento universal del amor.

↳**EJERCICIO:**

• Siéntate en una posición cómoda y relájate con varias respiraciones profundas. Una vez conseguido, conéctate con tu amor visualizando tu corazón. Ahora ¿cómo lo sientes? ¿En qué medida? ¿Te notas diferente en tu cuerpo? Cuando lo sientas, por pequeño que sea, expándelo por todo tu cuerpo lentamente. Todo tú tienes que estar lleno de esta sensación.

Te sugiero que practiques esta visualización a menudo. A medida que lo vayas haciendo, ve escribiendo como te vas sintiendo y qué está cambiando en ti y en tus relaciones.

(((-)))

19 FROMM, Erich. *El humanismo como utopía real.* Paidós Ibérica, 2003.

La asertividad

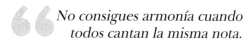

> *No consigues armonía cuando todos cantan la misma nota.*
>
> DOUG FLOYD

Para comenzar a ser un buen seductor hay que decir *no* en muchas ocasiones. Y no solo en la seducción, como podría entenderse, me refiero a pronunciar esa palabra más a menudo en el trabajo, en la pareja, en la familia, en suma, en cualquier relación.

Nos enseñan a ser *niños buenos,* ya que es una gran preocupación de los padres y educadores. Es importante *portarse bien,* aunque no se entienda totalmente el significado del concepto. Hay que *obedecer a los mayores,* instrucción que está muy cerca de *portarse bien y hacer lo que los demás quieren que hagas.* Las preguntas: «¿Cómo te has portado? ¿Has sido bueno?» al volver de la escuela o de una corta estancia con los parientes aún resuenan en nuestros corazones. Evidentemente en el fondo de todo está la obediencia, los adultos deseamos niños obedientes que no den problemas. Y así, los niños aprenden que llevar la contraria o manifestar sus propios deseos no es propio de niños *buenos.* Como hemos dicho, los niños antes de los ocho años no pueden articular un mensaje racional, por lo que su comunicación es emocional y, como tampoco saben regular sus emociones, no llegan a conseguir sus objetivos. En definitiva, a través de la necesidad de los educadores los niños aprenden que portarse bien es callar, no entrar en conflictos y decir que sí a todo. Eso es un niño bueno.

Parece que esa etapa dura mucho tiempo porque algunos adultos no hablan de quienes son, no entran en conflictos por no molestar a los demás, y no saben decir no cuando sus derechos son vulnerados.

Mi maestra Dana Jakubik me dejó conmocionado hace muchos años con esta afirmación: «Es que tu madre nunca te dijo que decir *no* era un acto de amor». Así me educó ella, con un

amor exageradamente sobreprotector y permisivo. Ello suma-
do a que *Luisito es un niño muy bueno,* el mantra cotidiano
que se repetía desde mi más tierna infancia que tomé como un
mandato, me condujo a unos comportamientos contradictorios. A pesar de que mi adolescencia fue como la de cualquier
chico que deseaba su propia independencia y lo manifestaba
con una clara rebeldía, me pasé buena parte de mi vida com-
placiendo a los demás. A tanto llegó mi necesidad de no entrar en conflictos por ese motivo que dije *sí* a una pareja que
me propuso matrimonio cuando mi cuerpo sentía expresar un
no ante la proposición, entre otros muchos momentos.

Hay que ser bueno en la vida, aunque ello signifique dejar
de lado nuestros derechos. Nos premian por ser educados, res-
petuosos y, sobre todo, obedientes. Al obedecer, nos convertimos en personas sumisas y dóciles. Así, en muchas ocasiones
enfocamos nuestra vida en atender más a las necesidades de
los demás que a las nuestras propias. Sin embargo, todos y
cada uno de nosotros tenemos necesidades y si las descuida-
mos durante mucho tiempo comenzamos a desaparecer como
individuos. Al disolver la línea que marca el espacio que mantiene mi singularidad, permito que los demás vayan entrando
en ese lugar con sus necesidades que no son las mías. Así,
puedo pensar muchas veces en que algo no me conviene o que
no me apetece hacer y, sin embargo, ponerme a hacerlo diciendo *sí* cuando deseo escuchar mi *no.*

La asertividad es la capacidad de expresar los sentimientos,
ideas y opiniones, de manera libre, clara y sencilla, comunicán-
dolos en el momento justo y a la persona indicada. Es la facultad de manifestar lo que pensamos y sentimos sin ofender a los
demás, buscando siempre el respeto de los derechos propios y
de los otros. El justo medio entre pasividad y agresividad tiene
su fundamento emocional en el enfado. Si yo me trago los enfados pequeños por «el qué dirán, por no molestar a los demás,
porque son jefes, porque son subalternos, porque son niños,
porque ya se dará cuenta…», estoy siendo pasivo y no asertivo.

Por ejemplo, en un restaurante, me traen una copa sucia y,
aunque me gustaría que me la cambiaran, bebo en ella porque
*al final no merece la pena montar un número por una tonte-
ría, porque tampoco importa tanto.* Habitualmente nos deci-

mos: «Si total, a mí me da lo mismo». Pero eso no es cierto, nada nos da lo mismo, nada nos da igual. «Como tú prefieras, bueno..., ¿te enfadas si...?», son frases que nos contamos para no entrar en conflicto y satisfacer a los demás por encima de nosotros. Lo cual va generando pequeños enfados con nosotros mismos no atendidos.

Si en el restaurante llamo al camarero, le enseño la copa sucia y le armo un gran escándalo y le digo que nunca volveré a ir a ese establecimiento delante de todos los comensales, me estoy comportando de una forma agresiva. Las frases: «Por tu culpa», «Más te vale», «A mí qué me importa» y el *Tú más*, no son nada asertivas. Las críticas en segunda persona, tipo: «Eres..., pareces..., deberías, tienes que...», o la invalidación de los sentimientos del otro, verbalizaciones negativas hacia su persona, anotaciones sarcásticas y/o humillantes, en ocasiones parecen que nos liberan de una presión emocional, sin embargo, nos alejan de la conexión con los demás de forma inmediata. La descarga del enfado no conduce al acercamiento con el otro.

En el restaurante, ante un hecho como el de la copa sucia, la conducta asertiva sería llamar al camarero y pedirle, por favor, que la cambie por otra, mirándole a los ojos y con una sonrisa amable en el rostro. Esto aleja los enfados y resuelve la situación de un plumazo. Además, nos conecta con los demás.

Todo esto me lleva a la conclusión de que traemos un cúmulo de enfados no comunicados que terminan, o no, por estallar con la persona menos indicada, resultando desorbitados y fuera de contexto[20]. En esos casos aparece nuestro personaje agresivo. Cuando no terminamos de expresar estos enfados nos convertimos en personas sumisas y dóciles.

Estos personajes, el agresivo y el pasivo, viven en nosotros de forma cotidiana, aunque algunos más que otros. El sumiso que no valida sus derechos ante los demás se conecta con su miedo, antes que con su enfado. Posiblemente, una educación muy autoritaria y represora le haya convertido en una persona temerosa ante el supuesto conflicto, aunque lo disfrace con una

---

20 Aristóteles escribió: «Enfadarse es fácil, lo que no es fácil es enfadarse con la persona correcta, en el momento oportuno, con la dosis justa, por una causa noble».

serie de creencias que le permitan mantenerse en su zona de confort. Huye de la conexión, sus modelos no le han permitido creer en ella. El agresivo también se conecta con su miedo y, muchas veces, sus estallidos son simplemente una forma de defensa ante tanto temor a que le conozcan vulnerable. Tampoco acepta a los demás y se fortifica en su agresión.

Entonces, ¿cómo enfadarse? Todas las emociones tienen niveles, altos, bajos y medios. En el momento en que pasamos los niveles medios emocionables, nuestra mente racional no puede pensar fríamente y comenzamos a efectuar acciones que se salen de lo que nos gustaría hacer. Fríamente podemos pensar y saber lo que estamos sintiendo para luego reaccionar, para ello se necesitan niveles bajos de emoción. Lo que me irrita, lo que me molesta, lo que me enfada, es lo mismo y, si lo sé reconocer a niveles bajos, puedo comunicarlo. También cuando alguien rompe con mis limites incluido yo mismo. *Me molesta que dejes la habitación desordenada*, o *me irrita no cumplir con mis promesas de comienzo de año*, serían situaciones comunes que no solemos verbalizar, ni con nosotros mismos, ni con los demás.

Para ello necesito mirar a los ojos y comunicar mi pequeño enfado, nada más que eso y, aunque parezca fácil, no lo hacemos con soltura de tanta necesidad de agradar a los demás. Si continuamos haciendo esto durante gran parte de nuestra vida, al final desaparecemos. Si no se produce ese contacto visual, el otro puede interpretar mi *no* como una respuesta débil y seguir rompiendo con mis límites.

Enfadarse es fundamental a la hora de preservar los derechos personales. Si no me enfado el otro va a hacer lo que está acostumbrado, que consiste en cruzar mis límites. ¿Y cómo lo hace? De una forma quizá no pensada, simplemente porque se lo he dejado hacer sumisamente o porque me he dicho que me daba igual, el caso es que si el otro lo hace, yo necesito entrar en mi enfado para comunicar que *de aquí no pasas*, a partir de ahora.

En el trabajo sucede muy a menudo que, entre compañeros, exista alguno que realice algún trabajo extra de los demás. Esta persona, muy amable y querida, comenzó a decir «Bueno, vale…» ante alguna demanda de alguien y con el tiempo se convirtió en el *buen samaritano* que ayuda a todos, descuidando su propia labor, en ocasiones. Entonces, ¿cómo desembarazarse de esa máscara autoimpuesta? No es fácil. En primer lugar, reconociendo los propios enfados, los que hemos oculta-do a nuestra alma; es un primer paso.

En la pareja sucede de forma idéntica y lo justificamos por el amor que sentimos o por la soledad que no queremos vivir. Si decimos que no a la pareja creemos que se va a enfadar y que vamos a tener una convivencia conflictiva. Así que es mejor ser pasivo y dejar que el otro invada terreno poco a poco. También solemos estallar en ocasiones por el cúmulo de enfados pequeños no manifestados. En ese caso no hemos hecho prevalecer nuestros derechos, lo que hemos conseguido es descargar los enfados retenidos, quizá los *noes* no dichos.

Es más fácil ser asertivo con los hijos, al menos eso pudiera parecer a primera vista, como veremos más adelante. Sin em-bargo, conozco a muchos padres que no saben poner límites a sus hijos y se dicen: «Total, si son pequeños aún». Luego esos hijos crecen y pueden llegar a no saber cuáles son sus derechos al haber contemplado cómo sus padres no supieron comunicar los suyos. Eso se realiza poniendo límites a los hijos de una forma amorosa y acorde a su edad. Decir no es también una forma de amar.

↳EJERCICIO:

• Se trata de un ejercicio de asertividad para realizarlo con una persona de confianza para que te ayude.

Marca una línea en el suelo y pide a tu compañero que pase esa línea de las formas que él desee. Tú tienes que levantar las manos y decirle únicamente esta frase: "De aquí no pasas".

Como ves, el objetivo es que nadie pase el límite que has marcado[21].

(((–)))

---

21 Para más información sobre este y otras dinámicas de desarrollo personal: *Coaching a escena*, de Luis Dorrego, Almudena de Andrés y Susana Humbrías. Ñaque Editorial, 2013.

Empatía

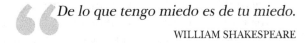

De lo que tengo miedo es de tu miedo.

WILLIAM SHAKESPEARE

Se ha escrito muchísimo de la empatía y desde diferentes perspectivas. Hace unos días un participante de un curso en una empresa comentó en público: «No hemos hablado de ella, ni ha habido un discurso teórico, pero todos los ejercicios que llevamos hechos nos han llevado a la empatía sin que nos diéramos cuenta». Efectivamente, la empatía no es un sentimiento, es una habilidad social. Se enseña, se vive y ejercita. De esa forma puedes convertirte en una persona empática, o mejor dicho, usar tu empatía para conectarte y seducir a los demás.

Por supuesto que tiene que ver con las emociones y los sentimientos, pero no se trata de sentir lo que los demás sienten. En todo caso, a eso lo podríamos llamar simpatía. No se puede empatizar sin antes sentir al otro. Es decir, la simpatía es un proceso emocional que sirve para poder sentir a los demás y la empatía una capacidad.

La palabra empatía viene del griego *empatheia*, que significa "sentir dentro", y se refiere a la capacidad que tenemos de entender las emociones de otra persona. También recibe el nombre de *inteligencia interpersonal*, término acuñado por Howard Gardner, y más exactamente alude a la habilidad cognitiva de una persona para comprender el universo emocional de otra. Es decir, cuando vemos que alguien está triste, unas neuronas llamadas *espejo* activan en nuestro cerebro un estado emocional parecido al que experimentamos cuando nosotros mismos estamos tristes. Así podemos ponernos en el lugar de la otra persona y comprender cómo se siente. Insisto, no solo sentirnos tristes nosotros mismos, sino hacer un esfuerzo intelectual para discernir su estado de ánimo.

El mecanismo que nos permite sentir lo que los demás sienten fue descubierto en los años 90 del siglo pasado por el italiano Giacomo Rizzolatti y su equipo de investigación. El fundamento de este proceso se encuentra en las llamadas neuronas *espejo*, que actúan replicando en nosotros los sentimientos y emociones ajenas. Este mecanismo de identificación con el otro es también la razón por la cual cuando estamos ante una obra de teatro o una película en la que los actores viven emocionalmente sus personajes podemos llegar a sentirnos identificados con lo que les está sucediendo.

De no existir la actividad de las neuronas *espejo*, nunca sabríamos en qué consiste el dolor o el amor. Ya que nunca podríamos intuir lo que un gesto o sonrisa significan.

Sentir al otro. Eso parece fácil. Otra cuestión es la comprensión de sus acciones y sus sentimientos. Dice Rizzolatti[22] que *gracias a estas neuronas no solo se entiende a otra persona de forma superficial, sino que se puede comprender hasta lo que piensa. El sistema de espejo hace precisamente eso, te pone en el lugar del otro. La base de nuestro comportamiento social es que exista la capacidad de tener empatía e imaginar lo que el otro está pensando.* ¿Sueles hacer esto? ¿Acostumbras a ponerte en el lugar del otro?

↳EJERCICIO:

• Recuerda la última vez que creíste usar tu empatía. ¿Fuiste empático o simpático? La diferencia consiste en si sentiste lo mismo que la otra persona o, además de sentirle, le entendiste. ¿Dónde sueles transitar en tus relaciones?

(((-)))

---

22 RIZZOLATTI, G, y SINIGAGLIA, C, *Las neuronas espejo. Los mecanismos de la empatía emocional.* Paidós Ibérica, 2006

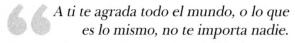

A ti te agrada todo el mundo, o lo que
es lo mismo, no te importa nadie.

OSCAR WILDE, EN *EL RETRATO DE DORIAN GRAY*

Un ratón, mirando por un agujero en la pared, vio a un granjero y a su esposa abriendo un paquete y pensó qué tipo de comida podía haber allí. Quedó aterrorizado cuando descubrió que era una ratonera y salió corriendo al patio de la granja a advertir a todos: «¡Hay una ratonera en la casa, una ratonera en la casa!».

La gallina, que estaba cacareando y escarbando, levantando la cabeza dijo: «Discúlpeme, señor ratón, yo entiendo que es un gran problema para usted, más no me perjudica en nada, no me incomoda».

El ratón fue hasta el cordero gritando: «¡Hay una ratonera en la casa, una ratonera!». «Discúlpeme señor ratón, pero no hay nada que yo pueda hacer, a no ser rezar. Quede tranquilo que el señor será recordado en mis oraciones». El ratón se dirigió entonces a la vaca. «¿El qué, señor ratón? ¿Una ratonera? ¿Pero acaso estoy en peligro? ¡Pienso que no!». Entonces el ratón volvió para la casa, cabizbajo y abatido.

Aquella noche se oyó un gran barullo, como el de una ratonera atrapando su víctima. La mujer del granjero corrió para ver lo que había atrapado. En la oscuridad no vio que la ratonera había atrapado a una cobra venenosa. La cobra malherida picó a la mujer que enfermó con alta fiebre.

Todo el mundo sabe que, para alimentar alguien con fiebre, nada mejor que una sopa. El granjero agarró su cuchillo y fue a buscar el ingrediente principal: la gallina.

Como la enfermedad de la mujer continuaba, los amigos y vecinos fueron a visitarla. Para alimentarlos, el granjero mató el cordero.

La mujer no mejoró y acabó muriendo. Mucha gente fue al funeral. El granjero entonces sacrificó la vaca para alimentar a todo el pueblo.

(((–)))

Ahora te animo a ponerte en el lugar del ratón y en el de los otros animales. ¿Qué habrías hecho si fueras cualquiera de ellos? ¿Qué haces en tu vida diaria cuando alguien triste o enfadado, o incluso alegre, pasa por tu lado? ¿Le juzgas y te apartas? ¿Le sientes y comprendes el porqué de su estado de ánimo?

↳EJERCICIO:

• Busca una película que no conozcas y delante de la pantalla, busca al azar una escena o secuencia entre dos personajes. Quítale el sonido y ponte a sentir e imaginar lo que está sucediendo entre ellos. En este orden: primero siente en tu cuerpo sus emociones y luego piensa lo que están diciendo y cavilando los personajes. Primero empatiza y después trata de entender.

Al principio no te será fácil, ya que tu mente buscará la explicación racional de la situación dramática. Poco a poco busca otras secuencias y haz lo mismo hasta que lo consigas.

Luego pregúntate cuántas veces lo has hecho últimamente con tu pareja, amigos o compañeros de trabajo.

(((-)))

La comunicación con el otro pide ser entendida desde la comprensión empática por delante de la comprensión intelectual. Si no es así, se corre el riesgo de que la intelectualidad bloquee la parte emocional de la empatía, imprescindible para conectar rápidamente con el otro. Lo que sucederá en caso contrario será que especularé con diferentes hipótesis subjetivas sin llegar a conectar con el otro. Es decir, que al final no haré más que proyectar mi mundo en mi interlocutor, sea quien sea.

Las emociones no engañan y los sentimientos sí. Las emociones se contagian y todos hemos tenido en la vida la oportunidad de experimentarlo. Yo me conecto contigo a través de tus emociones primarias en primera instancia. A través de las neuronas *espejo* siento tu miedo y tu alegría, tu enfado y tu tristeza y gracias a ello podemos conectar. También tú, en tu mundo, has articulado una serie de sentimientos gracias a tu parte racional y gracias a las mismas neuronas consigo llegar a lo que piensas para alcanzar esos sentimientos. Es decir, tu enfado me llega rápidamente y lo experimento contigo. Ahora bien, necesito hacer un esfuerzo empático para saber qué es lo que ha hecho que te sientas frustrado, qué clase de pensamientos te han conducido a ese sentimiento. Igual pasa con tu alegría, que siento inmediatamente, no así tu felicidad. Si pongo en uso mi habilidad empática sí que podré saber por qué te sientes feliz y conmoverme contigo. En suma, olvidarme de mí, para entrar en ti.

Para que entre ambos se desarrolle una relación de empatía es necesario que el interlocutor se olvide de sí mismo y de sus principios e intente acercarse al mundo del otro, como si intentara aprender un idioma desconocido.

Para seducir a los demás es fundamental abrirme a mí mismo y así conectar empáticamente con los demás y, desde ahí, producir el milagro de sentirnos uno. Pero para eso necesito salir de mí mismo, cuanto más estoy contigo menos estoy en mí, en mi pensamiento, en mi burbuja protectora, aislado de mis sensaciones y emociones y de mi cuerpo. Cuando te miro mi ego desaparece y podemos ¡sentirnos! Desde mi pequeño *yo* no es posible, porque ¡tú eres tan grande! Necesito sentir mi grandeza para encontrarme en la tuya.

(((–)))

La mirada

> *Las cosas más importantes de nuestra vida no son extraordinarias o grandiosas. Son los momentos en que nos sentimos tocados el uno por el otro.*
>
> JACK KORNFIELD

Y aquí llegamos al centro de todo el contacto seductor con el otro: la mirada.

Gracias a los capítulos anteriores, ya has aprendido a mirarte a ti mismo con amor. Has practicado frente al espejo esos minutos donde conectas contigo mismo con ojos bondadosos aumentando tu autoestima. Ahora es el momento de dar el salto y hacerlo con los demás de una forma empática.

Mirar a los ojos de los otros en cualquier lugar. Conocidos y extraños. Mirarles bien dentro, no superficialmente. No tanto como para entablar una conversación, sino para sentirles empáticamente. Quiero decir que si te miro a los ojos sinceramente vas a sentir que estoy conectado contigo, que te acompaño en tu pesar o en tus alegrías. Sin el contacto visual, nos falta lo más importante de la comunicación seductora y, si no la ejercemos, fácilmente podemos caer en el hábito de la impostura social del *estoy contigo*, aunque no lo siento. O que me interesas, pero durante un rato.

La verdadera conexión humana se produce ahí, en ese tipo de encuentro, sin juicios y sin etiquetas.

Ahora haz un esfuerzo de memoria y recuerda esa primera etapa juvenil del enamoramiento al lado de tu pareja. Es posible que evoques un momento donde los dos os quedabais mirando a los ojos sin hablar durante minutos. ¿Recuerdas que sentías una conexión especial con esa persona? ¿Y que mirarse a los ojos era sinónimo de placer? Independientemente de si lo que percibías fuera lo mismo o no que la otra persona, experimentabas una conexión especial que los humanos anhelamos. Es algo parecido a vibrar con lo demás.

Las personas, como ya hemos comentado, estamos prepa-
radas para conectar con los demás. Venimos equipados con
neuronas *espejo* en nuestro cerebro y eso nos facilita enormemente no solo entender sino también poder experimentar lo
que siente otra persona. Es en esos instantes cuando la conexión se produce.

Seguro que alguna vez has hablado con alguien que, durante la conversación, no te ha mirado a los ojos o te ha mirado
unos momentos y enseguida ha escondido la mirada. ¿Cómo
te has sentido en esas ocasiones? Imagino que habrás desco-
nectado de la conversación por unos momentos para pensar
qué estaba ocurriendo. Además de calificar a la otra persona
como tímida o recelosa, o cualquier otro calificativo que pasara
por tu cabeza, ¿qué hiciste tú? ¿Te comportaste de igual manera o procuraste buscar su mirada, recobrar la conexión? ¿Te
fue fácil? Independientemente de lo que ocurriera, el contacto
desapareció y, si pudiste elegir, posiblemente no quisiste tener
una relación profunda o íntima con esa persona.

La capacidad de realizar un buen contacto visual empático
es una de las mayores habilidades sociales que toda persona
puede poseer, y si no se tiene, se puede desarrollar. Como habilidad de los individuos, ésta se considera de las más importantes ya que forma parte de la empatía y se ha demostrado
que produce grandes beneficios. A las personas que saben
mantener un contacto visual empático se las considera cerca-
nas, cálidas, agradables, simpáticas, poderosas, competentes,
honestas, sinceras, seguras y emocionalmente estables y parecen más atractivas en todos los aspectos, de manera que las
personas que contactan visualmente con ellos sienten emociones muy positivas acerca de su conexión. Y, ¿quién no quiere
estar cerca de una persona así?

↳**EJERCICIO**:

• El espejo: es un juego sencillo que consiste en copiar los
movimientos de una persona como si del reflejo en un espejo
se tratase. A intervalos de tiempo, cada uno de vosotros dirige

el movimiento y el otro lo imita. Así, de unos cinco a diez minutos. Por ultimo tenéis que conseguir que ninguno de los dos
dirija y que dirijáis los dos. Con una persona de confianza realiza este juego hasta que consigas conectar con ella de esta manera, anticipando sus movimientos. Aumenta la duración del
tiempo hasta que lo consigáis. Cuando esto suceda, sentiréis
conexión, paz, tranquilidad, alegría, felicidad, compenetra-
ción y otros sentimientos similares. Generarás confianza en ti
mismo y en los demás si lo practicas a menudo.

(((–)))

Para desarrollar la habilidad de conectar con los demás, lo
primero y fundamental es tener un interés sincero en la otra
persona. Si ese interés no se da, puedes lograr relacionarte
con los demás, pero no se establecerá una conexión profunda.
Esto es lo que diferencia a una persona con buenas habilidades sociales de un seductor.

El seductor conecta con los demás a través de la empatía, entrando en los zapatos de los otros y, sobre todo, viendo en ellos
sus cualidades altamente positivas. Es un efecto profundo ya que,
sin salirme de mí, te puedo ver y reconocerte como persona también única y singular. Reconocer a alguien de esta forma es vibrar en la misma frecuencia, conectar con el mundo del otro y
permitir que lo exprese. Lo otro, la habilidad social, es sencillamente relacionarnos con los demás de una forma positiva.

El seductor se conoce y valora sus cualidades altamente positivas, y así las puede reconocer en los demás sin perder de
vista las propias. No es un perderse y dar al otro todo lo que
soy, se trata de establecer un puente emocional con los demás.
Eso solo lo puedo hacer a través de mi mirada. Es cierto que
con la intuición también puedo llegar a este punto, sin embargo también me puedo equivocar. Con la mirada no me con-
fundo, siempre y cuando sea limpia.

Ahora bien, ¿cómo conseguir esa mirada limpia, despreju-
ciada y genuina? Ya hemos apuntado en anteriores capítulos
diversas formas para conseguir limpiarnos de juicios y de cargas diversas para conseguir llegar a nuestro ser esencial, ahora
pondremos otras en práctica.

El primer requisito para conseguir dejar aparte el juicio tiene que ver con practicar la *escucha activa*. Esto de la escucha activa consiste en no dar nada por hecho cuando se trata de comunicarnos, de no estar pensando y barajando diferentes opciones mentales sobre el otro o sobre mí mismo. Se trata de estar en el presente, en el aquí y el ahora en nuestra comunicación con los demás. Ni anticipando mentalmente lo que el otro vaya a decirnos, ni buscar una respuesta mental a lo que el otro nos ha dicho. Es decir, prestando una atención plena a lo que nos comunica el otro. Cuando estamos escuchando, lo tenemos que hacer de verdad, con total consideración. Si permitimos que nuestra mente elija los pensamientos y que se vaya lejos del momento para pensar en otra cosa, además de notarse, no construimos el camino para la conexión.

En muchas ocasiones, nuestra forma de ver el mundo es tan crucial para nosotros y nos da tanta seguridad que no permitimos que el otro nos ofrezca o aporte la suya, no lo solemos aceptar. Porque es posible que nos atemorice, ¡nuestra pequeña porción de *tarta* de la "Rueda de la Vida" es tan vital! Y en bastantes ocasiones desconectamos de la escucha activa debido al temor de salirnos de esa *zona de confort*. Nos podremos llamar a nosotros mismos tolerantes y educados, pero no sé hasta qué punto aceptamos realmente el mundo del otro. Para un seductor la visión de la vida de los demás es tan importante y respetable como la suya propia. El verdadero seductor se siente seguro porque navega en una porción grande de la "Rueda de la Vida" y, al haber abierto tanto sus límites, se ve en su parte de luz y de oscuridad y puede acoger la de los demás. Por ello, se muestra al mundo abierto y genuino. Ha bajado las fronteras de su propio miedo y se manifiesta tal y como es.

No es fácil encontrar la luz en los demás si no bajamos nuestras barreras y mostramos nuestra vulnerabilidad. Una vez más, es en nuestra vulnerabilidad donde podemos encontrar al otro. Se trata de una bella paradoja. Yo me repito que *cuánto más estoy en ti, menos estoy en mí y eso me libera*. Me libera de mi autocrítica, me libera del perfeccionismo y me alivia del *tengo que hacer*. Me descarga de pensar en cómo agradarte y satisfacer tus necesidades a cada momento. Cuando yo me muestro en mi luz, no hay nada que hacer y pueden suceder dos cosas. Una, que tú no quieras mostrarte o que, como en un espejo, hagas lo mismo que yo hago y que levantes el paso al nivel que también traías, para producirse el encuentro, la conexión entre nosotros.

Nuestra atención tiene que mantenerse fuera de nosotros, en la otra persona. Para ello necesitamos tener una alta y sana autoestima y mostrarnos auténticos, como realmente somos, sin máscaras. Sin embargo, lo que solemos hacer es mantenernos preocupados de nosotros, de la imagen que estamos dando y de qué estará pensando el otro sobre mí. Este último pensamiento me sorprende aún hoy. ¿Cómo podemos mantener una mínima comunicación con los demás, teniendo esa clase de pensamientos que nos llevan a una acción que es la de adecuarnos al otro en base a una suposición? Es un trabajo ímprobo además de doloroso, ya que nos apartamos de nosotros mismos.

El contacto genera contacto, por eso no tengas miedo de dar el primer paso a la hora de entablar un contacto visual. Si lo efectúas desde tu honestidad, sin buscar nada en el otro más allá del propio contacto, sucederán encuentros insospechados. Si lo haces desde el amor, los encuentros serán hasta milagrosos.

Todo esto lo desarrollaremos aún más en los siguientes capítulos.

↳EJERCICIO:

• Continuando con el espejo: ahora, una vez que has conseguido un alto grado de conexión con tu pareja de juego, incorpora las emociones. Es decir, siente una emoción y comunícala a tu compañero. Permite también que la otra persona haga lo mismo. Después de unos minutos podéis comentar qué ha habitualmente sucedido y cómo os habéis sentido.

• Para este necesitas un compañero de confianza. Vuelve a tu lista de talentos y virtudes y elige tres, con los que más te identificas en este momento. Luego pides a tu compañero que se siente delante tuya y uno a uno le muestras tus talentos.

Primero le dices: «Quiero que veas mi generosidad (por ejemplo)». Cierras los ojos y te concentras en esa palabra únicamente. Después del tiempo que consideres necesario, abres los ojos y, mirando a los ojos de tu pareja, le *proyectas*, sin palabras o gestos, tu virtud. Él, a su vez, solo podrá decir «Lo veo», cuando lo sienta.

(((–)))

5
La seducción en el trabajo

> *Amar a la vida a través del trabajo*
> *es intimar con el más recóndito*
> *secreto de la vida.*
>
> KHALIL GIBRAN

UN HOMBRE CONTRATÓ A UN CARPINTERO para que le ayudase a hacer reparaciones en su vieja granja. Durante el primer día de trabajo tuvo muchos inconvenientes: su sierra eléctrica se estropeó, lo cual le hizo perder una hora de trabajo; además su camión, ya un poco viejo, se negaba a arrancar.

Ante este percance, el hombre que lo había contratado decidió llevarle a su casa. Casi no habló nada durante el recorrido y su cara parecía enfadada. Pero, al llegar a su casa, se detuvo brevemente frente a un pequeño árbol, tocando la punta de las ramas con ambas manos. Entonces ocurrió una transformación sorprendente: en su cara apareció la más bella de las sonrisas. Cuando los vio, abrazó a sus dos pequeños hijos y le dio un beso a su esposa.

Posteriormente, hizo entrar al carpintero en la casa y le invitó a cenar. Éste, sin poder contener más la curiosidad, le preguntó al hombre acerca de lo que le había visto hacer en el árbol un rato antes.

—Ah, ése es mi árbol de los problemas —contestó—. Sé que no puedo evitar tener problemas en el trabajo, pero una cosa es segura: los problemas no pertenecen a la casa, ni a mi esposa ni a mis hijos. Así que, simplemente, los cuelgo en el árbol

cada noche cuando llego a casa. Luego, por la mañana, los recojo otra vez. Lo divertido es –concluyó sonriente– que, cuando salgo por la mañana a recogerlos, no hay tantos como los
que recuerdo haber colgado la noche anterior.

(((–)))

Recuerdo que mi pareja y yo, al comienzo de nuestra relación de convivencia y después de la jornada de trabajo, nos
encontrábamos en un bar para tomar unas cervezas. O al
menos, eso creía yo, ya que al poco me di cuenta de que lo que
inconscientemente hacíamos era dejar los problemas diarios
en ese local para luego subir a nuestro hogar descargados de
esas tensiones. Habíamos construido nuestro árbol de los problemas.

↳EJERCICIO:

• Busca alguna forma de dejar los problemas del trabajo
fuera de casa. Alguna estrategia que te sirva para llegar a tu
zona de descanso o de intimidad más descargado y saludable.
El bar es un buen lugar si no se usa como refugio de problemas domésticos o laborales. También puedes escribir los problemas o cantarlos. Cualquiera de las formas las puedes hacer
en solitario o acompañado si lo prefieres. Lo importante es
que te cerciores que los dejas fuera en una buena medida.

(((–)))

El ámbito laboral trae para muchas personas una serie de
tensiones que se convierten en una carga. Hemos aprendido, o
nos han enseñado, que esa es la forma de vivir en ese ambiente. Pareciera que en cada contrato que firmamos existiera una
cláusula no escrita que ordena que hay que dejar las emociones en casa y convertirse en una persona *des-emocionada* al
llegar a trabajar. Es decir, ponerse de nuevo una máscara social y vivir la mayor parte del día con ella.

Pero ¿qué sucedería si el lugar de trabajo fuera un lugar amable, cordial, seductor? Si, como le ocurre a algunas personas en determinadas empresas, nuestro empleo se desarrollara en un sitio agradable donde quisiéramos acudir con alegría. ¿Te ves trabajando en un lugar así? ¿Qué te impide que no sea de esa forma?

↳EJERCICIO:

• Haz una lista de los inconvenientes que tiene tu lugar de trabajo para que no sea un sitio cómodo y agradable. Después lee y observa qué puedes cambiar tú para que sea como deseas.

(((–)))

Trabajo para empresas maravillosas que tienen jefes sensibles que desean la felicidad para sus empleados y así lo comunican cuando voy a impartir una formación. El semblante de los participantes se queda lívido al escuchar que esas jornadas les van a servir *para que sean más felices en su vida*. Después de unos segundos de silencio para procesarlo, se sienten invadidos por el miedo que se percibe en sus expresiones y muchos se quedan paralizados. Un número pequeño de trabajadores se alegra, aunque no lo manifiesta expresamente. El resto se pone a la defensiva. Ya no me sorprende que existan esos directores, lo que me sigue sorprendiendo es la reacción de los empleados, me asombra como perciben esa intención de procurar lo mejor para ellos de una forma *tan peligrosa*. Es como si sintieran que en la empresa eso de la felicidad no puede existir, que cuando van a trabajar no pueden disfrutar, que eso solo puede suceder en otro ámbito, si sucede. Bien es cierto que, además de la voluntad humanística de estas organizaciones, va aparejado un deseo de aumentar los beneficios. Si los trabajadores están alegres, realizados, automotivados... la empresa ganará de muchas formas: buen clima, motivación contagiosa, autoliderazgo, disminución de conflictos derivados del malestar y la frustración, entre otros muchos aspectos que involucran a las personas.

Si ahora mismo no vives una sensación cómoda o de alegría en tu trabajo, ¿crees importante que modifiques algo en ti para conseguirlo? Si la respuesta es afirmativa, ya sabes que uno de los secretos para conseguirlo es ser tú mismo también en este ámbito, ¿cierto? Por ello seducirte a ti mismo es fundamental. Deja las máscaras fuera y conviértete en la mejor versión de ti mismo.

¿Cómo hacerlo? Quiero que te fijes en estos epígrafes que vienen a continuación y que valores qué deseas cambiar para seducir también en el trabajo.

(((-)))

Falsa división

> *Un síntoma de que te acercas a una crisis nerviosa es creer que tu trabajo es tremendamente importante.*
>
> BERTRAND RUSSELL

¿Te parece sana la división que se hace entre el mundo laboral y el privado? O mejor, dicho, ¿tiene que existir una separación de este tipo?

El famoso cisma entre el mundo laboral y el ámbito de la familia y amigos, para mí conlleva un sinfín de problemas, de presiones hasta dolorosas, y la primera se ejerce contra la identidad propia. Para un amigo, empresario colombiano, los españoles parecemos esquizofrénicos al dividirnos entre estos dos mundos. Yo creo lo mismo. ¿Es que acaso no somos la misma persona en las dos esferas? ¿Debemos fingir un personaje *profesional* a sabiendas que conlleva un alto coste a nivel emocional y físico?

Cuando nos ponemos la máscara en el trabajo, nos sometemos a un tipo de engaño, de ocultación, o de disimulo cuando poco. Este comportamiento, día a día, año tras año, nos separa de nosotros mismos más de lo que imaginamos. Nos separa de aquel que fuimos alguna vez. Esto es algo que he escuchado muchas veces en las empresas después de alguna acción formativa: «Quiero recuperar al que fui, me perdí en este tiempo y deseo volver a ser la persona que era antes». ¿Te resultan familiares estas afirmaciones?

De todas formas, alguien pensará que lo lleva muy bien, que le resulta fácil y que incluso es necesario tener ese comportamiento cuando trabaja. Sin embargo, yo pienso lo opuesto. Me explico. No digo que no haya que preservar la intimidad, si lo creemos necesario, pero un poco de confianza consigue que las relaciones mejoren.

Así que, tras estas máscaras construidas, recuerda que existió una educación *autoprotectora* que consiguió que sintieras miedo de los demás. Esto formó en ti un hábito que comenzó con el afán de protegerte de los demás, quizá consciente, quizá no. Finalmente, todo se va acumulando, y esta suma te ha conducido a sentir frustración, resignación, estrés, o incluso algún problema físico derivado de estos sentimientos mantenidos en el tiempo.

↳EJERCICIO:

• Recuerda tu primer o primeros trabajos: ¿qué sucedió? ¿Qué hiciste conscientemente para ocultar tu carácter o alguna parte de tu identidad? Escríbelo en una hoja. Después, con la distancia que te da el tiempo que ha transcurrido desde esos días a hoy, medita sobre lo que inconscientemente perdiste de ti mismo con esa ocultación o disfraz. Escríbelo también. Ahora haz la suma de ambas y pregúntate si te ha compensado y qué te gustaría recuperar para tu día a día profesional.

(((-)))

Hoy me he levantado por la mañana y he comenzado a pensar en qué voy a hacer cuando llegue al trabajo. Entonces me doy cuenta de que, además de todo lo que forma parte de la tarea, existen personas que me molestan o desagradan. Ya sea durante mucho o poco tiempo, esas imágenes enviadas a mi cerebro hacen que se ponga en funcionamiento la máquina emocional y que comience a sentir esa conocida sensación de desagrado. Entonces mi cerebro emocional lanza instrucciones a mi cuerpo en forma de neurotransmisores, para que este actúe. Es decir, al generar las imágenes de esas personas, permito que mi mente descargue la química necesaria para que se activen las sensaciones de desagrado y los sentimientos negativos oportunos, ¡en mi cuerpo! Y mi cuerpo tiene que hacer eso que mi cerebro le envía, ya sea protegerme, rechazar o salir corriendo. Y así pensando, pensando, han pasado unos minutos –o más tiempo–, mientras desayunaba, en el coche… De esta forma, cuando he llegado al despacho, o al taller, y me he cruzado con estas personas he hecho lo que estoy acostumbrado a hacer, que es ignorarlas o pensar que no me afectan. O eso me he creído, porque mi nivel de enfado, tristeza, resignación, frustración o estrés ha sido tan alto que yo no me he dado cuenta de cómo mi corazón se ha acelerado, de cómo mi ritmo sanguíneo hace que la digestión del desayuno tenga unos componentes que no son sanos y que mi respiración alta, de pecho, me haya tensado aún más llevando un poco de dolor a mis cervicales. Sin embargo, yo he creído que lo he hecho muy bien, que mis emociones las tengo que ocultar para que no se me vean en mis expresiones. Que *el fingimiento es necesario*, me dice mi mente justificándome. Y así he estado viviendo unas ocho horas durante el día de hoy. No voy a pensar en mañana...

Pero, claro, no todo va a ser así, en mi trabajo tengo otras personas con las que me puedo comunicar tranquilamente. ¡Menos mal! Lo que sucede es que quizá alguna de ellas pueda formar parte de mi círculo de amistades, pero no todas. La mayoría forman parte de mis famosos *compañeros de trabajo*. Con ellos no quiero ser totalmente sincero, a menos que se trate de criticar a alguien o de quejarme. O quizá no, porque eso depende de con quién me relacione. Y por supuesto, en absoluto voy a hacerles partícipes de mis intimidades, eso lo reservo para casa, y también depende.

Esta –¿un tanto exagerada?– descripción corresponde al tipo de personas con las que habitualmente me encuentro en las empresas con las que trabajo. Gente *normal* que, cuando se abren, cuando se descubren ante los demás y comienzan a mostrarse vulnerables, inmediatamente comienzan a relajarse y a sentir más coraje y confianza que antes. Se dan cuenta de que sus compañeros son como ellos y que tienen los mismos temores y necesidades. Y eso, finalmente, termina por acercarles.

Sin embargo, hay muchas personas que no dicen nada, que ocultan si tienen un hijo o si se han separado, o si han estudiado algo que se salga de lo que es el ámbito empresarial. «Yo no vengo al trabajo a hacer amigos», es una frase muy repetida. Como he dicho antes, es necesario tener cierta confianza si queremos trabajar juntos de una forma no dañina, constructiva. La amistad es otra cosa, ya que conlleva un componente de cariño mutuo, tiene que existir un sentimiento cariñoso y eso sí me lo reservo para sentir con quien yo elija.

La confianza en los demás deriva de mi propia confianza. Y así, puedo compartir ciertas partes de mi vida con mis compañeros de trabajo o sentirme cómplice con ellos, sin necesidad de invitarles a mi casa a cenar. Como dice Ferrán Ramón-Cortés[24]: «En las relaciones laborales, la amistad es una elección, mientras que la confianza debería ser una obligación o al menos deberíamos perseguirla a toda costa, porque es la que propicia un buen clima de camaradería».

Camaradería, palabra un tanto en desuso, que significa compañerismo, otra palabra un tanto olvidada a mi entender. La postmodernidad nos trajo unos aires de individualismo a ultranza, de **tener**, más que de **ser**, como hemos visto anteriormente. Ello nos hizo separarnos de nosotros mismos y de los demás. Esta especie de *auto-exclusión* es lenta y potente, hasta dolorosa y no nos damos cuenta de su efecto porque creemos que con esos comportamientos nos estamos protegiendo. En realidad, cuando me aparto de las personas me alejo también de mí mismo, como hemos visto en el capítulo anterior.

Un buen día llega un formador a la organización que demanda una mejora en los grupos de trabajo para que se conviertan en equipos de alto rendimiento. Los principios del trabajo en equipo están basados en la colaboración, la cooperación. En el nuevo escenario organizativo cada vez más los equipos de trabajo son transversales, es decir, que mezclan las personas de diferentes ámbitos, de diferentes departamentos. Todos ellos trabajando juntos para conseguir un objetivo, un logro. ¿Y qué hacer entonces con los enfados o resentimientos, las antipatías o las frustraciones creadas a través de las relaciones personales? Resulta difícil sin confianza; sin confiar en los demás no puede existir la alianza entre personas para la consecución de un objetivo común. Quizá este sea uno de los motivos de porqué en las empresas no se llegan a cumplir los objetivos razonables.

Ahora bien, existe otro escenario: en este, cuando entro por la puerta tengo que cambiar de cara, tengo que ser otra perso-

---

24 *El País Semanal*:
http://elpais.com/diario/2011/01/30/eps/1296372414_850215.html

na, dejo los problemas fuera y sonrío. Estas son las empresas que llamamos de *buen rollito*. Hay que sonreír siempre, hay que tener buen talante, y prácticamente decir sí a todo. Es otra forma de enmascarar quién soy yo, es una forma de no modular mis enfados, de no mostrar mis emociones. Pudiera parecer que esto es positivo, sin embargo, no es así, ya que el daño que se hace es igualmente pernicioso. La máscara es lo que importa. Y siempre que interprete un personaje, nunca podré acercarme a los demás, siempre habrá una distancia grande entre lo que me pasa y la figura que tengo que representar. Así la confianza que surja será una confianza exenta de conexión real ya que siempre *tengo que estar bien*.

↳**EJERCICIO**:

• ¿Qué cultura tiene tu empresa? ¿Hay que tener mala o buena cara para poder pertenecer al grupo? ¿Puedes mostrarte cómo te sientes sin temor?

(((–)))

La camaradería es una palabra en desuso, proviene de *cámara*, por dormir en el mismo aposento. Su significado según la RAE es extenso: «Persona que acompaña a otra y come y vive con ella, y también persona que anda en compañía con otras, tratándose con amistad y confianza». La camaradería vendría a ser «el lazo cordial que mantienen entre sí los compañeros». Lo que inspira la palabra es algo bello. Sin embargo, al provenir, al parecer, del ámbito militar y también tener una asociación a ciertas ideologías, unido al tufo machista que posee, no la usamos con cotidianidad.

Camaradería no es compañerismo, la primera exige un grado mayor de confianza que la segunda, un mayor acercamiento al otro. Quizá entre compañeros podrás comunicarte a través de datos, estadísticas y cifras, con corrección política y argumentos racionales. Entre camaradas hay más riesgos, tenemos que hablar de y desde nosotros mismos.

Ya que mi miedo a sentirme rechazado, a las críticas, a no

172

ser aceptado como soy y a no pertenecer hace que me construya la coraza y la máscara social-profesional, para comunicarme
en el trabajo también tengo que aceptar mi vulnerabilidad,
aceptarme como un ser humanamente imperfecto y descubrir
que nos conectamos a los demás a través de estas imperfecciones, no a través de mis virtudes.

Mejor que intimidad o cariño, en el trabajo me gustaría
tener una relación de camaradería. Acercarme a los demás con
esa sensación, con esa especie de seguridad. Me gustaría mantener una relación cordial con los demás, usando mi confianza, mi franqueza o, en ocasiones, mi afecto, o quizá los tres aspectos juntos. Lo opuesto ya sabemos que es la enemistad, la
desconfianza, y, en ocasiones, la hostilidad o la insolidaridad.

↳EJERCICIO:

• ¿Cuánto grado de confianza, franqueza, afecto y amistad
mantienes en tus relaciones laborales? ¿Cuánta camaradería?
¿Crees que podrías seducir usando estos recursos tuyos?

• ¿Cuántas veces te has dado a conocer presentándote
usando una historia tuya, de tu vida que haga conocerte
mejor? ¿Quieres hacerlo? Ya sabes que el seductor es atrevido,
se muestra y usa el coraje para vencer sus miedos.

(((-)))

No nos podemos disociar de nosotros mismos, aunque en
nuestros pensamientos creamos que eso es así. Articulamos una
serie de construcciones mentales en las que confiamos y pensamos que *puedo dejar de ser yo mismo cuando trabajo*, sin recordar que mis emociones no las puedo controlar y que mi cuerpo
me delata por muy buen personaje que haya construido.

Nos pasamos huyendo, literalmente, de ciertas personas
con las que convivimos horas y horas de nuestra vida. Esto
conlleva un brutal esfuerzo que nuestro cuerpo va a pagar.
Huimos de esas personas posiblemente por desconocimiento.

Les hemos puesto una etiqueta y *así me protejo*. Hacemos esfuerzos por no acercarnos o para que no se acerquen. Construimos juicios de todo tipo para mantenernos en nuestro emocional alcázar defensivo. ¿Y si esa persona fuera diferente a como me he imaginado o me han dicho que es? ¿Ganaría algo? ¿Ganaría en mi trabajo? ¿Sería beneficioso para mí o, incluso, para la empresa que me emplea?

Desde hace diez años veo que, en las organizaciones, las personas no se conocen entre sí. Como ya he dicho, corren para no encontrarse. En mis formaciones les dejo mostrarse, creo un espacio de seguridad donde las máscaras van cayendo poco a poco o de una vez. Al final, todos agradecen la posibilidad de haberse conocido y comienzan a modificar ciertos hábitos o comportamientos. En primer lugar, con los compañeros del curso y luego con los demás. Uno de los comentarios más repetidos es: «¡Pero si pensaba que Fulanito era de otra forma y ahora descubro lo estupenda persona que es!» También: «Me he dado cuenta de que todos somos iguales».

En una ocasión, trabajando de *coach* para un directivo de una multinacional con el objetivo de superar su miedo escénico, apareció de forma potente este tema de la distancia entre compañeros. Este hombre, afable y simpático, mantenía una distancia más grande de lo normal en su comunicación, y parecía que no conocía a su equipo de más de cuarenta personas, dando la impresión de que no tenía ningún interés por ellas. Eso le mantenía alejado de la gente y, por ende, del público cuando subía al estrado, su *miedo escénico*. Pero lo cierto no es que no les importaran, su realidad era que *no quería molestarles con preguntas sobre su vida*, según sus propias palabras. Por eso, aunque conocía algo de ellos, nunca había preguntado por sus familias o sus inquietudes y aficiones. Imagina lo que pensarían de él sus colaboradores. Un día se atrevió a acercarse a un compañero e interesarse por su vida obteniendo una respuesta muy positiva y una sonrisa. Esto le cambió la perspectiva de la comunicación. Y por supuesto, el *miedo escénico* desapareció.

Interesarse por la vida de otras personas, fuera del cotilleo, es comenzar a trabajar la empatía. Dar información sobre la nuestra, no es crear amistad, es crear relaciones positivas.

↳EJERCICIO:

* Piensa en las personas de tu trabajo que no te gustan o con las que tienes algún tipo de conflicto o de separación. Escribe qué te provocan emocionalmente.

Ahora haz lo mismo con las personas que te parezcan positivas para ti en el mismo ámbito.

¿Qué conclusiones sacas? Si son emociones y sentimientos fuertes, ¿los has comunicado alguna vez? ¿Sería posible hacerlo y quieres hacerlo? Si no lo deseas, al menos al haberlos escrito ahora los has sacado fuera de ti y te ha liberado un poco de las tensiones derivadas del silencio.

(((-)))

El trabajo no elegido

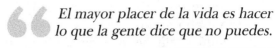

> *El mayor placer de la vida es hacer
> lo que la gente dice que no puedes.*
>
> WALTER BAGEHOT

El trabajo que no hemos elegido se puede convertir en un infierno. El que hemos elegido, no es ya un trabajo en sí mismo y quizá se haya convertido incluso en un placer.

Ahora bien, el que se efectúa por obligación puede separarnos mucho de los demás. El malestar de hacer algo que no te gusta o para lo que no estás preparado mantiene la desconexión con los demás.

Yo mismo trabajé en muchos lugares que no me gustaban: vendiendo de puerta en puerta, en una empresa de mudanzas, como oficinista, y, sobre todo, en el teatro. Allí comencé a los quince años y a los veinte ya era un actor profesional. A los veinticinco me convertí en director de escena y no dejé la profesión hasta los cuarenta y cinco años. En suma, estuve trabajando durante treinta años en un lugar y en una profesión a la que, sorprendentemente, no pertenecía por completo y en la que, incluso siendo buen profesional, encontré muchos baches, conflictos y amarguras.

Después de pasar en mi infancia por querer ser torero, aviador, y ministro (!), encontré mi verdadera vocación, o ella me encontró a mí. A los trece o catorce años decidí ser maestro.

Mi infancia fue dolorosa especialmente en los primeros colegios. Recuerdo que al escribir con la mano izquierda, en aquellos tiempos, mis profesores de primaria me llenaban de golpes, me ataban las manos al pupitre y, en una ocasión, hasta me encerraron en una taquilla durante un tiempo que no puedo medir en mi memoria. Y, aunque afortunadamente mis padres me cambiaban de centro cuando se enteraban, imaginad qué podría pensar y sentir acerca de los maestros a los seis o siete años. Pero la vida da muchas vueltas...

Fue a los ocho años cuando me encontré con don Millán. Este era un maestro noble, atento y cariñoso, *de los de toda la vida*. Este hombre, se convirtió de inmediato en mi referencia, francamente positiva, y en un modelo a imitar. Tanto que quise ser yo mismo un maestro como él. Este profesional que me ayudó a salir del maltrato, me inspiró y me matriculé en Magisterio. Por azares de la vida, o por algo que voy a explicar más adelante, mi carrera se desvió y a los pocos meses abandoné esos estudios para hacerme actor.

Y en mi nueva profesión tuve mis éxitos, tanto interpretando como ejerciendo durante veinte años de director de escena y escritor, no lo puedo negar. Estos laureles fueron muchos para mí, pero nunca los viví de un modo alegre y no los disfruté. Había algo que no me dejaba sentirlos como míos. Así, aunque trabajé muy joven como actor en una compañía estrenando dos obras al año, amén de ser actor de doblaje y de radio, siempre tenía un gran malestar que me impedía saborear tantos momentos dulces. En el estómago una bola negra amarga me llenaba de malas digestiones. Esto me generaba un conflicto interno oculto y lo proyectaba hacia fuera en forma de más conflictos en los lugares donde trabajaba. Cuando llegaba a un nuevo lugar, rápidamente deseaba salir de allí y, si no podía escapar, montaba un rifirrafe para sentirme a disgusto y tener una excusa que me justificara la huida.

Tampoco asistía a recoger los premios que ganaba, siempre había una cosa mejor que hacer o una queja. Entre otros sucesos importantes, actué en el teatro romano de Mérida, en el de Sagunto, dirigí en el Corral de Comedias de Almagro y en el de Alcalá, escribí el primer manual de dirección escénica de un autor español desde principios del siglo XX y terminé con premios en la ciudad de Nueva York, entre otros muchos éxitos. Nada de eso me daba satisfacción, al menos no me alegraba de la misma forma que cuando daba clases.

Porque afortunadamente mi destino, o mi pasión, volvió a aparecer muy pronto y desde los veinticinco años comencé a dar clases en el ámbito universitario y, sin titulación alguna, a los veintisiete daba clases en la Universidad de Nueva York en España, al año siguiente en la Complutense, viajando con decanos de facultad y en su representación a EE.UU., y seis años más tarde, el rector de la Universidad de Alcalá de Henares me nombró Profesor Honorario de dicha Universidad. Durante esos años viajé por medio mundo dando clases de formación de formadores.

¿La pasión mueve montañas? ¡Por supuesto! ¿Estamos destinados a cumplir con lo que nuestro corazón desea? No lo sé... Pero sí sé que, en mi caso, fue así. Que cada vez que deseaba con todas las fuerzas dejar el teatro o pasaba por alguna crisis (una de ellas me llevó directo al hospital), siempre apareció una mano amiga, una especie de ángel, que me ofrecía ser profesor y recordar mi vocación.

Yo, que creía amar el teatro, realmente no lo soportaba, aunque no lo he admitido hasta ahora, y solía echar los balones fuera de mí. Mi rabia de, por ejemplo, no ser reconocido en mi total valía profesional, lo justificaba *echando balones fuera* y escupía sobre *lo podrido y falso del mundo del teatro*, entre otras que mi mente articulaba. Siempre había una adecuada excusa, lo que fuera para no ver esa ira en mí mismo.

Como comprenderás, esto me mantenía en conflicto constante con mis compañeros de trabajo. Habitualmente me mostraba excesivamente crítico con las personas o con el producto. Daba igual, no existía una conexión con mi trabajo desde mi ser esencial. Y por supuesto, era bastante difícil establecerla con mis compañeros. Ahora comprendo que me *temieran*, era el personaje *crítico*, el *insatisfecho*. El que no celebraba los éxitos, el que no podía tener alegría ante el trabajo bien hecho.

La camaradería no salía de mis adentros y, como conocía a mi personaje *crítico*, el que vivía en la parte de la *sombra*, tampoco quería que se viera demasiado. En definitiva, vivía en una gran frustración al no gustarme lo que sentía y una profunda rabia que no sabía de dónde venía.

Hoy, que ya no pertenezco a esa profesión, puedo decir que, al igual que muchos hijos siguen sin pensar la voluntad de sus padres en sus carreras profesionales, yo abandoné mis propias ilusiones para satisfacer inconscientemente las ilusiones frustradas de mi padre. Él fue el que me llevó al teatro por primera vez en mi vida a ver una obra musical entre bastidores, ya que él deseaba ser cantante lírico, y yo decidí, por amor a él, dejar de ser yo mismo para hacer lo que mi padre no consiguió. Hoy sé que lo hice por él, que mi amor inconsciente me cegó y me guio.

Así, hoy entiendo aquel malestar profundo, el sentirme errante y la falta de humanidad que mostré en mis relaciones con las personas que trabajaban y trabajan con amor en el teatro. No lamento mis crisis, las necesitaba, y hoy amo el teatro, a mi manera.

Pero eso ha sido gracias a quedarme en mi lugar y a trabajar en lo que amo. Soy de los que creen que es más positivo *hacer lo que amamos que amar lo que hacemos*, aunque las dos sean igual de válidas.

Hoy hago lo que me gusta y deseo. Mi cuerpo y mis emociones no son incongruentes con mi pasión y eso me hace vivir en una paz interior como nunca había experimentado antes.

Por supuesto, mis compañeros de trabajo están también alineados y nuestras relaciones son de gran confianza. Mi seguridad para comunicarme con los demás me la da sentirme en conexión con mi vocación y mi misión en esta vida.

↳EJERCICIO:

• ¿Recuerdas tu vocación de pequeño? ¿Había algo en lo que eras bueno y no lo seguiste? ¿A qué te dedicas? ¿Tiene eso que ver con lo que deseas y para lo que eres bueno?

¿Sientes frustración debido a que no te sientes en el lugar que te correspondería estar?

Y, lo más importante, ¿crees que eso influye en tu relación con los compañeros? ¿Sería diferente si estuvieras amando tu trabajo?

(((−)))

Pertenencia e integración

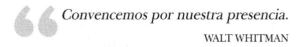 *Convencemos por nuestra presencia.*

WALT WHITMAN

Esta pretendida separación entre los mundos *privado y laboral* acarrea que nos encontremos fácilmente con la falta de sentido y de pertenencia a nuestro trabajo, lugar donde pasamos muchas horas al día. Ya sabemos que, si no nos sentimos parte de algún grupo, nuestros pensamientos van a llevarnos a la frustración, la resignación o al *despido interior.*

La implicación en mi trabajo hace que me sienta más satisfecho y por ende más vinculado y seductor. Son esos días en los que me siento orgulloso de mi labor e incluso de la empresa.

Cuando llegamos a un nuevo destino laboral, especialmente si somos jóvenes, queremos demostrar lo que valemos y nos convertimos en personas creativas y entusiastas. Aunque tengamos el miedo al otro al que anteriormente hacíamos referencia, nos sobreponemos y sacando fuerza de nuestro interior, miramos a los ojos a las personas. Esa mirada, no exenta de temor, busca principalmente la aprobación de los demás: ¿Lo estoy haciendo bien? ¿Sirvo para el puesto?

Después de un tiempo comienzan los problemas. No todo es la fiesta que nuestras expectativas habían forjado. Nos habíamos imaginado que *podíamos con todo,* o que *las cosas no se podían torcer.* Sin embargo, la realidad hace que los conflictos sean el pan de cada día. Y, ¿qué hacemos? ¿Los encaramos de frente o nos guardamos el malestar dentro? Si hacemos esto último llegaremos fácilmente a la frustración. Si dura mucho tiempo caemos en la trampa de la resignación. Durante esta dura etapa de aprendizaje, repetimos, o incluso construimos, creencias que permiten que nos instalemos en esa dolorosa zona de confort auto-convenciéndonos a nosotros mismos de que la situación no se puede cambiar.

A eso lo llama Lotfi El-Ghandouri, el *despido interior* y lo define como *la renuncia a poner empeño en el trabajo*. El *despido interior* es el resultado final de un largo y complejo proceso de vivencias negativas en el trabajo. El trabajador se distancia de sus funciones, sin llamar la atención y pasando inadvertido, evitando conflictos[25].

El autor explora los motivos por los cuales tiramos la toalla. Resalta cuatro: aparcar nuestros sueños, dar la espalda a nuestros valores o principios, mantener un desequilibrio entre nuestras esferas de vida y tener prejuicios de forma constante.

De todos ellos ya hemos hablado en mayor o menor medida en las páginas de este libro. Las ilusiones se pueden volver a recuperar siempre que lo deseemos ¡seduciéndonos a nosotros mismos! Nuestros valores no los podemos perder y tenemos que vivir de acuerdo a ellos, si los traicionamos, nos estamos traicionando a nosotros mismos. La frontera mental entre las diferentes parcelas de nuestra vida, nos convierte en personas enmascaradas por el miedo. Finalmente, los juicios y prejuicios que emitimos constantemente, la etiquetación del otro, nos desconecta de los demás.

↳EJERCICIO:

• Haz una lista de las ilusiones que tenías al comenzar en la empresa que trabajas actualmente y revisa dónde se encuentran en este momento. ¿Qué puedes hacer por recuperarlas?

• Escribe sobre el papel cuáles son tus valores y si los vives actualmente en tu trabajo.

(((-)))

25 EL-GHANDOURI, Lotfi. *El Despido Interior.* Editorial Alienta, 2007.

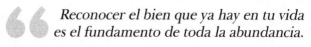 *Reconocer el bien que ya hay en tu vida
es el fundamento de toda la abundancia.*

ECKHART TOLLE

No hay nada que dé más fuerza a la persona que la sensación de pertenencia a un grupo. Esto lo hemos *mamado* desde la más temprana edad, al sentirnos miembros de una familia. La seguridad que nos brindan principalmente los padres la seguimos buscando en cada grupo al que vamos cuando somos adultos.

«Creo que el sentido de pertenencia conforma el cien por cien del desempeño del empleado y, además, representa el setenta por ciento del funcionamiento de la empresa», opinaba la coordinadora de Recursos Humanos de una conocida multinacional. Cuando leemos sobre cómo crear ese sentimiento en las empresas se habla de la motivación, de una buena comunicación, de la escucha activa. Para motivar hay que dar explicaciones, no ánimos, y buscar que las acciones se correspondan con lo que se ha dicho, o sea, que sean coherentes. Necesitamos escuchar activamente, es decir, integrar a las personas en nuestra comunicación.

¿Cuántas veces hablamos solo para transmitir un mensaje? En esta acción, inconscientemente dejamos fuera a nuestro interlocutor, ya que al pensar en transmitir lo hacemos como si nuestra acción comunicativa la efectuara un aparato. Transmitir. La palabra está de moda y se repite desde la televisión hasta los más altos estrados. Proviene de la Semiótica ("Semidiótica", la llamaba mi maestro Antonio Regalado[26]) que es el estudio de los signos y su funcionamiento. Para ella, el proceso de la comunicación es la transferencia de un mensaje de A a B, sintetizando, entre el transmisor y el receptor. Para mí, un transmisor y receptor exentos de humanidad. Es decir, transmitir es solamente el envío de datos, pero sin que necesariamente haya una respuesta. En el caso de las perso-

---

26 Uno de mis grandes maestros:
https://es.wikipedia.org/wiki/Antonio_Regalado

nas, la comunicación implica emotividad, simpatía. Transmitir un mensaje no implica que haya una respuesta emotiva.

Los seres humanos comunicamos con nuestro cuerpo y con nuestras emociones, no lo podemos obviar por mucho que les gustara a algunos. Si solo fuéramos transmisores de un mensaje, reduciríamos la comunicación a un 7% de la totalidad, según el profesor Albert Mehrabian. Éste aseguró en los años 70 del siglo pasado que ese 7% era el porcentaje destinado a las palabras, a nuestra idea, y que el 93% restante está dividido entre la voz y el cuerpo[27]. Y, evidentemente, ambos incluyen la emoción. Al comunicarnos con los demás usamos nuestro cuerpo y nuestra voz *emocionados*, lo queramos o no. Al incluir éstos, al hacerlos presentes, nuestro interlocutor se siente parte de la comunicación y, seguramente, integrado. Es por ello por lo que se han inventado los emoticonos y se usan tanto en la mensajería instantánea.

Sea consciente o inconsciente, nuestra comunicación es emocionada. Al conectarnos con alguna idea o al mirar a nuestro interlocutor o al público, las emociones y los sentimientos afloran y permiten que el mensaje llegue de una forma más precisa, más coherente. Esto lo hacemos cuando nos hablamos a nosotros mismos también, y es mucho más evidente cuando tenemos delante (o al teléfono) a los *receptores*. Su presencia me obliga a cambiar e incluir estas competencias; no solo palabras, sino también cuerpo y voz.

Evidentemente, cuando soy consciente de esta condición, mi comunicación tiene que cambiar. No puedo abandonarme únicamente al mensaje y del resto lavarme las manos. Tengo que ser más consciente de que el otro existe y de que va recibir la totalidad de mi comunicación. Y si hago consciente la existencia del otro, éste se siente integrado.

---

27 Se estima que solo el 7% de la información se atribuye a palabras, mientras que el 55% es lenguaje corporal (gestos, expresiones, apariencia, mirada, posturas, etc.) y el 38% a la voz (entonación, resonancia, tono, etc.). Albert Mehrabian, profesor de la Universidad de California en Los Ángeles.

↳EJERCICIO:

• Observa tu comunicación laboral y examina hasta qué punto están integradas tus palabras, tu cuerpo y tu voz. Mira si incluyes tus emociones de una forma consciente. ¿Lo hacen contigo? ¿Te sientes integrado si lo hacen?

• Identifica los síntomas de un bajo sentido de pertenencia. Frases como: »Eso no me toca a mí», «Para eso no me contrataron», «No tengo por qué hacerlo»…, reflejan un nivel de pertenencia nulo.

• ¿Celebras los éxitos y logros de tu equipo incluso cuando hayan sido fruto de un desempeño individual?

(((-)))

Lo mejor de mí en el trabajo

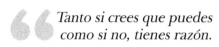 *Tanto si crees que puedes
como si no, tienes razón.*

HENRY FORD

«Creo en mi forma de hacer las cosas. Tengo talentos y destrezas que me hacen ser diferente a los demás y poder complementarme con mis compañeros de trabajo. Me merezco tener éxito en mis objetivos». Imagina que son estas las frases con las que te desayunas por la mañana. ¿Cambiaría algo tu jornada laboral? Imagino que sí, sin embargo, no estoy seguro de que sea este el discurso matutino. Y es posible que incluso sea el contrario.

↳**EJERCICIO**:

• Haz una lista de 10 talentos, virtudes, características que te hacen ser una persona singular y única. Una vez escritos, fíjate cuántos de ellos los consideras racionales y cuántos emocionales, mejor dicho, cuántos corresponden al hemisferio derecho y cuántos al izquierdo. ¿Qué has descubierto? ¿De qué te has dado cuenta? Es posible que pensaras de ti otra cosa diferente o que estuvieras acertado en tu forma de pensarte.

Ahora, contesta a estas preguntas:
—¿Cuántos de ellos usas en tu trabajo?
—¿Por cuáles te pagan?
—¿Cuántos de ellos usas en un entorno familiar y no laboral?
—¿Cuáles podrías comenzar a usar en tu día a día?

(((-)))

«Tengo éxito por como soy». Esta es otra frase que tampoco solemos pronunciar a lo largo del día y podría afectarnos de una forma positiva en nuestra disposición y actitudes laborales.

Según la *Pirámide neurológica* de Robert Dilts[28], las creencias están justo encima de las capacidades y por debajo de los valores. Nuestras creencias influyen directamente, como se puede ver en el dibujo, en nuestros comportamientos. Al mismo tiempo, lo que pienso de mis capacidades tiene que ver directamente con mi identidad que influye directamente también en mis comportamientos. Mi entorno me modifica en mis actitudes y hace que construya un mundo de creencias que se adapten a ese contexto.

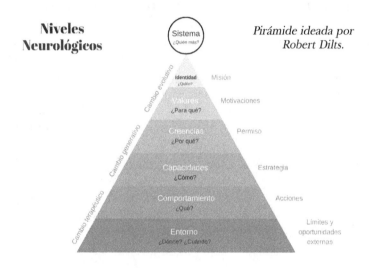

Niveles Neurológicos

Pirámide ideada por Robert Dilts.

Los niveles neurológicos en PNL (Programación Neurolingüística) son muy útiles para comprender el cambio en individuos o en grupos. También se les conoce como *los niveles lógicos de pensamiento*. Robert Dilts, basándose en los niveles neurológicos propuestos por el antropólogo Gregory Bateson, propone una forma de jerarquizar los comportamientos en seis niveles interrelacionados. La pirámide puede ser aplicada tanto a nivel individual como a una organización. Estos niveles se suelen representar en forma piramidal y guardan una relación jerarquizada entre sí, de manera que cada nivel contiene e influye a los inferiores, como hemos visto.

Las creencias son frases que hemos hecho verdades por diversos hechos: cultura, educación, hechos con una fuerte carga emo-

28 DILTS, Robert. *Coaching: Herramientas para el cambio.* Urano, 2004.

cional en la infancia, experiencias repetidas, o incluso traumas. Es una afirmación personal, llena de carga emocional, que consideramos verdadera. A través de nuestro sistema de creencias y valores damos significado y coherencia a nuestro modelo del mundo, al que estamos profundamente vinculados. Cuestionar una de nuestras creencias puede desestabilizar todo el sistema, al afectar a aquellas otras que se derivan o están relacionadas con ella. Esta es la razón por la que somos muy reacios, en muchas ocasiones, a modificar alguna de nuestras creencias.

Cuando una creencia se instala en nosotros de forma sólida y consistente, nuestra mente elimina o no tiene en cuenta las experiencias que no casan con ella. Según Eva Sandoval, «toda creencia se acaba convirtiendo en una supuesta y extendida *verdad* para quien la cree, aunque proceda de una programación errónea y normalmente infantil (…) están activas en el subconsciente y condicionan nuestros pensamientos y actos, definiendo nuestra realidad»[29].

Podemos discernir dos tipos de creencias, las limitantes y las potenciadoras. Las primeras, como su nombre indica, nos obligan a reducir nuestro campo de acción, no nos permiten llegar a ser quienes soñamos algún día convertirnos. Las segundas son las positivas, las que nos impulsan a romper barreras y a crecer como personas.

↳EJERCICIO:

• Haz una lista de creencias que tienes sobre ti y el trabajo. Por ejemplo: «Todo se consigue con esfuerzo», «A ser jefe se llega poniendo zancadillas», «Puedo llegar a mis metas o sé liderar con resolución…».

Divide las potenciadoras de las limitantes y con estas segundas, conviértelas en positivo. Observa qué te sucede cuando lo escribes. Por ejemplo: «Si triunfo no me van a querer», por «Si triunfo, me querrán igual que antes». O: «Nada se consigue sin esfuerzo», por «Algunas cosas se consiguen con esfuerzo».

(((-)))

---

29 SANDOVAL, Eva. *¿Y tú qué crees?* Urano, 2015.

> *Lo que consigues con el logro de tus metas*
> *no es tan importante como en lo que*
> *te conviertes con el logro de tus metas.*
>
> HENRY DAVID THOREAU

Ahora, ¿qué quieres modificar en tu trabajo? Posiblemente el listado que has elaborado del ejercicio anterior sea próximo a este:

1. Esto es muy difícil, no lo puedo hacer.
2. Valgo menos que los demás.
3. La gente consigue sus logros por suerte. El esfuerzo no merece la pena.
4. Nada se consigue sin esfuerzo.
5. Los demás van a lo suyo.
6. No puedo contar con los demás.
7. No sirvo para nada.
8. Tengo que ser el primero, el mejor.
9. Las emociones hay que esconderlas, como las ideas.
10. Subir en esta empresa se consigue poniendo zancadillas.

Nuestra sociedad ha creado el modelo de la competición como algo válido y que merece la pena copiar. En las escuelas se imprime y se imita, tanto en los deportes como en los exámenes. Somos juzgados como si de algo positivo se tratara por compañeros y educadores. Al final de los primeros años de aprendizaje, ya nos juzgamos a nosotros mismos de continuo creyendo que es así como se consiguen las cosas.

Ahora vuelve atrás y reflexiona sobre cuán auténtico eres en el trabajo, cuánto te lo permites. Respecto al primer ejercicio, cuántos de tus talentos te gustaría mostrar en tu trabajo a partir de ahora. Quizá ya lo estés haciendo, y si es así, felicidades, ¿puedes incrementar esa virtud un poco más? O incluso ¿sumarla con otra que esté más desfavorecida? Imagino que puedes sentir miedo por comenzar a hacerlo si no la has enseñado anteriormente, y también lo puedes hacer poco a poco, no hay prisa. Lo importante es que vayas ganando seguridad y confianza en ti mismo para pasar a la siguiente fase.

(((-)))

Las relaciones jerárquicas

> *Si no puedes trabajar con amor sino solo con desgana, mejor será que abandones el trabajo y te sientes a la puerta del templo a recibir limosna de los que trabajan con alegría.*
>
> KHALIL GIBRAN

En muchas ocasiones escucho a los trabajadores de una empresa decir que les encantaría seducir a sus jefes y que a sus subordinados ya los tienen *en el bote*. Luego les miro a los ojos y compruebo lo que ya había supuesto, su falta de amor.

¿Amor en el trabajo? Y ¿por qué no? Si es donde paso más horas al día. No puedo pretender que después de trabajar vaya a sacar todo el amor que no he mostrado durante las ocho horas laborales.

Independientemente de las muchas simpatías y antipatías que podamos vivir en nuestro día a día, es necesario desarrollar las diferentes habilidades que hemos expuesto en los capítulos anteriores. Estas son la autoestima, la confianza, la empatía, asertividad y la conexión para lograr un sentido de pertenencia y poder llegar a ese ser seductor que anhelamos. Ahora, en este ámbito, existe también un tipo de relación jerárquica y eso agrada o molesta, dependiendo de la persona y del puesto que ocupe.

Hay personas que acceden con gusto a ser mandadas, a estar en un plano cómodo, sin responsabilidades laborales más allá de las que su puesto compete. Hoy ese tipo de personas solo perviven en un ámbito autoritario, poco flexible y de clara definición jerárquica. Sin embargo, parece que ese escenario tiende a desaparecer, que las empresas están tendiendo a trabajar por objetivos, de forma transversal, no lineal. El que ayer dirigía un equipo, hoy puede ser un miembro más, liderado por alguien nuevo. Incluso el trabajo ya no tiene que ser completamente realizado en la sede laboral, sino que pude ser desarrollado en casa. En este nuevo panorama, la responsabilidad aumenta y se necesita una buena dosis de seguridad en uno mismo y unas buenas dotes comunicativas. Es decir, necesitamos convencer a los demás de nuestros proyectos e ideas y para ello necesitamos estar convencidos nosotros mismos. En este escenario no funciona el *obedezco y mando*, ese liderazgo autoritario desaparece para dejar paso a una colaboración más humana. Y ahí es donde mis dotes de seducción hacen su aparición.

Los recursos ya están enumerados: un conocimiento de mí mismo y de los demás más profundo que un simple *buenos días*, una actitud positiva respecto al trabajo y hacia los demás y una mirada desprovista de juicios y, sobre todo, cálida.

Aquí es donde entra el *ama lo que haces* y yo añado, *ama con quién lo haces*. Y si no es posible, acepta su diferencia, y mira vuestra complementariedad para realizar un proyecto o conseguir una meta común.

↳EJERCICIO:

• ¿Qué sientes y piensas de tus jefes o superiores?

Haz un listado de todo lo que te venga a la mente. En primer lugar, escribe el nombre de la persona y qué emoción primaria (alegría, enfado, tristeza, asco o miedo) sientes en tu cuerpo. Para ello cierra los ojos y visualiza a cada uno de ellos.

Después escríbelo y al lado pon qué tipo de pensamientos tienes. Una vez hecho esto, (recuerda que emoción más pensamiento es igual a sentimiento), que sentimiento se deriva de esta suma.

Finalmente, observa si quieres cambiar tus pensamientos, en el caso de que sean inconvenientes para ti y la relación.

• Escribe qué sientes ante un nuevo reto laboral. ¿Miedo, enfado, tristeza o alegría? ¿Depende de con quién lo vayas a realizar? ¿Qué clase de sentimientos desarrollas: queja, frustración, estrés, resignación, entusiasmo o superación?

(((~)))

> **6 6** *El genio comienza las grandes obras,*
> *pero solo el trabajo las acaba.*

JOSEPH JOUBERT

Hace diez años comencé a impartir formación en empresas y está siendo una experiencia enriquecedora que no tiene fin, ya que los retos son cada vez mayores. Durante este periplo de mi vida, la primera sorpresa que me llevé fue cuando escuché de boca de los directivos y empleados (no todos, por supuesto) que era frecuente no llegar a los objetivos en los plazos previstos.

Yo, que provengo del mundo del teatro, aún me cuesta entender que no se llegue a cumplir los plazos. En mi antigua profesión *siempre* se llega al estreno. No se sabe cómo, pero hacemos lo indecible para estrenar en la fecha prevista. Cierto es que existen los accidentes y que en ocasiones hay que retrasar la presentación del espectáculo ante el público, y aún así, he podido vivir experiencias que explican que en esa profesión existe un *algo*, un espíritu de camaradería, de cooperación, que en muchas ocasiones trasciende los límites que creemos tener cuando nos miramos en el ambiente laboral.

Además de los costes derivados de no cumplir con los plazos por un retraso, en una producción teatral existe en cada uno de los miembros de la compañía, ya sean actores o técnicos, una voluntad y motivación fuertes para que se pueda levantar el telón en la fecha prevista. Independientemente de que el dinero sea de un productor privado, de una subvención o de la cooperativa. Es cierto que si no se abre la taquilla se corre el riesgo de no cobrar por esos días donde las puertas del teatro se encuentran cerradas. Aún así, recuerdo que en una producción del año 1983 donde los actores cobrábamos a taquilla en un teatro de 250 butacas que rara vez se llenaba, una compañera actriz subió a hacer reír al público después de haber enterrado a su madre por la mañana. Por supuesto, todos estábamos con la tristeza en nuestro corazón y ella con su dolor. Con todo, armada de coraje, permitió que el telón subiera aquella noche. No creo que fuera solo el salario o las ganas de distracción lo que le hizo trabajar, (el resto de la compañía le aseguramos que queríamos cancelar la función), sino que vio su parte de responsabilidad sobre el producto y sintió algo así como un fuerte compañerismo o camaradería.

He asistido en varias ocasiones a situaciones terribles y terroríficas donde el vestuario no estaba listo para los ensayos generales (unos días antes del estreno, como muy tarde la noche anterior) y en una de ellas, hasta el equipo de confección nos abandonó, con el diseñador incluido, dos días antes de estrenar. Aún hoy recuerdo con alegría y añoranza la noche que, casi sin dormir, pasamos todos los actores y actrices en los camerinos terminando todo, es decir, cogiendo hilo, aguja, pintura o echando una mano donde fuera necesario. Cuando nos vestimos esos trajes ya eran más profundamente nuestros que si nos los hubiera realizado un Jean Paul Gaultier o un David Delfín. Nuestro sentimiento de pertenencia a la producción de esa obra aumentó sobremanera. Ya era íntimamente más nuestra.

Ante este tipo de situaciones, que se han repetido durante mis tres décadas en el teatro, ya fuera profesional, universitario o aficionado, el resorte de la colaboración para conseguir llegar a tiempo siempre se activaba. Y eso independientemente de que hubiera una buena relación entre los equipos o entre las personas. Ese *tenemos que llegar al estreno* es algo así como la famosa frase *el espectáculo tiene que continuar*, y funciona como algo que se siente en todo el cuerpo. Por supuesto, también en esta profesión existen las desavenencias, el sentimiento de injusticia laboral, la jerarquización de los estratos: por ejemplo, hay *divos* que no se comunican con los técnicos o el personal de sala; en los autobuses de las giras las *primeras figuras* tenían el asiento más próximo al conductor y, como en la mayor parte de los trabajos, hay quejas sobre el sueldo... Y no sé cómo, en esos momentos críticos donde *hay que llegar*, el compañerismo emerge, la cooperación surge sin que nadie lo ordene, desaparecen los egos inflamados y la obra se estrena. La colaboración real entre profesionales permite que se consigan los objetivos, y el liderazgo del *ordeno y mando* desaparece tras un autoliderazgo que nos guía por un fin común.

Es posible que, a estos trabajadores que son especialistas en comunicar emociones, sentimientos y pensamientos, les sea más fácil tener puntos en común para conseguirlo, ya que la confianza es una herramienta fundamental para poder subirse a un escenario. Su propia confianza y la que depositan en los demás. La camaradería que deviene de este tipo de trabajo no es muy usual y, sin llegar a tener que ser amigos, permite que los objetivos del productor o el director lleguen a ser propios, de todos y cada uno de los miembros de una compañía.

Sí, en el mundo del teatro, la integración y la pertenencia es algo que surge desde todos los ángulos del equipo y en todos los estratos de la pirámide. La alianza entre todos se escribe en el momento que se comienza a trabajar. Sin lugar a duda. Se consigue gracias a la voluntad de dar lo mejor de cada uno.

Estas actitudes y comportamientos son algo que se puede y se tiene que exportar al mundo empresarial para conseguir *llegar a cumplir los plazos* de una forma más humana. Resumiendo, teniendo en cuenta los objetivos comunes e incluyendo a los demás en nuestras relaciones.

↳EJERCICIO:

• ¿Qué haces tú para llegar a cumplir los plazos de tus objetivos? ¿Crees que involucrándote más te sentirías diferente? ¿De qué forma? ¿Crees que puedes llegar a amar lo que haces?

(((–)))

Para convertirte en el seductor que deseas revisa tus creencias sobre el trabajo y los demás elementos de los que hemos hablado y recuerda que solo tú puedes convertir esas horas del día en un lugar placentero y armonioso gracias a tu capacidad de conexión contigo mismo y los demás. Ahora está en tus manos.

6
La seducción
en la búsqueda de pareja

> *El amor es un arte igual que el de vivir, por lo cual si queremos adquirir la capacidad de amar debemos hacerlo de igual manera que para aprender cualquier otro arte, como la música, la pintura, etc.*
>
> ERICH FROMM

ANTA EDUCACIÓN SENTIMENTAL, A TRAVÉS DEL CINE y de la televisión, ha hecho creer que el amor es algo indefinido que llega como una fuerza poderosa con la persona ideal en el momento menos esperado. ¡Qué alejada queda esta creencia de la cita de Fromm! Posiblemente incluso sea lo contrario, que el amor llegue suavemente, con la persona que vamos necesitando a cada paso de la vida y en el momento en que lo deseamos. Esto es más parecido al amor bien entendido, y el primero sería el amor romántico de Hollywood, la antiguamente llamada *fábrica de sueños*.

El *seductor amoroso* tiene los pies en la tierra, porque se conoce, y sabe que los sueños sirven para caminar más lejos y conseguir sus metas trabajadas, día a día, gracias a sus capacidades, a la constancia y al desarrollo de nuevas habilidades, que le permiten alcanzar el éxito. Por todo ello, el amor llega gracias a su autovaloración positiva y a sus deseos de vivir una vida plena. Y esa forma de amar, como expone este libro, también se aprende.

No nos preparan para las despedidas, no nos enseñan a aceptar a los demás, ni hay escuelas para aprender a amar. Como dijo Chavela Vargas: «El amor es un paso. El adiós es otro… y ambos deben ser firmes, nada es para siempre en la vida». En mi vida fui creyendo que aprendía estas cosas de la mejor forma, es decir, viviéndolas con la propia experiencia. Sin embargo, ello no me hacía ser más habilidoso, es más, por muchas experiencias que tuviera, siempre permanecía en el mismo lugar, no avanzaba y volvía a caer en la misma piedra. Ahora sé que la habilidad de saber despedirme de las personas y saber recibirlas en mi vida se puede adquirir mediante un conocimiento profundo de mí mismo. Al igual que he aprendido a comunicarme de una forma asertiva y empática con los demás, también he ido aprendiendo otras destrezas, por ejemplo, a montar en bicicleta a los cincuenta y un años y a nadar a los cincuenta y cuatro, y aún me queda mucho más por aprender. Aprender a amar comencé a hacerlo a los cuarenta y cinco años y aún sigo en la escuela.

Los griegos tenían una palabra, *tekné*, de la que deriva *técnica*. Para ellos esa palabra significaba lo que hoy está dividido: técnica y arte. Nosotros lo diferenciamos y, sin embargo, no hay arte sin técnica, ningún artista llega a serlo sin perfeccionar su técnica. En el amor sucede lo mismo, queremos alcanzarlo sin haber entendido sus reglas, solo con el sentimiento. Para mí ese es uno de los errores que cometemos a la hora de encontrarnos con una pareja, que no usamos nuestra parte intelectual o racional.

La *tekné* es lo que llamaban en Grecia el *arte de la vida*, y en ese arte existía un proceso de aprendizaje donde parte fundamental era el aforismo, «Conócete a ti mismo». Sin este conocimiento no podrías pasar a otros, ni siquiera al del amor, como veremos más adelante.

Uno de los fundamentos de este aprendizaje amoroso es la famosa frase: «No puedo amar a los demás hasta que no me ame a mí mismo». Letanía que se repite una y otra vez en debates y redes sociales, sin que termine de calar del todo en las personas por los motivos que hemos ido viendo en capítulos anteriores. La primera parte de este volumen se ha dedicado a ello y si has conseguido aumentar tu poder personal, podrás ver, como me ocurrió a mí, que el amor hacia los otros es algo diferente a lo que nos deja entender el romanticismo o la cultura popular.

El encuentro amoroso se tiene que producir en unos parámetros de equilibrio, entre mis necesidades y las del otro. Por ejemplo, si voy en busca de la pareja, creo que la he encontrado y corro hacia ella con los ojos vendados, es muy probable que lo que en realidad vaya buscando sea una *mamá* que satisfaga mis necesidades emocionales no resueltas. Es por ello muy importante que estas estén satisfechas con la parte de mí que se encarga de hacerlo, y no quererlas encontrar fuera de mí, en una pareja. Del mismo modo, el hecho de irnos al otro extremo, el no querer entregarnos a la relación de pareja, un "yo me lo guiso y yo me lo como", nos convierte en personas independientes pero desconectadas del amor. Louise Hay, autora de *Usted puede sanar su vida* y *El poder está dentro de ti*, afirma que, debido a nuestra falta de autoestima, buscamos en nuestro compañero sentimental el cariño, el aprecio, el reconocimiento y el apoyo que no nos damos a nosotros mismos.

No es fácil dar lo que no tenemos, y si una persona no se tiene amor hacia sí misma, penosamente podrá darlo a los demás. Podrá creer que está amando a los demás, sin embargo, estará cayendo continuamente en la manipulación, las exigencias y los chantajes emocionales. Cuando no hemos aprendido a amarnos buscamos este amor fuera de nosotros, en las demás personas, haciendo que nuestro valor sea dependiente de cómo nos tratan o valoran los demás. De esa forma quedamos totalmente expuestos a los miedos del abandono o del rechazo.

↳EJERCICIO:

- ¿Recuerdas cómo has acudido al encuentro de tu/tus pareja/s? Haz una visualización sobre cada una de ellas y fíjate si emocional, o incluso físicamente, has corrido hacia ellas, o si ha sido al contrario. ¿Qué tipo de relación se construyó derivada de esa forma de encuentro?

(((-)))

Nasrudin conversaba con un amigo.

—Entonces, ¿nunca pensaste en casarte?

—Sí, pensé –respondió Nasrudin–. En mi juventud resolví buscar a la mujer perfecta. Crucé el desierto, llegué a Damasco y conocí a una mujer muy espiritual y linda; pero ella no sabía nada de las cosas de este mundo.

Continué viajando y fui a Isfahán; allí encontré a una mujer que conocía el reino de la materia y el del espíritu, pero no era bonita. Entonces resolví ir hasta El Cairo, donde cené en la casa de una moza bonita, religiosa y conocedora de la realidad material.

—¿Y por qué no te casaste con ella?

—¡Ah, compañero mío! Lamentablemente ella también quería un hombre perfecto.

(((-)))

¿Cuál es tu objetivo? ¿Buscar o encontrar pareja? O mejor aún, ¿estar preparado para un encuentro con una pareja?

Y ahora, ¿voy a buscar pareja o la voy a encontrar? ¿Cómo se dice correctamente? ¿Qué tengo que hacer? Si voy a buscarla, ¿dónde indago? Si me la voy a encontrar, ¿qué hay que hacer para que suceda? ¿cómo hay que ir vestido? Todo esto ocurre en nuestra mente, mientras la vida va pasando. Desafortunadamente en muchas ocasiones, también todo esto se queda en un propósito que no pasa a la acción.

A muchas personas no les gusta el *mercado de la carne* que existe en los bares y discotecas porque creen que las personas que allí acuden solo buscan sexo. ¿Todas? Es posible que también haya personas como tú que, por casualidad, hayan ido a acompañar a alguien o porque no tenían nada mejor que hacer esa noche y hayan descubierto alguna novedad. Es posible que cualquier encuentro fortuito, o incluso acudir a un lugar, por ejemplo, una cena que te resultaba un incordio, te presente la oportunidad de conocer a una persona adecuada para ti en este momento de tu vida. ¿Tú qué sabes? ¿Cómo puedes estar previendo todo en tu mente? ¿Cómo tanto miedo y necesidad de control te puede alejar de un encuentro "casual"?

Antes hacer que no hacer, por supuesto. La historia de los grandes amantes, tanto los exitosos como los trágicos, está repleta de personas que se dedicaron a actuar en su vida.

Claro que puede existir un temor, un miedo al dolor de sentir otra vez la pérdida, a ese *que no me hagan daño de nuevo*, que me impide actuar. Muchas personas tuvieron una experiencia dolorosa en su juventud o más adelante en su vida, un desengaño amoroso, o una separación dolorosa, y han decidido que ya no más. Han cortado toda posibilidad al vivir desde la experiencia y el aprendizaje. Como hemos visto, los sentimientos se crean desde la mente. Ante un hecho, cualquiera de nosotros le ponemos el color que posee nuestra percepción del mundo; de aquí el hecho de mantener creencias limitantes derivadas de un único suceso. Como ya sabemos, depende de nuestro pensamiento que una emoción se convierta en sentimiento prolongado. Las emociones duran segundos y los sentimientos pueden durar toda una vida. Ante una separación o un dolor vivido con la relación de pareja, solo hace falta que fomente con mis pensamientos la tristeza de la separación y lo convierta en el sentimiento de pérdida que solo yo hago prolongado.

Ante las separaciones conviene hacer el duelo correspondiente y asumir que hemos perdido a una persona, querida o no. Que hemos pasado de un tipo de relación a otro. Nada permanece. Hoy vivimos muchos años más que nuestros antepasados y podemos mantener más relaciones que en las épocas anteriores.

Si nuestra mente y el bagaje sentimental adquirido nos incita a ver el mundo como un cuento de hadas, también estamos cometiendo otro error. Este tipo de mapa mental dice que tenemos que compartir toda nuestra vida con una sola persona: la media naranja. Pues no, lo lamento, hoy no hay media naranja, ni es para toda la vida. Estos conceptos vienen del pasado, de una organización social anterior… y de que la vida hace cien años era mucho más corta que ahora.

El origen del mito de la media naranja se encuentra en Platón y su obra *El banquete*. En ella explica cómo, al principio, la raza humana era casi perfecta: «Todos los humanos tenían formas redondas, la espalda y los costados colocados en círculo, cuatro brazos, cuatro piernas, dos fisonomías unidas a un cuello circular y perfectamente semejantes, una sola cabeza, que reunía estos dos semblantes opuestos entre sí, dos orejas, dos órganos de la generación, y todo lo demás en esta misma proporción». Su vanidad les llevó a enfrentarse a los dioses creyéndose semejantes a ellos. Ante aquella insolencia, Júpiter, que no quería reducir a la nada a las personas, encontró la solución, un medio de conservarlos y disminuir sus fuerzas: separarlos en dos. Zeus los castigó partiéndolos por la mitad con el rayo, y ordenó a Hermes que a cada uno le atara la carne sobrante en torno al ombligo. Ya repuestos, los seres andaban tristes buscando siempre a su otra mitad, y si alguna vez llegaban a encontrarse con ella, se enlazaban con sus brazos hasta dejarse morir de inanición. Zeus, compadecido por la estirpe humana, ordenó a Hermes que les girase la cara hacia el mismo lado donde tenían el sexo, de este modo, cada vez que uno de estos seres encontrara a su otra mitad, de esa unión pudiera obtener placer. Desde entonces, los seres humanos nos vemos condenados a buscar entre nuestros semejantes a nuestra media naranja, con la que unirnos en abrazos que nos hagan más completos. O esto es lo que aún creemos dos mil quinientos años después. Aún pensamos que necesitamos estar completos aunque, como cuenta la leyenda, muramos de inanición.

↳EJERCICIO:

• Obsérvate y escribe cuántas de tus relaciones están basadas en el mito de la media naranja. ¿Qué sientes ahora que lo ves en el papel? ¿Añoranza, crítica hacia ti mismo, alegría?

Cuando creemos en la media naranja, creemos en la perfección de encontrar a alguien que está hecho para estar con nosotros, creemos en una relación donde todo encaja.

(((-)))

Érase una mujer conocida por su perfección. Un día decidió que ya era tiempo de casarse y como era un ser tan perfecto, pensó que se merecía al hombre más perfecto. A todos los hombres que conocía los descartaba por ser demasiado altos o demasiado bajos, demasiado listos o demasiado tontos, demasiado fuertes o demasiado débiles... Así fueron pasando los años y cuando la mujer pareció encontrar a su hombre perfecto, éste la rechazó porque ella era demasiado vieja.

(((–)))

No tiene sentido exigirnos perfección en todo lo que hacemos si a costa de esto nos privamos de disfrutar de la vida.

El gran error que esconde el mito de la media naranja es el de considerarnos seres incompletos que solo podemos encontrar la plenitud al encontrar el verdadero amor, si no lo conseguimos, seremos infelices. Lo que quiero decir es que nuestra vida funciona al revés, necesitamos un *seductor amoroso* con anterioridad a la pareja, un estado de felicidad y de paz para poder encontrarnos con los demás, incluida esa pareja. Las personas somos felices independientemente de si tenemos pareja o no. Todos somos personas completas a las que no les falta ningún trozo, ni mucho menos una mitad. De hecho, para que una pareja funcione necesita que sus dos miembros sean personas completas, independientes y felices. Una pareja feliz está compuesta por dos personas que deciden estar juntas, no porque les falte nada, sino porque desean compartir su vida y su felicidad y los contratiempos que la vida les depare.

(((–)))

Cómo conseguir estar preparado

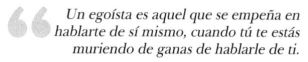

Un egoísta es aquel que se empeña en hablarte de sí mismo, cuando tú te estás muriendo de ganas de hablarle de ti.

JEAN COCTEAU

Estar preparado para el encuentro. Crees que necesitarás de un cuidado exterior, ¿verdad? ¿Y el interior? Para mí, en el equilibrio está la virtud también, por lo que es importante lo expuesto anteriormente: encontrar un estado de paz interior y de atracción por ti mismo, de sana autoestima. Nada parecido a usar técnicas de seducción que nos lleven a convertirnos en narcisos, profesionales o no.

El *seductor narcisista* es metódico, busca en la otra persona una aprobación de sí mismo, es egocéntrico y carece de empatía. Son personas que se sienten el centro del universo, que se consideran especiales y únicas. Son las que tienen una alta autoestima narcisista o destructiva, es decir, que en el fondo la tienen muy baja y se escudan con una apariencia de superioridad. Tampoco reconocen los errores o sus propias limitaciones. Sus necesidades siempre son más importantes, sus deseos son su prioridad y hay que estar muy atento a ellos porque, de lo contrario, estallarán furiosamente. En definitiva, están más enamoradas de sí mismas que de sus parejas. Para conseguir sus fines, manipulan, e incluso pueden llegar a mostrarse vulnerables para alcanzarlos como parte de su estrategia. Algunas de sus afirmaciones internas son las de: «Qué suerte tienes de que yo sea tu pareja», para compensar sus debilidades internas o, «Si me criticas, no me amas». Los narcisistas odian a la gente asertiva, simplemente porque dicen honestamente lo que piensan y no se dejan manipular. Este hecho explica por qué sus parejas tienden a ser personas sumisas que evitan contrariarlas en cualquier sentido. Como puedes observar, muy a menudo traspasan ciertos límites y se convierten en personas abusadoras y violentas.

Este tipo de personas pueden serlo porque la propia vida les ha conducido a ello, como sabemos, en ocasiones, la educación machista, el ambiente social, y un sinfín de elementos les han convertido en este *yo*, egoísta. Existe otra posibilidad de construir una personalidad próxima a esta que es asistiendo a cursos y talleres de seducción, como expuse en otro capítulo. Las estrategias que se suelen emplear en este tipo de formaciones están basadas en la manipulación, no en la honestidad o el amor.

Si quiero encontrar pareja usando artimañas, argucias, técnicas, o mostrando solo lo mejor de mí mismo (¡que vaya usted a saber si sabemos lo que es!), encontraremos algo similar en la otra persona: artificios, astucias, apariencias y ardides. Cuando lo que mostramos al otro es una apariencia bonita, incluso atractiva, fruto de la artificiosidad, es como si de un globo que se deshincha se tratara: muy bello cuando se compra en la tienda y al día siguiente deshinchado y arrugado.

Al contrario de lo que ofrecen los métodos de seducción, dice Lipovetsky que «la seducción no funciona con el misterio, funciona con la información, con el *feedback*, con la iluminación de lo social a la manera de un *strip-tease* integral y generalizado»[30]. Aunque el sociólogo hable sobre la sociedad postmoderna, me gusta esta cita porque la podemos aplicar a un nuevo comportamiento social, a convertirnos en *seductores modernos*.

La época de lo oculto se ha acabado, ahora, en la era de la información donde cualquiera puede saber de ti por lo que publicas en las redes sociales, no puedes ser un *seductor misterioso*, se te descubre rápidamente. Hoy que se sabe mucho de comunicación no verbal y que los avances en inteligencia emocional están a la orden del día, no puedes ser un *seductor artificial* en la búsqueda de pareja. Ahora es el momento de mostrarnos, de mostrarte tal y como eres. De hacer un *strip-tease* de tu persona, de ser un exhibicionista de tu ser interior. Nada más paradójico que querer encontrar una pareja con la que compartir, convivir o incluso formar una familia, sin mos-

---

30 LIPOVETSKY, Gilles, *La era del vacío: ensayos sobre individualismo contemporáneo*. Anagrama, 1986.

trarte al completo. ¿A qué vas a esperar para mostrarte como eres? ¿A después de la boda, a cuando nazcan los hijos? Mejor ilumínate, como dice Lipovetsky, con lo mejor de ti mismo, convirtiéndote en un faro de luz atractivo para ti mismo y para los demás.

↳EJERCICIO:

• ¿Cuánto has ocultado de ti cuando llegaste al encuentro de una pareja? ¿Manipulaste alguna vez? ¿Qué conseguías engañando? ¿A quién engañabas, a ti o a la pareja?

Recuerda y escribe qué te callaste, que no dijiste o dijiste, que hiciste o no, para conquistar o simplemente agradar a la otra persona.

(((-)))

La necesidad y el deseo

> *La violencia se practica a plena luz del día*
> *mientras que para hacer el amor*
> *lo hacemos a escondidas.*
>
> JOHN LENNON

Hay una separación clara entre estos dos términos, aunque en ocasiones se confunden. Respecto a la pareja, ¿la necesitas o la deseas? Si te miras adentro te darás cuenta de que no es igual el efecto que producen en ti las diferentes respuestas.

Las necesidades se refieren a las cosas que son esenciales para la supervivencia de cada uno. Son elementos imprescindibles sin los cuales o bien no podríamos vivir o tendríamos una pésima calidad de vida. Algunas de las cosas que pagamos son necesarias para vivir, por ejemplo, la vivienda, la comida y la ropa. Dependiendo de la etapa de la vida en la que nos encontramos, van apareciendo distintas necesidades. Sin embargo, no todos los gastos que hacemos a diario satisfacen una necesidad. Comer todos los días en un restaurante es más un deseo que una necesidad. Por principio las necesidades no se crean, existen. Lo que se crea o fomenta es el deseo.

La *Pirámide de Maslow* es una teoría psicológica que indaga acerca de la motivación humana. Según Abraham Maslow, un psicólogo humanista, nuestras acciones están motivadas para cubrir ciertas necesidades. Es decir, que existe una jerarquía de las necesidades humanas, y defiende que conforme se satisfacen las necesidades más básicas, los seres humanos desarrollamos necesidades y deseos más elevados. Maslow representa a las necesidades de la siguiente manera: fisiológicas, seguridad, pertenencia, estima y autorrealización. En ese orden jerárquico, Maslow representa las que, según él, son las cinco necesidades de los seres humanos.

Entre las fisiológicas se encuentra el sexo y entre las sociales, la necesidad de afecto y de amor. Según esta pirámide, hasta que no se sacien mis primeras necesidades no podré subir de nivel para alcanzar las siguientes. Es decir, que si no tengo satisfechas mis necesidades fisiológicas no puedo alcanzar las de seguridad y las sociales. ¿Si no tengo cubiertas mis necesidades sexuales no puedo ir a mis necesidades de estima o de relaciones? Curioso planteamiento que choca con muchos principios y morales.

La necesidad, en algún momento, se transforma en deseo y esto sucede cuando queremos cosas específicas para satisfacer la necesidad. Por ejemplo, cuando un individuo tiene hambre puede satisfacer esa necesidad comiendo cualquier cosa, pero es deseo cuando quiere comer una pizza en un restaurante italiano. Es decir, esta persona necesita comer, pero desea una pizza. Aquí tienes otro ejemplo: si ha pasado un mes desde que no haces el amor, lo necesitas, pero si quieres hacerlo con una estrella del cine, es deseo. Los deseos son cosas que no son esenciales para la vida, pero las necesidades sí lo son. Las necesidades se refieren a elementos sin los cuales no es posible la supervivencia o la calidad de vida, mientras que los deseos hacen referencia a cosas que queremos tener o alcanzar para sentirnos mejor.

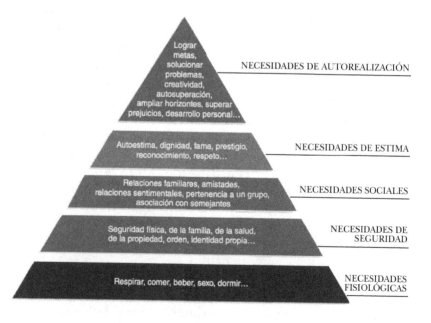

NECESIDADES DE AUTOREALIZACIÓN

Lograr metas, solucionar problemas, creatividad, autosuperación, ampliar horizontes, superar prejuicios, desarrollo personal...

NECESIDADES DE ESTIMA

Autoestima, dignidad, fama, prestigio, reconocimiento, respeto...

NECESIDADES SOCIALES

Relaciones familiares, amistades, relaciones sentimentales, pertenencia a un grupo, asociación con semejantes

NECESIDADES DE SEGURIDAD

Seguridad física, de la familia, de la salud, de la propiedad, orden, identidad propia...

NECESIDADES FISIOLÓGICAS

Respirar, comer, beber, sexo, dormir...

En definitiva, puedes desear tener una pareja y puedes desear tener relaciones sexuales. Sin embargo no te afectan de la misma forma, ya que las segundas son primordiales en nuestra escala de prioridades. ¿Y cuántas veces el planteamiento contrario te ha llevado a no satisfacer tu sexualidad en primer lugar, a postergarlo por motivos de creencias? ¿Y cuántas veces este planteamiento te ha limitado a la hora de cruzarte con una posible pareja?

↳**EJERCICIO:**

• Contesta a esta pregunta: ¿Necesitas o deseas tener sexo?

(((-)))

El sexo como camino

> *El amor es la respuesta, pero mientras la esperas, el sexo te plantea unas cuantas preguntas.*
>
> WOODY ALLEN

Insistiendo en el matiz positivo de la acción seductora, existen estudios que llegan a afirmar que en la evolución biológica de los humanos el instinto reproductor ha llevado acompañado un potente instinto seductor para prolongar la especie, trabajando un atractivo desarrollo de nuestros cuerpos, tal y como los conocemos en su proceso desde hace unos tres mil millones de años. Por lo que el sexo ocupa un lugar predominante.

Nuestra cultura judeocristiana nos deja posos de culpa y de pecado en lo referente a la sexualidad. En España la prohibición, explícita e implícita, de usar el propio cuerpo para obtener satisfacción es muy larga y duradera en el tiempo. Todo ello ha contribuido a que rechacemos el sexo como camino para encontrar pareja. Aunque antes de pensar en ir a por la pareja, es mejor comenzar por uno mismo, una vez más.

Aunque te parezca extraño, seducirte a ti mismo también es el primer requisito para conseguir una sexualidad honesta, activa y placentera.

Teóricamente sabemos muchas cosas, las definimos, las analizamos, y, sin embargo, no encontramos soluciones a nuestras necesidades más allá de las que nuestra mente nos dicta. En pocas ocasiones nos dejamos llevar por las emociones o el impulso intuitivo para resolver dilemas o actuar en nuestro beneficio. El resultado es que, por desgracia, no llegamos a movernos hacia ninguna dirección, ya que la lógica de nuestros pensamientos brilla por su ausencia en las situaciones de bloqueo. Como muchas otras, la seducción es una acción que integra tu cuerpo y tus emociones con tus pensamientos. Como hemos ido viendo a lo largo de estas páginas, ya sabes que *si no te quieres a ti mismo no puedes querer a los demás*, ¿cierto? Entonces, ¿qué estás haciendo para quererte? ¿Lo piensas o te pones en movimiento para realizarlo? ¿Te quieres a través de tus pensamientos o lo haces gracias a tus acciones? Quizá ya hayas comenzado este camino y te estés queriendo y, desde ese amor, estés generando ya ese otro amor generoso y tan diferente al necesitado... O quizá te encuentres aún en la teoría y no hayas pasado a la práctica.

Sea como sea, cualquier tipo de comunicación emocional comienza por nosotros mismos. Si no me cuido, no puedo cuidar a los demás, y únicamente les estaré dando lo que yo en el fondo necesito. Además, se lo entregaré de una forma extraña porque no estaré atendiendo a sus necesidades, solo a las mías. Incluso, mi mente me puede jugar una mala pasada y convertir mi necesidad primaria en un deseo inalcanzable. Una necesidad social, según Maslow, es la aceptación. Sin embargo, si no me acepto a mí mismo, ¿cómo voy a ser aceptado por los otros? ¿Y cómo voy a aceptar a los demás? Si no me miro con buenos ojos, si no celebro mis éxitos conmigo mismo primero, si no acepto mis pérdidas o mis miedos... ¿cómo lo voy a hacer con los demás? Con lo cual subimos un peldaño y atendemos las necesidades de estima en primer lugar.

Por todo ello, si no me seduzco a mí mismo, ¿cómo voy a seducir a los demás? Y por último, si no trato a mi cuerpo con placer, si no le doy placer, ¿cómo lo voy a hacer con mi pareja o en cualquier encuentro sexual esporádico? ¿Lo ves posible? Así que, todo intercambio con los demás comienza por nosotros mismos, incluida la seducción.

Entonces, ¿cómo te ves? ¿cómo te calificas? ¿con qué palabras te juzgas? Cuando te miras a un espejo (recuerda el ejercicio del tema de la autoestima), ¿ya te miras a los ojos? ¿durante cuánto tiempo? Si puedes mirarte a los ojos durante esos dos o tres minutos sintiéndote contigo mismo en paz, alegre, ya estás seducido por ti mismo. Cuando ves tu cuerpo en el espejo, ¿te gustas o llegas a pensar: «Qué asco»? ¿Disfrutas de esa imagen? ¿Sientes el placer de tener un cuerpo que está vivo y que puede disfrutar de sí mismo y también de los cuerpos de los demás? Si estás cerca de querer a tu cuerpo ya eres un seductor de ti mismo. Cuando piensas en masturbarte, ¿sientes culpa o placer? ¿Ese deseo nace del bienestar, de la

dicha? Si buscas momentos de alegría para disfrutar de tu intimidad a solas, estás seducido por ti mismo. Cuando te tocas
buscando el placer que tu cuerpo necesita, ¿te ocultas de ti
mismo? Si sigues sintiendo alegría, tanta que te dan ganas de
publicarlo en las redes sociales, eres un verdadero seductor de
ti mismo.

El sexo es la mejor de las formas de darnos cuenta de cómo
nos comunicamos con nosotros mismos y con los demás. Por
ejemplo, si soy honesto conmigo mismo seré honesto con mi
sexualidad. Si me sé reír de mí mismo podré reír en la cama.
Si conozco mi esencia y me encuentro cerca de ella, podré
compartirla con los que comparta mi cama.

Esto último no tiene que ver con los diferentes tipos de sexualidad que cada uno tenemos, ni con nuestros deseos y apetencias sexuales (que van cambiando con la edad), ni con encajar sexualmente con las otras personas. *Para gustos, los
colores*, dice el refrán popular, y aquí sucede lo mismo. Para
tener una sana sexualidad hay que conocerse bien y saberlo
comunicar. Luego coincidiremos o no, y esa es otra historia.
Ahora lo fundamental es la comunicación de la necesidad y
también del deseo.

El deseo que emerge del posible encuentro sexual con *el
otro*, ¿nace del apetito de darme placer a mí mismo? ¿Surge
de la intención de darle placer al otro? Es probable que crea,
especialmente por estas latitudes, que al acostarme con alguien me esté procurando mi propio goce. Sin embargo, lo
que realmente ocurre es que me *descargo* y no llego al placer,
aunque pueda alcanzar los orgasmos. Descargarse emocionalmente a través del sexo es una práctica habitual y al hacerlo,
nos alejamos del placer.

El placer es placer, es abandono a mi propio instinto y al
del otro. Vivir esa clase de placer es diferente a lo que habitualmente entendemos como tener sexo. El sexo es la necesidad fisiológica. Este tipo de regocijo se consigue al sentirnos
equilibrados emocionalmente y no emplear el tiempo pensando en *el qué dirá* mi compañero o compañera de cama, o incluso pensar en *cómo sentir placer*. No, el sentimiento y el
pensamiento están alejados de este deleite. Para ello necesito
ser arriesgado con mi cuerpo, y situarme en el lugar donde el

darme goce suponga el primer paso y que el otro lo reciba, el segundo. Sin orden, no de una forma sistemática, sino dejándonos mecer por la comunicación de los cuerpos.

Este es un camino que te propongo para que estés preparado para un posible encuentro con la pareja. Es también un camino seductor porque nace de tu esencia, de tu luz.

↳EJERCICIO:

• ¿Cómo te relacionas con tu cuerpo? ¿Lo cuidas física, emocional, mental y sexualmente?

Escribe qué haces para conseguir estos cuatro objetivos. Luego, escribe qué podrías hacer para desarrollar la parte que menos cuidas.

• ¿Distingues en tu vida la necesidad fisiológica de tener sexo del deseo sexual? El primero es lo que he llamado *descarga*. El segundo es el encuentro con el placer.

• ¿Te permites tener sexo placentero contigo mismo? ¿Con los demás?

(((−)))

Encontrar-se

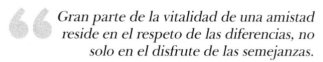

> *Gran parte de la vitalidad de una amistad reside en el respeto de las diferencias, no solo en el disfrute de las semejanzas.*
>
> JAMES FREDERICKS

Para muchas personas la cuestión de dónde encontrar alguien con quien congeniar resulta un suplicio. La oferta social, al parecer, no es muy amplia si la reducimos a bares y discotecas. A raíz de este malestar, han surgido los contactos por Internet con aplicaciones de todo tipo y también los encuentros dirigidos como es *speed-dating* o citas rápidas, en las que cambias de persona cada tres minutos para conversar con ella y ver si existe afinidad. En la España de 2016 existen dieciséis millones de solteros mayores de 20 años, según el Instituto Nacional de Estadística. «Nunca antes fue tan fácil conocer gente y, sin embargo, cada vez somos más solteros. Es curioso», señala uno de ellos.

Lo cierto es que hoy a las personas les supone un obstáculo conocer gente. Los motivos son muy variados y algunos los hemos ido nombrando en estas páginas. Uno de ellos es el miedo. El miedo a entablar conversación con un extraño es un común denominador para estas personas, especialmente en las grandes ciudades e inquieren: «¿Dónde me pongo a hablar, en el metro?». Yo les contesto que sí, que es un lugar tan bueno como otro. El metro, el supermercado, el cine, siempre que estén con gente, claro.

De nuevo, la mayor parte de las ocasiones, no lo hacemos por imaginar qué pensará la otra persona si nos ponemos a pedirle conversación… «Seguro que me mira mal....» Momento en el que dejamos de cuidarnos a nosotros. ¿Qué es lo peor que te puede ocurrir si alguien no desea hablar contigo? ¿Sentir el rechazo de los demás? Por supuesto. Sin embargo, la otra persona tiene el mismo derecho a ser asertiva que yo comunicativo, ¿lo crees así?

Como –habitualmente–, camino con mi coraza y mi yelmo, para acercarme a alguien necesito reconocer imperiosamente en esa persona las señales que me está enviando, para tener así la certeza de que desea entablar conversación y poder encontrar seguridad y, quizá, despojarme de mi armadura, ¿cierto? Pues no lo veo claro. De nuevo estoy dejando el poder en el otro y sin evidencia alguna de que este ardid especulativo me lleve a una seguridad que no he sabido crear antes por mí mismo.

Si bien es cierto que existen personas que, ante un encuentro con un desconocido que quiere hablar, tienen una respuesta un tanto agresiva, fruto de su temor, eso no significa que me tenga que amilanar por su comportamiento. Quizá no puedan aceptar el mío por diferentes motivos que no tienen que ver conmigo, es su vida y sus elecciones. Antes de sentirme herido, puedo utilizar mi empatía y entrar en la persona para comprenderla. De esa forma, también habré conectado y quién sabe si no es recíproco ese encuentro, aunque no sea el deseado.

↳EJERCICIO:

• Mira y saluda a las personas de forma afectuosa. Comienza con los tuyos, luego con gente conocida. Todo ello para practicar con desconocidos en un futuro con sonrisas o algo más.

(((~)))

> *Ante Dios, todos somos igualmente*
> *sabios, e igualmente insensatos.*

ALBERT EINSTEIN

Otro de los temores que nos alejan de los demás es la época de crisis que vivimos. Existe un reciente cambio radical en los roles sociales del hombre y de la mujer y este proceso de adaptación no está siendo ni fácil ni rápido. Es un momento en el que los géneros se sienten alejados y temerosos de los otros, ya que se ocupan espacios reservados y no se tienen recursos para el acercamiento entre ellos, desde el punto de vista social. Este hecho hace que nos separemos por miedo también a lo nuevo y lo desconocido. La educación recibida durante siglos no funciona y nos sentimos perdidos y sin referencias.

Cuando era joven (mediados de los años 70 del siglo pasado), muchos de los iconos que decoraban las paredes de nuestras habitaciones de adolescentes en forma de pósteres querían sustituir, por un lado, a los de la infancia, y por otro, a los de la sociedad patriarcal y autoritaria en la que aún vivíamos. Entre ellos se encontraban los mitos de algunos de los personajes representados por Humprey Bogart, fiel ideal del hombre duro y tierno a la vez, modelo que muchos de nosotros deseábamos imitar en la vida que se nos iba abriendo por completo con toda su fuerza. Luego aparecieron James Stewart, Cary Grant, y los antihéroes tipo Woody Allen. Entre unos y otros, algunos de esos jóvenes fuimos construyendo nuestra educación sentimental.

¿Sucedía lo mismo con las compañeras del género femenino? ¿Contemplaban a sus heroínas en los carteles de su habitación? Creo recordar que no, que no era así. Creo recordar que anhelaban lo mismo que lo que nosotros deseábamos ser, un hombre sensible y viril, por lo que el cartel de *Casablanca* era un lugar común dentro de este imaginario. Casi seguro que admiraban a alguna escritora o luchadora feminista, y que Simone de Beauvoir era el modelo a imitar. Pero desde luego no a Lauren Bacall o a Katherine Hepburn, porque ya lo eran o estaban en ciernes de serlo.

La vida fue pasando y, después de vivir intensamente muchas de las máscaras de mi personalidad, llegó el momento de darme cuenta de la inutilidad de seguirlas interpretando, al menos en el plano consciente. Para desmontar los atractivos fingidos, la falsa seguridad, diseñé el "Taller de Seducción", con el fin de conocernos más profundamente y llegar a ser los faros de luz amorosa que en el fondo somos, en lugar de personas acobardadas escondidas tras sus limitaciones. En uno de esos talleres, sus apasionados participantes me pidieron que lanzara una segunda parte y de ahí nació "Seducción 2.0". Hace poco lo rebauticé con el título de "La Magia de Elegirte".

Y elegir ¿qué? Para comenzar, a no reducirnos a ser de una sola pieza, a dejar de caminar por nuestra zona de confort como única vía en la vida, a no ser tan moral, tan dual, sino a comenzar a elegir ser más ricos, más extensos e ir incorporando en nuestro día a día algo que es tan nuestro como nuestras energías masculina/femenina. Esto es lo que también podemos elegir para poder ser ese seductor anhelado.

En nuestra tradición, especialmente en este país, se nos inculca que el hombre debe ser activo, dominante, agresivo, actuar en la esfera pública y reprimir sus tendencias femeninas, su *emocionabilidad* y que la mujer debe ser pasiva, sumisa, tierna, actuar en la esfera privada y reprimir sus tendencias masculinas. Pero no nos han enseñado a reconocer, a valorar, a desarrollar, ni a usar, lo que de ambas polaridades tenemos en cada uno de nosotros. Al recibir esta educación desde la cuna, y repetida millones de veces en nuestro desarrollo, las mujeres y los hombres entramos en un proceso de identificación, y la polaridad (que ambos sexos poseemos) se convierte en dualidad que nos lleva a vivir la experiencia del encuentro con el otro como un enfrentamiento de dominio y desigualdad. Nos reducimos, no ampliamos, no crecemos.

A lo largo de la historia, diferentes teorías han tratado de explicar la dualidad femenino/masculino presente en todo ser humano: desde el *yin* y el *yang* de la medicina tradicional china, hasta la teoría de la especialización de los hemisferios cerebrales. Según algunas, la parte superior del cerebro humano está dividida en dos hemisferios a los que la ciencia atribuye el control de tareas distintas, especializadas y complementarias. La predominancia de uno sobre el otro puede ser determinante en nuestra vocación, gustos, afinidades y forma de ver y experimentar la realidad y en la forma en cómo entramos en y generamos los conflictos. El hemisferio cerebral izquierdo, también llamado masculino, se relaciona con el razonamiento intelectual, el lenguaje, la capacidad matemática, el análisis científico, la tecnología y la lógica, mientras que el derecho o femenino, se relaciona con la intuición, la afectividad, la naturaleza, la imaginación, la sensibilidad artística y la creatividad. Ambas partes, masculina y femenina están presentes en hombres y mujeres indistintamente. Muchos problemas o conflictos psicológicos se disuelven cuando la personalidad se equilibra, desarrollando el lado que se halle menos expresado (masculino o femenino).

La historia reciente nos ha mostrado que todos los avances de las mujeres en el terreno social, familiar y personal, han contribuido a que hayan ocupado puestos de relevancia en el mundo y a señalar que pueden desempeñar cualquier tipo de labor, especialmente las anteriormente reservadas a los hombres. Esto ha hecho que el hombre se haya sentido amenazado y, en lugar de elegir en sí mismos el deseo de desarrollar su hemisferio derecho y lo que conlleva, se han visto abocados a un proceso de acomodación donde están apareciendo, sin desearlo activamente, peculiaridades femeninas. Todo ello con el miedo de fondo, miedo a perder, a dejar de conseguir las cosas como lo hacían antiguamente.

Podríamos afirmar que cada género ha ganado y ha perdido algo en estos cambios de más de un siglo de vigencia. Las mujeres han ganado en independencia, igualdad de derechos, ocupación de nuevos espacios, roles. Recientemente se han dado cuenta de las pérdidas: sobrecarga de trabajo, hombres pasivos, sacrificio de la maternidad, entre otros. Lo que supone el inicio de un conflicto interno en las mujeres. En el caso de los hombres, la situación es inversa: perciben el cambio como una pérdida y, tan solo en una segunda fase, que se está atisbando, comenzarán a apreciar la ganancia. Este es un momento en que se puede conseguir un acercamiento, el de la aceptación igualitaria del otro, para producir una nueva conexión entre los géneros.

Volviendo a la polaridad masculino-femenino, hemos de entenderla, como opinaba Jung, como una de las polaridades que conforman a cualquier ser humano, sean hombres o mujeres. No existe un hombre que encarne *lo masculino*, ni una mujer que encarne *lo femenino*, sino que todos, hombres y mujeres nos situamos en algún punto de ese perpetuo movimiento que representa la polaridad masculino-femenino. En Occidente identificamos masculino con hombre y femenino con mujer. Masculino y femenino son fuerzas o atributos que se hallan tanto en hombres como en mujeres, pero que se manifiestan diferencialmente en hombres como en mujeres, ya que los hombres son hombres y las mujeres, mujeres.

Todo esto que está sucediendo en nuestro mundo occidental (en Oriente esta confusión conceptual no es tan marcada ya que allí se dispone de conceptos diferenciados, y *yin-yang* no se relacionan directa y exclusivamente con femenino y masculino) puede parecer una paradoja si lo observamos desde el ángulo de la lógica y desde la supremacía del pensamiento.

Jung dijo: «Solamente la paradoja se acerca de algún modo a la compresión de la plenitud de la vida». Y nuestra cultura prefiere la simplicidad, la elección ante un dilema, excluyendo otras opciones. Optamos por la claridad simple, las cosas claras. Es la opción *razonable*, pero no la emocional, ya que en nuestro interior sabemos que nos aleja de nosotros mismos. La paradoja trata de algo incomprensible, no tiene una sola respuesta para todas las ocasiones y nosotros estamos conectados a un sistema nervioso que busca una sola respuesta a la que aferrarse, porque así puede dejar de buscar. Nuestra educación refuerza este hábito, es el resultado de cómo a nuestro sistema nervioso le gusta aprovechar una sola respuesta *correcta* y no puede soportar dos respuestas diferentes al mismo tiempo, nos gusta *aceptar y descartar*.

Es decir, en el mundo actual y en la crisis del momento, ¿podemos ser los hombres sensibles y viriles? ¿pueden las mujeres ser afectuosas y analíticas? Yo creo que las mujeres están muy cerca de conseguirlo, si no lo están ya, pero, ¿ y los hombres? Y... ¿todas las mujeres? En otro momento he hablado de la identificación que hacemos inconsciente de vulnerabilidad con debilidad, del poco o nulo reconocimiento del miedo que vivimos a diario, de la ausencia de emocionabilidad en nuestra educación y vivencias cotidianas. Esto lo percibo en hombres, pero también en muchas mujeres que, para adaptarse socialmente, eligen un comportamiento masculino.

En el camino de completarnos, de ser más genuinos y más seductores, nuestra polaridad masculino/femenino se convierte en un eslabón precioso que puede ayudarnos intensamente para vivir también este proceso de cambio social.

↳EJERCICIO:

• ¿Qué consideras en ti como masculino y femenino? ¿Ocultas alguna? ¿Por qué? ¿Crees que potenciar alguna de esas partes te permitiría ir al encuentro de la pareja?

• Con un buen trozo de arcilla, véndate los ojos y construye la escultura de tu cuerpo, a ciegas durante unos 20 minutos. Después escribe que sientes al verla por primera vez. Después date cuenta de lo que le sobra o que le falta.

(((-)))

El verdadero encuentro

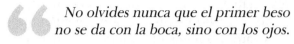

> *No olvides nunca que el primer beso*
> *no se da con la boca, sino con los ojos.*
>
> O. K. BERNHARDT

Ligar, buscar pareja, seducir, encontrarse. No son las mismas palabras ni tienen el mismo significado. Ligar y buscar pareja son acciones que conllevan un matiz artificial y manipulador que dejan a la otra persona en el lugar de un objeto. Encontrarse y seducir, según mi forma de ver la seducción, es un hecho que viene de mi interior, de mi esencia, que abre un espacio sereno para permitir que el otro entre.

Yo mismo, que vengo de la seducción narcisista y manipuladora, descubrí esta nueva forma de *encontrar-nos* después de mucho trabajo interior y de alguna terapia para poder salir de ese agujero negro. A mis cuarenta y siete años, tras dos matrimonios (de tres y cinco años respectivamente) muchas novias de juventud y demasiados ligues y amantes de una noche, me encontré casualmente con la mujer de vida. Como dice mi amiga Carmen: «No te pega nada, aunque es la que te corresponde». Se trata de un tipo de mujer a la que yo no veía anteriormente, y cuando digo esto me refiero a que mis ojos estaban cerrados a su presencia, aunque las tuviera delante de mis narices.

Generalmente cuando *encontraba la mujer de vida*, que solía ser más a menudo de lo que imaginas, echaban a volar las campanas de la alegría y desde mi euforia estallaban todos los fuegos artificiales. Es decir, que eran sonidos y humo que se llevaba el viento ya que, al poco de aquella explosión, desaparecían dejándome maltrecho en mi ser más profundo, aunque hinchado en mi *yo*, en mi ego más narciso.

(((-)))

Una vez, un circo llegó a un pueblo, cuyos habitantes eran todos ciegos. Este circo traía un elefante, que al caminar por las calles hacía que todo el pavimento retumbase. Los habitantes estaban asustados porque no entendían qué podía hacer semejante ruido. Tras una larga reunión, decidieron mandar a los cuatro hombres más sabios del pueblo a que descubriesen de qué se trataba.

Cuando llegaron, el primero de ellos tocó la pata del elefante y pensó que aquello era fácil de explicar, ya que era similar al tronco de un árbol. Tras él, el segundo elegido tocó el cuerpo del elefante y pensó que aquello era como una pared. El tercer sabio tocó la trompa del elefante y pensó que aquello era semejante a una serpiente. Y, finalmente, el cuarto sabio tocó la cola del paquidermo y concluyó que aquello era como una cuerda.

Cuando se reunieron en la plaza del pueblo para explicar qué era aquello que hacía tanto ruido, comenzaron a discutir unos con otros al dar opiniones tan opuestas. El que había tocado el cuerpo del elefante y pensaba que era una pared, creyó que su compañero estaba loco al decir que aquello era como una cuerda, y así sucedió con todos. Al final, los cuatro sabios se enfadaron y dejaron de hablarse.

Unos días más tarde, pasó por el pueblo un tuerto que había oído el gran problema que había. Todos fueron corriendo a preguntarle quién tenía la razón. Cuando el tuerto dijo que todos tenían la razón, la gente pensó que se había vuelto loco. Entonces él explicó cómo el elefante tenía el cuerpo como una pared, las patas como troncos, la trompa como una serpiente y la cola como una cuerda.

(((-)))

Es importante que sepas que no podemos ver ni asimilar todo lo que nos rodea. La PNL tiene un lema: «El mapa no es el territorio» y nosotros solo podemos ver el mapa. Es decir, que la realidad no es como la vemos sino mucho más amplia, nosotros solo podemos ver una parte de la misma. Y esta porción es una representación que hacemos mentalmente de la realidad. Llegamos a ello gracias a todos los filtros que hemos ido adquiriendo a lo largo de la vida. Esto que llamamos *mapa mental* lo configuramos gracias a nuestro sistema de creencias personales, la relación con nuestros padres, la educación, nuestras experiencias previas y las conclusiones que hemos sacado de ellas, entre otras cosas; todo ello nos condiciona a ver las cosas de forma diferente. Además, nuestro cerebro no puede asimilar todos los estímulos sensoriales, toda la información que recibe y que percibe a lo largo de cada segundo, se colapsaría y por ello necesita filtrarla. Esto quiere decir que de todas las cosas que ve, escucha, siente, percibe y prueba, solamente se queda con cierta parte de esa información. Por ello, para que podamos manejarla, descartamos, generalizamos y la distorsionamos para darle una estructura coherente, de acuerdo con nuestras creencias, nuestros valores y nuestra propia historia personal. Es decir, nos explicamos lo que nos sucede en función de lo que nos ha sucedido antes en nuestra vida. Empleamos la misma información almacenada en nuestros cerebros para dar sentido a la nueva información que vamos adquiriendo. Con lo que de alguna forma, siempre estamos en el mismo lugar, en nuestra llamada *zona de confort.*

Por todo ello, el mundo no es como lo percibimos, de fuera a dentro, sino al contrario, de dentro hacia fuera. La realidad del mundo es como somos nosotros, por ello decimos que *lo proyectamos,* como hemos visto en el capítulo anterior. Por tanto, insisto, si te cambias a ti mismo podrás cambiar el mundo.

Respecto al tema de este epígrafe, la búsqueda de la pareja, quizá seas una persona que ha estado con muchas parejas diferentes (o has buscado personas similares, de un mismo tipo). En ese caso te puedes preguntar si realmente han sido tan diversas o si por el contrario, al menos la mayoría, tenían un común denominador. Quizá, en el pasado, al darte cuenta de que existía un patrón similar en tus parejas, has buscado conscientemente otro tipo, otro patrón. ¿Lo has conseguido? No ha sido fácil, ¿verdad? Y es que, aunque pongamos todo el empeño, existe ese *patrón mental* muy incrustado en todos nosotros. Y está situado en una parte de nuestro cerebro al que no es fácil acceder: nuestra mente inconsciente. Allí están los comportamientos y las creencias más profundas de nuestro ser, profundamente arraigadas y nada cómodas de cambiar.

Yo tenía un patrón muy enraizado en mi mente inconsciente en cuanto al modelo de pareja a seguir y que, por supuesto desconocía. Fue cuando comencé a trabajar terapéuticamente conmigo mismo cuando descubrí que me atraían poderosamente las mujeres jóvenes y, si era posible, jóvenes y extranjeras. En definitiva, personas que no permanecieran demasiado tiempo a mi lado; mujeres *no disponibles* para el compromiso. Involuntariamente huía de esa responsabilidad, aunque mi mente consciente me dijera lo contrario. También sentía miedo del éxito y una pareja estable que me lo proporcionara era un verdadero peligro. Por último, allí profundamente enterrado, estaba mi sentir sobre mi propio mérito. Ya se habían encargado mis padres de inculcarme mi falta de derecho a merecer. Por supuesto que yo no me merecía una mujer que estuviera a mi lado para construir una pareja o incluso una familia y así elegía todas aquellas que estuvieran lejos de todo éxito.

Quise cambiar y lo conseguí. Tardé años y lo logré. Tuve muchas personas a mi lado que me ayudaron y sobre todo una voluntad poderosa. También mucho atrevimiento que me ayudaba a probar y probar de nuevo ante cada nueva posibilidad de éxito. Ya conocía el patrón, el estereotipo que me había montado mentalmente, ahora había que abrir la mente y la vista para poder ver a otro tipo de mujer. Y finalmente lo conseguí.

A diferencia de las ocasiones anteriores, en esta no hubo *enamoramiento*, no saltaron chispas ni hubo pirotecnia alguna. Hubo un *re-conocimiento*, algo así como sentir que ella era la persona adecuada. Desde la paz y el equilibrio que sentía en ese momento, vi por vez primera a una mujer que no formaba parte del estereotipo anterior y que se abría a mí como yo a ella. Me estremecí con esa conexión, la ligazón más profunda que había vivido en toda mi vida. Y presentí que era la persona con la que quería pasar el resto de mi vida. Todo ello ocurrió en unos minutos e, insisto, desde la calma profunda que venía de mi autoconocimiento desarrollado durante años.

Ahora, al leer todo esto, puedes decirte que deseas ese cambio, pero una parte de ti, en el nivel inconsciente, te está asustando y te dice que no muevas ninguna ficha porque *más vale lo malo conocido que lo bueno por conocer,* y conviertes esa frase en una verdad, en una creencia que afecta tus comportamientos. Bert Hellinger[31] afirma lo siguiente: «El sufrimiento es más fácil que la solución». Así que nos mantenemos en ese comportamiento, aún a costa del sufrimiento y el dolor, y nos resistimos al cambio. Por supuesto que esto ocurre en el nivel inconsciente, aunque muchas veces también en el consciente.

Como verás, no todo es el enamoramiento o la elección racional a la hora de coincidir con una pareja que tenga que ver tu esencia y te permita crecer. El equilibrio entre ambas es lo que te puede asegurar el éxito en este cometido y esto es lo que te he estado proponiendo con los ejercicios: que integres tu mente en tu corazón y tu corazón en tu mente.

↳**EJERCICIO:**

• Llegados a este punto del libro, sinceramente, ¿cuántos ejercicios has puesto en práctica? ¿Cuántos has leído y has decidido dejarlos para otro momento y cuántos has terminado?

• ¿Qué piensas de tu proceso de cambio? ¿Estás abierto a ello?

(((–)))

---

31 Bert Hellinger, creador de la terapia sistémica "Constelaciones Familiares".

7
La seducción en la pareja

> No lo sabían, pero estaban, simultáneamente,
> entrando en ocho años de tragedias, de
> desgarradora felicidad, de despechos crueles,
> de pacientes venganzas, de silenciosas
> desesperaciones. En pocas palabras,
> estaban a punto de hacerse novios.
>
> ALESSANDRO BARICCO

DESPUÉS DEL ENCUENTRO ¿HAY SEDUCCIÓN? Por supuesto que sí, incluso tiene que haberla, ya que si no seducimos, ¿cómo vamos a conseguir que la pareja perdure en el tiempo? ¿cómo vamos a criar unos hijos, si los hay, en el amor? Y ahora de nuevo te pido que cuando pienses en la relación de pareja te mires con alguien adecuado para ti. Y, por favor, no te proyectes en tu mente imaginándote elaborando estrategias para conseguir que una persona permanezca a tu lado. Me gusta que te veas construyendo una profunda conexión contigo mismo y dispuesto a fomentar tu autoconocimiento, la empatía y la necesidad de vínculo para que la pareja dure lo que tenga que durar.

Convivir y vivir en pareja puede parecer similar y, para mí hay una pequeña gran diferencia. Convivir de una forma agradable y comprometida se puede hacer con cualquiera, con la persona o personas con las que tengas cierta afinidad. Pero con la pareja, existe un componente crucial que marca la diferencia: el amor. Sin él, la convivencia sería solo agradable y fraternal.

El concepto actual de pareja tiene ya algunos siglos a su espalda y lo que comenzó quizá como un encuentro comercial para satisfacer ciertas demandas económicas en el pasado lejano, hoy se ha convertido en un lugar donde satisfacer las necesidades de sus miembros. Esta situación actual puede conducir a un craso error, ya que podemos convertirnos en personas que proyectemos en el otro nuestras necesidades y que, encima, le encarguemos que las cumpla. Es uno de los problemas de hoy en día: deseamos ser felices en pareja pero buscando que esa expectativa personal la cumpla el otro.

También tenemos otros obstáculos que superar en la pareja, tales como el tiempo, los hijos y los cambios en la vida, desde un nuevo trabajo al fallecimiento de los padres. Todo influye en nuestras vidas personales modificándonos y cambiándonos. Todo ello repercute en la relación de pareja y, en ocasiones, no es asimilado como nos gustaría.

Por otro lado, es cierto que la forma tradicional de la pareja también está siendo modificada: desde el amigo ocasional con *derecho a roce* hasta el *poliamor*, pasando por las relaciones híbridas[32]. Las familias también sufren una evolución: las nucleares pasan a ser monoparentales, homoparentales, y otras. Todo ello, conduce a una conclusión clara, todo este movimiento social es fruto de una inquietud, no solo externa sino interna, para satisfacer las necesidades individuales prima sobre cualquier otro concepto u objetivo que trascienda a persona. Si observamos la *Pirámide de Maslow*, la necesidad de afiliación se confunde con la de autorrealización.

↳EJERCICIO:

• Pregúntate qué es lo que prima más en tu relación de pareja: tus necesidades, las necesidades del otro o que la pareja funcione aún a costa de las necesidades personales.

(((−)))

---

32 Relaciones híbridas: En ellas, uno de los miembros de la pareja se contenta con su monogamia mientras que el otro tiene la libertad para relacionarse con terceras personas. Poliamor: No es sinónimo de acostarse con muchas personas, sino de amar a varias. El amor no tiene por qué estar limitado a una única persona, aunque en algunos casos haya un amor primario y otros de menor jerarquía.

«Una pareja no son dos, son tres, siempre. Y eso lo he aprendido con Luis y Eugenia porque, desde el primer momento, me impresionó su empeño y la conciencia que tomaron en formar una pareja. Saber que siempre hay un tercero con ellos que se forma a base del trato, la seducción y las negociaciones. Y eso es cuestión de responsabilidad y de madurez. Ahora yo no solo tengo dos amigos, tengo tres. Y os apoyamos no solo a los dos, sino a los tres, a la pareja también». Estas son las palabras que pronunció nuestra amiga Alison Hughes en la ceremonia de boda y creo que acertó de lleno en lo que es actualmente mi relación de pareja.

En mis anteriores relaciones, yo miraba a dos personas, a mi pareja y a mí. Vivía en un mundo limitado y era fácil entrar en los conflictos de pareja, porque *mi forma de ver las cosas* chocaba con la de ella. El cuidado y el amor aparecían siempre y cuando los dos camináramos por la misma senda. En caso contrario, solo tenía dos focos donde mirar, mi pareja o yo. Una mirada limitada.

Ahora sé que no solo somos dos, sino tres. Que existe una tercera entidad a la que hay que cuidar en la pareja, que es la pareja misma, la relación. La tenía delante de mis narices y no me daba cuenta de su existencia. En el presente, y especialmente, en momentos de conflicto, miro a la relación, como si fuera una persona más y me pregunto si mis acciones le convienen, cómo se sentirá *la relación* si hago una cosa u otra. Y esto me proporciona muchísima tranquilidad y desde esta calma puedo actuar con mayor conciencia. Es decir, más seductoramente.

↳**EJERCICIO:**

• Ahora que puedes pensar en la existencia de otra entidad en tu relación. ¿La tienes en cuenta? ¿Trabajas en fortalecerla? Escribe cuáles serían tus comportamientos si te ocuparas de la relación de la pareja antes que de la propia pareja.

(((-)))

Vivir en el otro

Un niño se lamentaba ante el féretro de su padre:
«¡Oh padre mio! ¡En adelante tu sitio estará bajo la tierra! ¡Querido padre! ¡Estas en una morada tan estrecha, tan desprovista de todo! ¡Ni manta, ni cojín, ni jergón! ¡Sin una vela en la noche ni pan durante el día! ¡Sin puerta, sin techo, sin vecinos compasivos! ¡Ni siquiera el olor de una comida! ¡Solo una morada tan estrecha que cualquiera perdería en ella el color de su tez!».

Entre los asistentes, había un niño, llamado Dyuha. Se volvió hacia su padre y le dijo: «¡Oh, padre! ¡Tengo la impresión de que lo que describe este niño es nuestra casa!».

(((-)))

¿Realmente somos espejos de los demás? ¿Realmente el otro es mi espejo? Yo sé que cuando pienso que es el otro el que me hace daño, soy yo el que me lo estoy haciendo a mí mismo a través del otro. Seguimos actuando de esta forma automática hasta que nos damos cuenta de que las cosas funcionan así, y que cuando comience a respetarme a mí mismo, aparecerá alguien que me respetará, o al menos eso creeré, porque en realidad soy yo el que me estaré respetando a través del otro. Esto es crecer gracias a los demás.

Como también vimos anteriormente, el otro actúa como un espejo en la parte interior de la persona, el inconsciente. La proyección psicológica es un mecanismo de defensa mental mediante el cual una persona atribuye a otras sentimientos, pensamientos o impulsos propios que niega o le resultan inaceptables para sí misma. Este mecanismo se pone en marcha en situaciones de conflicto emocional o cuando nos sentimos amenazados interna o externamente.

De esta forma, lo que me molesta o irrita de mi pareja es algo que yo poseo y que no admito, que no quiero ver. Esta es una buena forma de crecer en la pareja y de quedar seducidos: si el otro es mi espejo, lo que me molesta de mi pareja es lo que me molesta de mí y que no deseo aceptar. Lo importante es detenerse y darse cuenta de esto, observarlo. Hay multitud de ejemplos para ilustrarlo y seguro que se te está ocurriendo más de uno en tu vida de pareja.

↳EJERCICIO:

• Haz una lista en un papel de todas las cosas que te molestan de tu pareja. Invierte tiempo en ello.

Luego eligiendo una por una, cierra los ojos, relájate y piensa cuándo haces tú eso que te irrita del otro.

• Escribe lo que te gusta de tu pareja. Esto también es tuyo.

(((–)))

Los juegos de poder y el amor

> *Donde hay amor no existe el deseo de poder y donde predomina el poder el amor brilla por su ausencia.*
>
> C.G. JUNG

Los tipos de conflictos que van apareciendo en la relación de pareja, en ocasiones, van confluyendo en uno bastante común, el de quién puede más. Posiblemente, nuestras insatisfacciones las podamos dirigir más fácilmente en un ambiente íntimo, donde convertimos a la pareja el receptor de todo el espasmo emocional. Usamos al *otro* como receptor de la descarga emocional del día de trabajo o de los accidentes de la vida. Ahora bien, como olvido que el otro es mi espejo, sin saber origino conflictos que me hacen daño incrementando lo anterior. Es decir, me encuentro ante dos hechos que provienen de mí mismo y que pocas veces reconozco. El más importante es que mi pareja es mi espejo y no lo quiero aceptar, por eso *lucho por tener razón y ganar la batalla, que es lo que me tranquiliza y me da un respiro...* momentáneo. Esta contienda por el poder proviene de las proyecciones que efectuamos sobre los demás y que permitimos que crezcan de forma inconsciente.

Cuando una persona se siente insegura –poco seductora diríamos–, y además carga con lesiones emocionales no resueltas por vivencias dolorosas en la infancia, adolescencia o vida adulta, y si además no ha sido capaz de asimilar y aprender del dolor, con el tiempo solo buscará defenderse del mismo dolor. Pasará su existencia a la defensiva o vengándose de todo lo que ha vivido con cada persona que elija proyectar sus frustraciones.

Estos *juegos*, no tan inocentes, tienen varios formatos donde proyectamos nuestras carencias, necesidades no resueltas o frustraciones:

—No me gusta mirar mis errores, por eso miro los tuyos, los amplifico para que te sientas culpable. Así, de esa forma, te tengo dominado, te hago sentir inferior a mí. Y yo me salvo.

—Al contrario: me siento inferior y me hago la víctima, así te tengo también subyugado, ya que te exijo que pongas siempre tu mirada en mí.

—O incluso me autocastigo verbal o físicamente para tenerte supeditado.

—Otro *juego* es el castigo a la pareja. El silencio es uno recurrente. En ocasiones uno de los dos decide castigar al otro con la mudez. Supone una manera de mostrar el enfado tras un conflicto. Sin embargo, es un castigo donde me coloco en una posición de poder, ya que no te dirijo la palabra para que tú te sientas mal y llegues a la conclusión de que solo cediendo se logrará mejorar el clima de la relación. Es como un chantaje.

—Pongo reglas de convivencia o de relación injustas a sabiendas, con el fin de castigarte si no las cumples.

—Saco temas del pasado que puedan incidir en la vergüenza o la humillación. A veces decimos que superamos las crisis, que no hay que volver a hablar de ciertos temas, que *te perdono*, pero no es así y volvemos a meter el dedo en la llaga de la otra persona con el fin de mantenerla sumisa o humillada.

Ante situaciones de esta índole, lo mejor es desenmascararlas y ponerlas a la luz. Es decir, si te das cuenta de que estás en la guerra por el poder, abandona las armas. Siéntete vulnerable y comunica a tu pareja que estás (o estáis) en esa guerra y que ahí siempre pierden los dos, o mejor dicho, pierde la relación, porque se deteriora, al tener otros objetivos diferentes al del amor.

Incluso si esta contienda está enquistada, lo mejor sería cortar por lo sano y no permitir chantajes emocionales, ni juegos sadomasoquistas. La pareja es un lugar de aprendizaje y de sanación, no de perversión. Por ello, si notas que tu pareja quiere hacerte sentir culpable, víctima o te hace promesas poco realistas, comunícalo, dile que sabes que está abusando de esa situación para sentir un poder egocéntrico. Recuerda que, si no te amas a ti mismo primero, nadie podrá amarte como mereces. Insisto en que las personas que no han resuelto sus inseguridades, muchas veces trasladan sus temores y frustraciones sobre la pareja de modo injusto y cruel.

También es cierto que, tanto si estás en el papel de la víctima como si te encuentras en el del victimario, estás en un lugar de aprendizaje. Como bien sabes, el amor de pareja exige dignidad, respeto mutuo y consideración. Si no lo hay en vuestra relación, ya que estáis en la guerra de poder, mírate y date cuenta de qué está sucediendo contigo para que hayas entrado en la batalla. ¿De qué están hechas tus insatisfacciones? Cuando te quejas de tu pareja, ¿te estás mirando profundamente para ver que eso también es tuyo?

Pasa que, en esta época de cambios rápidos, donde incluso tenemos que estar improvisando los roles de pareja día a día, experimentamos los cambios creando incertidumbres y provocando un buen grado de miedo, descontento y, en ocasiones, de sufrimiento. Es por ello también que, afortunadamente, tenemos en nuestras manos la capacidad de reinventarnos y de construir la pareja que queramos para crecer en ella. Si nos paramos un momento a pensarlo, ¿no ha sido así desde que sabemos? ¿No han tenido todas las parejas que aprender en su día a día? Quizá solo los que han dado por hecho la tradición y los valores de sus padres y abuelos habrán vivido en hibernación durante todo el tiempo que les duró la pareja. Al estar viviendo este cambio profundo hoy, tenemos mayor expectativa y mayor libertad. Expectativas en ocasiones felices y muchas veces erróneas, ya que la pareja no podrá colmar el descontento o el vacío que llevamos dentro; y libertad para poder salir de ella y cambiar cuando lo deseemos, o para quedarnos solos. También para encontrar otra persona que consiga darnos lo que la anterior no dio. Como hemos visto un error bastante común.

Si seguimos sin satisfacer nuestras necesidades por nosotros mismos, entraremos en una especie de círculo vicioso buscando en cada una de las personas con las que nos juntemos eso que depende de nosotros. Solo saldremos de ese callejón sin salida si miramos en nuestra esencia y nos permitimos crecer, seduciéndonos a nosotros mismos, y mirándonos al espejo de la pareja para poder seducirnos mutuamente. Recuerda que no hay relaciones ni buenas ni malas, solo perfectas, ya que de ellas se aprende.

↳EJERCICIO:

• ¿Has estado alguna vez en una guerra por el poder en la pareja? Me gustaría que describieras cómo te sentías (o te sientes) cuando lo estás viviendo. Usa todo el vocabulario emocional y sentimental que conozcas. Escribe también las sensaciones corporales que te provocaba y las que, aunque haya pasado tiempo, te provoca hoy el recordarlo.

(((-)))

El equilibrio entre dar y recibir

*Había sido demasiado amor, tanto como el
que yo podía dar, más del que me convenía.
Fue demasiado amor. Y luego, nada.*

ALMUDENA GRANDES

Según las leyes sistémicas[33], en nuestras relaciones tiene que existir un equilibrio entre dar y recibir. Y en ocasiones no es igualitario. Por ejemplo, los padres dan y los hijos reciben, pero no puede ser al contrario. Los hijos, ante esta situación, se sentirán en deuda con los padres, al igual que yo me siento en deuda cuando alguien me hace un regalo que no devuelvo. Es natural en el ser humano. Si me dan algo lo devuelvo y, si es posible, un poco más. La sensación de sentirnos en deuda no nos gusta, nos molesta por lo general. Esto también ocurre cuando es algo no tan positivo como un regalo.

Los hijos nos sentimos en deuda con los padres y, en ocasiones, incluso culpables. Esto, de una forma sistémica, permite que la vida siga adelante ya que al no poder devolver lo que los padres nos dieron lo revertimos en el sistema. Los padres nos dieron la vida, nosotros damos vida al sistema. Esta es la forma que se ha repetido durante miles de millones de años en el sistema familiar.

Ahora bien, cuando me encuentro en una pareja, el equilibrio tiene que ser igualitario. Así, tomo de mi pareja en la medida que puedo dar a cambio, y doy en la medida en que mi pareja puede darme algo a cambio.

Si mi pareja me da, vuelvo a sentirme en deuda y pagándola, es decir, devolviendo lo que me dio, me alivio y me siento alegre y vivo, si se trata de algo positivo. Y como siempre, doy un poco más, porque me hace sentir bien. Y así mi pareja se va

---

33 HELLINGER, Bert. *Órdenes del amor.* Herder editorial, 2011.

a sentir en deuda y va a repetir el mismo acto que yo he hecho dejándome a mí de nuevo en el rol del deudor... Y así, como dice Hellinger, la pareja puede crecer y crecer. Esto sucede con el amor. Cuanto más me den, más voy a devolver. Y nos vamos seduciendo amorosamente.

Por otra parte, este sentimiento de deuda es una carga. Recibir nos pone en dependencia del que nos ha dado, hasta que le hayamos devuelto algo equivalente. Por lo que resulta más agradable el dar que el recibir. Recibir nos hace sentir en un apuro hasta que no restablecemos el equilibrio. Dar nos permite exigir al otro la deuda. Es por ello que muchas personas en la pareja se sienten muy satisfechas cuando comienzan a dar sin medida, claro está, hasta que se dan cuenta de que la otra persona no está pagando sus deudas. Pero, ¿lo puede hacer? ¿Te lo habías preguntado? ¿Lo habías medido anteriormente?

¿Qué sucede en una pareja cuando uno de los miembros da en demasía y el otro no puede devolver tanto como recibe? Se origina una potente tensión derivada de la falta de equilibro igualitario y el que recibe más de lo que puede dar, se va, abandona la pareja. Y, ¿cómo es posible? Al dar nos sentimos más grandes, superiores al otro: «Ves todo lo que te puedo dar y tú no me das nada». Y así empequeñecemos al otro y lo culpabilizamos de lo que estamos haciendo. Y al no sentirse iguales, no hay pareja real, justa. Podrá romperse o no, pero lo cierto es que, si la relación continúa, estará pervertida. No puede haber seducción.

Si soy del tipo de personas que solo quiere dar, me estoy protegiendo de alguna forma de la verdadera conexión con el otro. Tengo miedo a sentirme deudor, culpable, y huyo al dar. De esa forma, también me siento superior y, admito, posiblemente de una forma inconsciente, que no deseo tener pareja, que es mejor estar solo en mi cima. Libre y sin saber amar.

También es posible que, al seguir esta acción, me esté situando en el rol del padre que siempre da. Por lo que rechazo el recibir, ya que los hijos no pueden devolver a los padres. Y por supuesto, la relación vuelve a estar desequilibrada porque en el otro veo a un hijo. Si solo quiero recibir, me estoy convirtiendo en un niño que está cómodo en esa situación de inestabilidad. Quizá no me dieron el amor necesario en mi infancia y lo esté buscando en mi pareja.

En todos estos ejemplos, estamos hablando de dar en actos positivos y amorosos pero, ¿qué sucede si resulta ser algo negativo lo que está en la transacción? ¿Se devuelven los enfados, las peleas, los sentimientos de menosprecio o de soledad? Por supuesto que sí, sucede lo mismo. No me gusta sentirme en deuda por lo que devuelvo y doy siempre un poco más de lo que me han dado. Si esto es una constante, puede hacer desaparecer a la pareja, aunque existan algunas que conserven esta dinámica como *leitmotiv* de sus vidas.

Lo que propone Hellinger, en los casos negativos, es lo siguiente: devolver siempre, pero un poco menos de lo recibido. De esta forma, si lo reintegro, me quedaré satisfecho al no sentirme en deuda. Si devuelvo un poco menos de lo que me han dado, sigo en el amor, ya que permito a mi pareja tenerme cerca para recobrarse en lo positivo cuando pueda y quiera. Así, ella tendrá noticia, por mi devolución, de que su acción no ha sido positiva para mí, con lo que la deuda desaparece.

Un ejemplo sencillo: mi pareja ha llegado muy tarde a casa cuando íbamos a salir a cenar diciéndome que se le ha olvidado llamarme. Mi primera reacción es el enfado, que puede llegar al insulto y eso sería devolver más. También podría hacerle yo lo mismo en otra ocasión, con lo que también sería devolver más ya que hay alevosía. Si lo dejo pasar, no devuelvo, con lo que en el fondo estoy rumiando una posible venganza. Devolver un poco menos sería hacer algo lo suficientemente pequeño y que se supiera que es por lo ocurrido. Aquí va a depender del tipo de persona que sea. Quizá darle su cena quemada esa misma noche o estropearle una prenda de ropa que le guste sería una buena solución.

Devolver un poquito, para mí, será un acto de *re-equilibrio* profundo. ¿Qué sucedería si yo no devolviese al menos un poquito? Me convertiría en *el bueno de la película*. Entraría en el rol del inocente, culpabilizando al otro únicamente. Por lo cual me situaría en una posición dominante, de poder, arrogante.

Devolver un poco menos de lo que nos dan no es fácil de hacer, ya que estamos habituados a devolver más. Y si te fijas, para seducir a tu pareja y mantenerla viva, esta acción es una de las más importantes. Te mantiene vivo, os mantiene en un equilibrio nivelado.

↳EJERCICIO:

* ¿Qué haces cuando tu pareja te da *en negativo*? ¿Devuelves? ¿Cómo lo devuelves? Haz una lista primero y después compara si reintegras un poco más de lo recibido.

Luego escribe en qué consistiría devolver un poco menos. Exactamente qué hubieras hecho en ocasiones para no aumentar la desigualdad. ¿Qué vas a hacer en la próxima ocasión?

(((~)))

Los ancestros

> *No hay alivio más grande que comenzar a ser lo que se es. Desde la infancia nos endilgan destinos ajenos. No estamos en el mundo para realizar los sueños de nuestros padres, sino los propios.*
>
> ALEJANDRO JODOROWSKY

Existen muchos tratados y publicaciones sobre cómo tener una buena relación de pareja. Por supuesto que de todo tipo y algunos ya contemplan a cada miembro de la pareja como personas pertenecientes a diferentes sistemas familiares. En mi visión parcial de la vida, no avistaba el aspecto sistémico cuando me unía a una pareja y no me daba cuenta de que mis quejas sobre sus comportamientos tenían que ver, y mucho, con las fidelidades inconscientes a sus ancestros, a mis ancestros. En mi interpretación de las relaciones, yo pensaba que somos las personas las que nos unimos, no las familias, cuando, realmente, vamos al encuentro de la otra persona con la mochila llena de ancestros, de los que nos dieron la vida y de sus predecesores. En mi ignorancia, sostenía que era libre de juntarme con quien deseara y me aceptara, y no sabía que detrás de todos nosotros hay un sistema familiar que, en mayor o menor medida, nos pesa a la hora de formar pareja. Yo creía que cuando encontraba una pareja iba yo solo, con lo mejor de mí para ofrecer, y que, como mucho, detrás de mí venían mi educación, mis creencias, mis valores, todo ello superable de alguna forma. De ninguna forma podría haberme imaginado el peso que llevaba de mi familia en el inconsciente. En todos y cada uno de nosotros hay amores ciegos, fidelidades familiares que no se pueden traicionar fácilmente. Nuestros sistemas familiares pesan demasiado en nuestras relaciones de pareja.

En esos momentos donde nos creemos amorosos, sensibles, atentos a las necesidades del otro, es decir, enamorados, suceden otros movimientos subterráneos a nivel inconsciente. Entre ellos, lo aprendido en la infancia en cuanto a las parejas y el modelo involuntario de relación de los padres.

Por ejemplo, si estoy demasiado apegado a alguno de mis padres, es decir, mirando hacia atrás, no puedo mirar hacia delante y crear con mi pareja mi propio sistema. Repito, estos son movimientos inconscientes, del alma, que diría Hellinger, y pueden no suceder en un plano realista. Por ello para formar un nuevo sistema, hay que abandonar primero el sistema de origen.

Y, ¿cómo saber si estamos enredados en el sistema de origen? Lo vimos en el capítulo *Sedúcete a ti mismo*, en el apartado de las relaciones. Cualquiera de estas cuatro posibilidades nos mantienen enmarañados con los sistemas anteriores. Todas ellas son síntomas de que no estamos completamente libres para formar una pareja sana con una persona. Y que si estamos ya en una relación, ésta estará contaminada por estos condicionantes.

El *seductor del alma* ha hecho un trabajo, consigo mismo, lo suficientemente profundo como para descargarse de todo este peso ancestral, y fundirse en la pareja con el espíritu y la vista en el presente y el futuro.

↳**EJERCICIO**:

• ¿Estás enredado con tu familia de origen? ¿Cumples alguno de los requisitos expuestos anteriormente? ¿Qué podrías hacer para poder mirar hacia delante y no sentir que te atan lazos invisibles al pasado?

(((-)))

Mantener la relación de pareja

> *Buscamos más el placer del enamoramiento que la tranquilidad de una relación de pareja estable. Yo insisto, no importa cuánto te amen si no cómo lo hagan.*
>
> WALTER RISO

Según Peter Bourquin[34], existen cuatro condiciones fundamentales para que una pareja funcione. Estas son: el amor, la presencia, la responsabilidad, el aprecio. Siguiendo esta premisa, vamos a verlas un poco más de cerca, desde la perspectiva del *seductor amoroso*.

Para Bourquin, el enamoramiento y la consumación sexual generan el vínculo en la pareja y es el amor el que la mantiene cuando aparecen las *sombras* en la relación. «Y es un acto de amor aceptar al otro tal y como es, a sus raíces familiares»[35]. Es un acto de amor y de valentía porque también se está aceptando todo lo que trae esa persona de su pasado familiar. Por eso, el amor no solo es la fase primera de *fuegos artificiales*, sino, principalmente, las siguientes.

En esta visión del amor, insisto en destacar la diferencia entre estar enamorado y sentir amor por la otra persona. Creo que es fácil ver la separación que hay entre ellas. En la primera, las sensaciones son fisiológicas, sí, pero provienen de la mente, de los pensamientos que están asociados a estar con esa persona a la que deseamos sexualmente, de una forma abierta o no. Por supuesto, que también el instinto sexual contribuye sobremanera. En estar enamorado confluyen el deseo sexual con las ideas que hemos ido elaborando sobre la persona ideal, o que estamos idealizando.

Sentir amor es otra cosa. Proviene de los sentimientos que hemos ido creando a través de las experiencias de nuestra

34 BORQUIN, Peter: *Las constelaciones familiares. En resonancia con la vida.* Editorial Desclée de Brouwer, 2007.
35 Ibíd.

vida, y con la pareja en cuestión, y confluyen en la serenidad. Una serenidad que permite ver a la pareja como un lugar de crecimiento y de aprendizaje. Esta tranquilidad y paz solo la pueden dar sentimientos como el amor. No así el enamoramiento, que es movimiento continuo, que es alteración y excitación sin control.

Bourquin afirma que la presencia significa que se está mental y emocionalmente presente. Mirando, en el camino, a la pareja, no hacia atrás. Ya que, en ocasiones, al no tener cerrados temas con la familia de origen, la mirada se desvía hacia los padres o los hermanos. La dirección de la mirada amorosa tiene que estar enfocada en la pareja. Si tus deseos se disparan hacia otras personas o existe un vínculo anterior con alguien, la presencia se diluye y cuando te quieren encontrar no estás presente. La ausencia en la relación es motivo de dolor y ruptura. Por ello, es importante que se trabaje para la relación y que esa tercera entidad esté muy presente en el día a día.

La responsabilidad es asumir lo que es de cada uno, no cargar al otro miembro con cargas de algo que no está resuelto, especialmente en la relación con los padres. «Cuando uno exige al otro que le dé lo que sus padres no le dieron, y se siente con derecho a ello, se coloca en una actitud infantil»[36]. De esta forma, responsabilizamos a la pareja de algo que no hemos resuelto nosotros mismos y la cargamos con un peso que no le corresponde. De esta forma nos quedamos siendo niños, ya que colocamos a la pareja en la posición de los padres, y el equilibrio igualitario entre el dar y recibir se rompe. De alguna forma lo que no está completado con los padres, lo proyectamos en la pareja.

El aprecio, según Bourquin, es valorar lo que cada uno aporta a la pareja. Es decir, mantener esa ecuanimidad a la que he hecho mención en el anterior epígrafe. Es sentirse en deuda amorosa por lo que aporta nuestra pareja y, sobre todo, poner la vista en ese lugar, dejando los orgullos y los miedos detrás de la relación. En ocasiones decidimos no mirar allí para mantenernos en nuestra coraza de individualidad y por

---

36 Ibíd.

ello no devolvemos. Nos convertimos en individuos más libres, es cierto, pero eso debilita la pareja.

En especial las nuevas generaciones, las que están permanentemente conectadas a la comunicación virtual, son las que menos dan a la relación, es más, parecen no desearla. Son jóvenes que mantienen *fachadas* de relaciones, aceptan las compañías (las de usar y tirar) y no las relaciones. Para ello ayudan y triunfan las redes sociales y los encuentros esporádicos. Tienen *amigos con derecho a roce*, pero no conviven con ellos. Les gusta escuchar promesas, pero no se comprometen. En suma, quieren sentirse necesitados, pero no quieren necesitar a nadie. Y este no dar, les mantiene en una posición de libertad exacerbada y profundamente solitaria.

↳EJERCICIO:

- Anota en un papel qué y cuánto aportas a la relación. Puedes hacerlo en dos columnas, en una lo positivo y en otra lo negativo. Luego escribe qué es lo que aporta tu pareja. ¿Hay un equilibrio igualitario?

(((-)))

Además de los apuntados anteriormente, para mí existen también dos conceptos fundamentales para crecer en la relación y hacer que ésta crezca. Estos son el afecto y la admiración. A veces se piensa que cada uno de ellos corresponde a cada uno de los sexos, es decir, que el hombre necesita sentirse admirado y la mujer querida, sin embargo, creo que hoy en día ambos son extensibles a los dos géneros.

La admiración por el otro mantiene con intensidad el amor. Cuando nos sentimos atraídos por una persona, nos sentimos atraídos por ese individuo y no por los demás. En un primer encuentro, es una persona, solo una, la que cumple con los requisitos deseados, condiciones muchas veces inconscientes. Esto se pierde en el tiempo, el enamoramiento pasa y llega la realidad. Ante ella, el sentimiento de admiración puede garantizarnos la permanencia de la relación.

¿Cómo se consigue? ¿Recuerdas lo que hablé en la primera parte del libro? Ahora te puedes remitir al concepto de la seducción de uno mismo. Ya sabes que la idea es sencilla: si yo me aprecio, me cuido, si tengo curiosidad por las cosas y me doy espacio y tiempo, conseguiré autovalorarme, por lo que mi pareja me valorará. Y lo hará por lo que me doy, por lo que soy y me seduzco. Por el contrario, si doy en demasía, si mi rol es de dependencia, me coloco en una posición de inferioridad, de sumisión. Y es ahí donde la admiración desaparece.

↳**EJERCICIO:**

- ¿Te planteas hacer cosas nuevas a menudo con tu pareja? ¿O vives en la rutina del día a día? Hacer cosas diferentes a los hábitos rutinarios no es algo difícil, solo es cuestión de imaginación. Es algo propio del *seductor amoroso* que acostumbra a salir de su zona de confort y con cariño pide a su pareja que le acompañe.

Ahora escribe una lista de las cosas diferentes y novedosas que puedes hacer en tu día a día con tu pareja.

(((–)))

Respecto a vivir en el afecto, existe un problema básico que consiste en dar por hecho que lo que sentimos le va a llegar al otro, aunque no lo expresemos. Asumimos que, mientras estemos juntos, el cariño existe aunque no se muestre. Error. El cariño, el amor, los sentimientos positivos hay que mostrarlos, ya que la pareja no puede adivinar lo que ocurre dentro de nosotros. No son adivinos ni telépatas.

No podemos dejar pasar el tiempo sin mostrar el cariño, sin ser productivos en el amor. Se puede sentir afecto sin expresarlo y expresar afecto sin sentirlo. ¿Qué es lo que tú haces? La expresión del afecto que cada uno siente es vital para el desarrollo y mantenimiento de la relación y también tiene importantes ventajas para la salud mental y física.

Existen muchas formas de mostrar el afecto y no hay excusas para no hacerlo. Puede ser con palabras, con gestos, con hechos... Lo cierto es que no te puede ganar la desidia, la vergüenza o el hecho de sentirte vulnerable. Ya sabes que el *seductor amoroso* se siente vulnerable y ello le da fuerza. Incluso la vulnerabilidad da fuerza a la relación de pareja al convertir un pensamiento, un *te quiero*, en una acción ya verbal ya física.

Posiblemente el cariño, además de comunicarlo con palabras, se vea reflejado en el respeto, en la educación y la amabilidad con que tratas a tu pareja. Las palabras mágicas funcionan en la relación como funcionan con un amigo. Un *por favor* y un *gracias*, además de otras atenciones, fomentan el cariño. También sentarse a la mesa para comer juntos y, así encontrar momentos de comunicación y de conexión. La lista es bastante larga.

Asimismo, la capacidad de jugar convierte a la pareja en un ser vivo que aprende mediante este medio. Todo lo hemos aprendido mediante el juego, así que, si dentro de la relación recuperamos ese gusto por el juego, la pareja crecerá por sí misma. No estoy hablando de juegos de mesa, sino de actividades que puedan llevar a tu pareja al disfrute, a la aventura, o sencillamente a un contacto físico que se va perdiendo con el tiempo. El contacto ocular, los besos y los abrazos se encuentran entre las conductas más importantes para fortalecer la relación y mantener la conexión. Además, tienen un efecto muy positivo sobre la salud, pues fortalecen el sistema inmunitario, reducen el estrés y baja la presión sanguínea. Esto sin contar con la actividad sexual.

↳EJERCICIO:

- Escribe tres cosas que admiras de tu pareja.
- Escribe qué tres cosas admira tu pareja de ti.
- ¿Qué tipo de juegos haces con tu pareja? ¿Cuántos podríais inventar?

El sexo en pareja

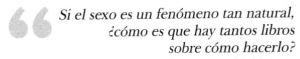

Si el sexo es un fenómeno tan natural, ¿cómo es que hay tantos libros sobre cómo hacerlo?

BETTE MIDLER

El amor es un sentimiento que es llevado a la acción a través del sexo. Es decir, el primero tiene su prolongación en el segundo. El sexo es el amor que une en un primer momento. La química de los cuerpos que se atraen, pero no es suficiente para mantener una relación armoniosa por mucho tiempo.

Según B. Fisher, destacado investigador canadiense, mientras más relaciones sexuales tengamos, mayor será la cantidad de sexo que nos pida nuestro cuerpo y, viceversa, mientras menor sea la frecuencia, menor será el deseo sexual. De esa forma, tras los primeros años donde la actividad sexual es frecuente gracias a que nuestro cerebro libera sustancias como la dopamina y la serotonina entre otras, comienza la distancia sexual. Comenzamos a derivar nuestros pensamientos hacia otros puntos de nuestra vida y vamos abandonando la labor sexual. Esto produce una pequeña o gran desconexión de la relación. Se comete el error de muchas parejas que llegan a pensar que renunciar a una actividad sexual frecuente no tiene importancia. Que, como les pasa a muchos, a ellos también, eso es *normal*.

Para Robert Epstein, famoso psicólogo, una pareja sin sexo es aquella que tiene menos de un encuentro al mes o menos de diez al año. En el caso de tener pareja, imagino que ya estás haciendo el cómputo de tus encuentros sexuales. ¿Qué sientes en este momento?

Además de los tabúes, las mitificaciones y las mistificaciones sobre el sexo, su función en la pareja no se puede obviar. Además de todos los beneficios derivados, como aumentar las defensas o prolongar la vida, aumentar la autoestima o disminuir el estrés, lo más importante es que crea conexión con el otro. Esta conexión amorosa puede incrementar el nivel de oxitocina, una hormona que aumenta el deseo sexual y los sentimientos de afecto hacia el otro, sobre todo después de llegar al clímax. ¿No has sentido que después de un orgasmo amas más a tu pareja?

Para mí el sexo es el lugar de la comunicación sincera. Es un espacio donde conviven el amor, el respeto y la intimidad. Si no estamos abiertos al sexo, no estamos abiertos a la comunicación, es decir, a la conexión necesaria. Sin actividad sexual, sin esa exposición al otro, sin esa desnudez vulnerable, la relación decrece y termina por desaparecer. Es posible que se mantenga en apariencia la pareja, sin embargo, en nivel profundo, la relación no existe como tal.

«Los amantes con frecuencia son tan narcisistas, están tan interesados en sí mismos y son tan posesivos, que solo se puede hablar de placer simultáneo, pero no compartido». Esta aseveración de Erich Fromm me recuerda que en el sexo también tendría que existir un equilibrio igualitario entre el dar y el recibir. Cuando me doy al placer, es decir, me dejo llevar por la excitación y me entrego, tendría que ser recíproco. Esto creo que es fácil de entender, lo que sucede es que para que sea igualitario los amantes tendrían que saber entregarse al goce. En muchas ocasiones, nos parapetamos ante los pensamientos diversos que pasan por nuestra mente, tipo: «¿Le gustaré?», «¿Lo estaré haciendo bien?», o cualquier tabú personal o familiar. Básicamente, muchos son creencias limitantes que impiden lanzarse al deleite con total desinhibición. Y si yo no me doy completamente en el momento más íntimo de la relación, con probabilidad alta, el otro tampoco lo hará.

El sexo en una pareja cumple el papel del inconsciente, de lo oculto. Su actividad o falta de ella es la forma que tenemos de detectar los problemas que el intelecto tardará años en entender. La desidia, la rutina, la falta de deseo, son únicamente los exponentes de la relación, la parte que se ve del iceberg. La parte sumergida es la que realmente está marcando nuestra relación. Nuestros comportamientos sexuales o la ausencia de ellos, muestran claramente qué está sucediendo realmente con la pareja.

Por ello es importante que, aunque la relación cambie, que siempre cambia, mantengas el deseo sexual. El romanticismo, el enamoramiento, la atracción primera se va diluyendo y la pareja se convierte más en amistad, en compañerismo y puede bajar el deseo sexual o incluso desaparecer. Lo que hagas con ello ya es tu elección: ¿Quieres seguir manteniendo la relación? ¡Haz que el sexo no desaparezca de tu vida! No hay excusas, ni hijos, ni el trabajo, ni la suegra. De ti depende que ese espacio de intimidad esté siempre presente y que la relación no se resquebraje.

La llegada de los hijos cambia la relación y la actividad sexual se ve afectada, así como el mapa de las relaciones en la familia. Eso es cierto y no tiene porqué cambiar el deseo sexual. Cambia el cuerpo de la mujer, la famosa cuarentena, la *depresión post-parto* y algunos factores más afectan a la relación, pero no tienen que ser excusa para dejar de tener encuentros amorosos. El exceso de trabajo, la llegada de la suegra o el suegro, tampoco lo tienen que ser.

La seducción en el sexo es algo activo, no puede permanecer ni en la rutina, ni en la costumbre. Es decir, ni el *sábado, sabadete…*, ni el *misionero* o cualquier otra postura sexual rutinaria. Eso es la muerte de la relación. La variedad y la creatividad es una de las formas de mantenernos seductores. Por supuesto que para ser creativos podemos usar cualquier recurso que tengamos a mano, tanto externos como internos. Y con recursos internos me estoy refiriendo a la imaginación, herramienta poderosa donde las haya. La imaginación no se compra en un hipermercado o en un *sex shop*, está dentro de nosotros y activa nuestro cerebro. Es un potente desinhibidor sexual ya que creamos lo que se nos antoja y convertimos el sexo en un lugar de juego, de juego placentero. La imaginación incentiva el deseo, la conexión, al fin y al cabo.

La imaginación nos puede conducir desde despertar el autoerotismo, hasta invitar al mayor de los atrevimientos en nuestras fantasías sexuales. Sea como sea, todo ello nos tiene que poner en la acción: la masturbación ayuda a ampliar nuestras habilidades eróticas y sexuales, nuestro autoconocimiento. Compartir mis fantasías y que mi pareja las comparta conmigo, me permite conocerla mejor, con lo que la relación se siente satisfecha y crece.

↳EJERCICIO:

• ¿Cuánto te conoces a ti mismo sexualmente? ¿Cómo sabes que te conoces?

• ¿Cuánto te conoce tu pareja en este aspecto?

• ¿Te dejas llevar por lo que tu cuerpo te pide en el encuentro sexual o usas la mente para no entregarte?

• ¿Has compartido alguna vez tus fantasías sexuales con alguna de tus parejas? ¿Qué sucedió con la relación?

(((–)))

Mantenerse en el tiempo

> *Estamos atraídos por personas que van a traernos los graves problemas que necesitamos para nuestra evolución.*
>
> ALEJANDRO JODOROWSKY

Mantenerse en el tiempo en una relación de pareja en esta época no es nada fácil. Para mí tampoco lo fue en su momento. La sociedad actual permite el intercambio rápido a través de la cultura de consumo, así cambiar de pareja puede parecer tan fácil como de teléfono móvil. Y aunque ninguna otra relación puede proporcionarnos una mayor estabilidad emocional que la de nuestro compañero sentimental, el número de *singles* y de divorcios aumenta considerablemente día a día. ¿Sabemos amar a largo plazo? ¿Lo quieres hacer? ¿Qué necesitas para hacerlo?

Erich Fromm afirmaba que «vivimos en un mundo de placeres sin alegría», donde ha desaparecido casi la conexión con nuestros sentimientos y emociones y ciframos nuestra alegría en los logros sociales a través de las adquisiciones. «He adquirido una pareja», parece que algunos van gritando por las calles. ¿Es éste el problema? Posiblemente sea una de las causas del porqué no veamos las relaciones como algo que haya que cuidar. La pareja podría ser como un *smartphone*, que cuando aparece uno nuevo, desecho el anterior. ¿Recuerdas cuando hablamos del paradigma en el epígrafe de *Mi esencia*?

¿Cuántas causas existen para dejar de mirar a nuestra pareja como lo que realmente es y no lo que fue? Seguro que las excusas son interminables. Según los expertos, las principales son: la falta de comunicación, los celos, las infidelidades, el orgullo, las emociones reprimidas, los problemas derivados de la economía y la pobreza sexual, entre otros.

Otros autores señalan que el comienzo del deterioro en la relación comienza desde el mismo momento que me siento apegado a mi pareja. El apego no es cariño, no es amor, aunque se diga con orgullo que *cuanto más apego se tiene, más se ama*. Sin embargo, en realidad hay un movimiento subterráneo. El apego es la creencia de que sin el otro no se puede vivir. Cuando me apego a mi pareja creo inconscientemente que sin ella no puedo ser feliz, «destruyendo cualquier posibilidad de amarla», afirma Walter Riso[37]. Este autor, que ha dedicado su obra a enseñar a amar, sostiene que el apego lo crea el romanticismo de Hollywood, además de otros, y que puede llevar a la persona a sufrir celos patológicos, dependencia emocional o falta de identidad. El apego no es una realidad, es una fantasía de la mente que imposibilita el amor. Como sabemos, el amor siempre nada y vive en la libertad. Es la libertad que yo me doy y la que le doy al otro, incluyendo «el deseo espontáneo de que el otro sea feliz. En vez de desear que el otro me haga feliz o que yo haga feliz al otro», como opina Joan Garriga[38].

↳EJERCICIO:

• ¿Quieres saber si estás apegado? Es fácil, lo primero es saber si conservas cierta libertad. ¿Te das libertad para entrar y salir, es decir, para tener tu propio horario? ¿Tener tu propia agenda, salir con amistades, fomentar tus aficiones fuera de la relación? ¿Haces lo mismo con tu pareja y te sientes cómodo y satisfecho con ello?

En segundo lugar, también pregúntate si tienes un deseo compulsivo de permanecer, cuanto más tiempo mejor, con tu pareja. ¿Es esto insaciable, quieres y le reclamas más y más?

(((-)))

37 RISO, Walter. *Los límites del amor. Cómo amar sin renunciar a ti mismo.* Planeta, 2009.
38 GARRIGA, Joan. *El buen amor en la pareja.* Destino, 2013.

En los dos casos el apego impide el oxígeno en la relación y puede derivar en los otros problemas que son motivo de distanciamiento y de ruptura.

Existen muchas *recetas* que hablan de cómo mantener la pareja, especialmente en Internet. Muchos artículos nos dan claves para mejorar la relación: sorprender, hacer algo diferente a lo habitual, divertirse juntos y, por supuesto, por separado, amén de lo que ya hemos comentado, como mantener el respeto, mejorar la comunicación, la buena relación sexual...

Creo que una de las mejores formas de mantenerse en pareja es tener objetivos comunes desde el comienzo. Muchas relaciones comienzan desde el desequilibrio, donde las emociones y el enamoramiento nos juegan malas pasadas. Es fundamental que tengamos claro hacia dónde vamos como pareja, que deseemos construir algo en común, aunque luego vayan variando los objetivos. Que esa empresa tenga una utilidad o sirva para algo, por ejemplo, la crianza de hijos o la ayuda mutua. Es parecido a los votos de las ceremonias de matrimonio, sin embargo, con algo más de compromiso. Creo que cuando *se leen los votos* en estos momentos de celebración, cuando se pronuncia *en la dicha y la enfermedad*, o algo similar, muy pocas personas están siendo conscientes de qué es lo que están diciendo. Las emociones les superan y están con la mente en muchos otros lugares. Están en carga emocional, es decir, han pasado los niveles sensatos de la alegría y del miedo, y la razón les impide realmente estar con su pareja. Además, hay muchos factores que se lo imposibilitan: la propia ceremonia, el público, la presión familiar, etc. Este espectáculo es abrumador para las personas que no están acostumbradas a estar delante del público, incluso más cuando se trata de familia, amigos, etc. La vergüenza, el miedo escénico, la timidez, el qué dirán, afloran en esos momentos y la mente no puede estar comprometiéndose de forma consciente. Otras parejas lo hacen en privado y creo que puede funcionar mucho mejor.

Ahora, lo que quiero es preguntarte cuánto has sido consciente de tu compromiso de pareja. Si lo has formulado conjuntamente en alguna ocasión. ¿Lo has revisado? Un objetivo en la relación es algo así como la misión en las empresas. Se trata de tener una visión de futuro, de construir unos cimientos y puede ser parecido a algo que se desea aportar a los demás o al mundo, o a la propia relación y no únicamente a los miembros individualmente. Es también algo así como un objetivo para un director de teatro. Este, cuando comienza a dirigir una obra, quiere que el público salga de la sala emocionado y, además, con un pensamiento en su mente, una idea, un concepto, que es el que ha sido el *leitmotiv* de su puesta en escena. Cuando tenemos objetivos en la relación, podemos no alcanzarlos, sin embargo todo ello ha sido mejor que no tenerlos, ya que los objetivos han permitido construir unos raíles por donde caminar con confianza y seguridad.

También vivir los conflictos como una forma de crecimiento nos ayuda a mantenernos en el tiempo. Muchas veces se tiene la ilusión de que el amor implica la ausencia de conflictos, craso error, quizá eso sea en el *mundo romántico*, pero no el real.

El conflicto es, según los grandes pensadores como Freud, una lucha por el poder; para Darwin consiste en la lucha por existir y por consiguiente, el énfasis reside en los procesos de adaptación, y para Piaget, continuador del pensamiento darwiniano, el conflicto consiste en una lucha por ser, ocupando un lugar relevante la resolución de problemas y el aprendizaje. Para que nos demos cuenta de que los conflictos son parte natural de nosotros, desde la biología se cree que las situaciones conflictivas surgen de los instintos y, por lo tanto, son naturales. Si el conflicto es vida, como decía Piaget, ¿por qué huimos de él? ¿Por qué nos asusta tanto que no sabemos cómo comportarnos ante ellos?

Los conflictos pueden ser constructivos o destructivos, todo depende de si encontramos la solución a los temas planteados o, por el contrario, se enquistan y se convierten en luchas de poder. Los conflictos reales pueden no ser destructivos y conducir a aclarar ciertos aspectos de la relación. El darme cuenta de qué está ocurriéndome para entrar en el conflicto, puede producir un efecto sorprendente en el diálogo con el otro. Los conflictos producen una catarsis donde ambas personas emergen con mayor conocimiento.

«El amor solo es posible cuando dos personas se comunican entre sí desde el centro de su existencia. Constituye un desafío constante, no un lugar de reposo sino una plataforma para crecer juntos, que haya armonía o conflicto, alegría o tristeza puede ser secundario»[39], escribió Erich Fromm. Así que no miremos tanto a las emociones y a los sentimientos en la relación, porque puede existir algo mucho más elevado y trascendente derivado de este encuentro. Permanecer en la relación de pareja durante un tiempo prolongado nos proporciona un cierto grado de madurez que no sería posible en las relaciones cortas. Cuando transcurren los años al lado de mi pareja, puedo desarrollar un grado alto de empatía para ponerme en el lugar del otro y saber qué sentido tienen los aspectos particulares de la otra persona o del otro sexo, que parcialmente también puedo encontrar y desarrollar en mí mismo.

Como subraya Joan Garriga, «estar en la pareja significa que estoy disponible a que me pueda doler. Al entrar a la pareja, me abro al amor y al dolor»[40]. Me convierto en un *seductor vulnerable*, condición inexcusable para sentir al otro y conectar con él.

↳EJERCICIO:

* Siente y escribe cómo te sientes contestando a estas preguntas:

—¿Has tenido un propósito personal al unirte a una pareja?

—¿Tienes algún objetivo común con tu pareja?

—¿Lo habéis hablado en alguna ocasión? ¿Habéis establecido un para qué estáis juntos?

—Si no lo tienes, ¿te gustaría tenerlo? ¿A tu pareja?

—¿Qué te impide, si es el caso, tener proyecto en común?

(((-)))

---

39 FROMM, Erich. *El arte de amar.* Paidós Ibérica, 2007.
40 GARRIGA, Joan. *El buen amor en la pareja.* Destino, 2013.

La separación amorosa

> *Nos encanta aquello que estamos persiguiendo y es inaccesible, que no es de tu propiedad.*
>
> MARCEL PROUST

«El gran riesgo que tememos en la vida es la exclusión. Si no soy guapo, el mundo no me va a querer. Si no sé responder a una pregunta, estaré fuera del club de los que lo saben todo. Eso me va a llevar a la exclusión, que es el castigo más grande. Por eso tenemos que aceptarnos a nosotros mismos. Si llevamos al límite la autoexigencia no alcanzaremos nada». Esta afirmación de Alain Vigneau, actor, *clown* y pedagogo, me lleva a pensar que cuando estamos en la relación de pareja lo damos todo con el fin de no sentirnos excluidos. Ese dolor es tan grande que nos recuerda a la primera separación de nuestra madre en el nacimiento. Por no sentirlo somos capaces de mentirnos a nosotros mismos y de mentirnos en la relación, de crear falsas imágenes de nosotros y del otro, e incluso de sacrificar lo más preciado.

Una clienta, que no sabe si separarse de su marido, escribe: «Me siento como un extraterrestre... Siento desconfianza... Me siento encarcelada y siento miedo por el futuro. Siempre vi el lado positivo de las cosas. Demasiada fantasía tal vez. Siempre excusé a las personas que me hacían daño... Buscaba el por qué había hecho eso y siempre encontraba respuesta de modo que podía pasar página rápidamente... y olvidaba... Tengo una facilidad increíble para hacer como si no pasara nada, porque me aferro a cualquier cosa por mínima e imperceptible que parezca, para sentir que todo se puede solucionar. Llevo luchando así cinco años por mi matrimonio. En el último me he dado cuenta de que mi marido tiene una imagen de mí que yo nunca reconocería en mi interior. Aún así... seguí luchando, esperando que de pronto me volviese a ver... Hasta hace dos días. Me dijo que hace catorce años me fue infiel».

Esta mujer, como muchas otras personas, tiene el miedo a verse al espejo que proporciona la relación y se cuenta fábulas para conseguir otros fines diferentes a los de la pareja. Esta clienta, a la que llamaré Pilar, estaba imitando el modelo de su propia madre: viuda joven con cuatro hijos a su cargo, *muy sacrificada*, pero reprochando a los hijos lo que *sufría*. Pilar, sin darse cuenta en un primer momento, imita su comportamiento. Ella piensa que es diferente porque está casada, lo que sucede es que su relación lleva muerta desde hace años. Pilar no se quiere separar por el *bien* de sus hijas y lo que consigue es que las niñas también copien el modelo.

Luchar por el matrimonio... Y me pregunto, ¿merece la pena luchar por algo que tiene que estar basado en el amor? Entiendo que se pueda desear mantener la pareja en momentos de crisis y que se *re-negocie* la relación, sin embargo, *luchar* me parece una palabra muy potente como para incorporarla en el vocabulario de la pareja. Además, implica que hay un enemigo delante por lo que si me *enfrento*, si *tengo que luchar*, voy a sentir miedo ante cualquier encuentro. Si yo tengo que luchar por algo que ha nacido del encuentro mutuo y basado en el compromiso hay algo que ya está desequilibrado. Ese desequilibrio coloca a las personas en niveles de relación diferentes, como hemos visto anteriormente. Ante una crisis profunda comienza a representarse una obra de teatro donde repartimos los papeles de los diferentes personajes: *el bueno, la víctima, el arrogante, el insensible, el inocente y el culpable.* Estos roles los interpretamos y llegamos incluso a creérnoslos ya que, de esa forma, nuestra mente se tranquiliza: así fantaseamos con la idea de que la relación sigue existiendo. La realidad ante esa situación es muy sencilla: la relación está tocando fondo o ya está acabada. Para Pilar, ante su separación, antepone el sacrificio, que la une con su madre, y lo llena de las justificaciones conocidas: los hijos, el estatus...

En mi vida seguí un patrón similar, ya que para mí amar a los demás consistía en dar, en darme *plenamente* y sin equilibrio. También seguía modelos paternos y maternos en este caso. Ya de joven me di cuenta de que si no disponía de un tiempo para mí mismo (yo me decía que dos horas para leer y escuchar mi música) la relación de pareja se deterioraba. Y así lo comprobaba día a día, pero... ¿me daba ese tiempo? Muy pocas veces. Por otra parte, y ante mi ignorancia, en mi primer matrimonio viví lo que experimentan muchas personas: aburrimiento y desidia. Yo pensaba que vivir en pareja tenía que ser aburrido, ya que lo había visto desde niño. Finalmente adecué mis necesidades a las creencias de los demás (y a sus necesidades) y todo ello me llevó a *aguantar en la relación*, verbo potente donde los haya. Aguantar tiene la acepción de soportar, de reprimir, lo que nos conduce a la resignación. Y eso es lo que hice, hasta que mi pareja decidió abandonar y marcharse. Lo mismo sucedió en mi siguiente relación, ante mis carencias, mi falta de autoestima y de asertividad, no podía decir *no*, decir *esto se ha acabado, esta relación está muerta para mí*. Ante esa imposibilidad, ante esa represión de mis necesidades, mi cuerpo comenzó a engordar exageradamente y mis emociones no expresadas me saturaron la mente, lo que me condujo a una depresión y de ahí a los antidepresivos y ansiolíticos.

Necesitamos una presencia importante que funcione como una brújula para conducir la relación donde hemos planeado, donde hemos marcado en el mapa. Los vendavales y tempestades existen, por eso mismo es importante que el timón sea llevado por ambos. En el momento en que alguno, o ambos, se cansan de esa navegación o las tormentas y los accidentes de la vida son más poderosos que nosotros, es el momento de abandonar la embarcación, de la misma forma como se construyó: con amor. No tiene sentido interpretar roles, ni continuar imitando los patrones de los padres, solo tiene valor el satisfacer, quizá por vez primera en la relación, mis necesidades como adulto.

↳EJERCICIO:

- En alguna de tus separaciones:
—¿Has sido sincero con lo que sentías o atendiste a tus necesidades?
—¿Lo fuiste desde el primer momento o lo postergaste?
—¿Hubo una comunicación asertiva en ese caso?

Es probable que no hayas aprendido de tus padres un comportamiento adecuado para tus relaciones de pareja, o quizá sí; sea como sea, la pareja es el siguiente gran maestro de tu vida. Las separaciones también son una buena escuela para aprender de ti mismo y ese aprendizaje te tiene que conducir al amor más puro, al *amor seductor*. Dos personas se escogen por diferentes motivos y casi todos de índole inconsciente, pero se eligen. La separación también es elegida por ambos, lo que sucede es que los tiempos cambian y nuestros pensamientos quizá no. Lo que tapé y escondí en el encuentro, en la ruptura también lo hago. Aunque sea obvio desde fuera, no quiero verlo ya que hay una parte de mi *yo* que se niega a admitirlo.

«Cuando el ego escoge algo y dice me encanta esto o aquello, es un intento inconsciente de encubrir o eliminar los profundos sentimientos que acompañan siempre al ego: el descontento, la infelicidad, el sentido de insuficiencia, que es tan familiar. Por un rato, la ilusión funciona realmente. Entonces, inevitablemente, en algún momento, la persona a la que se eligió (…) no funciona como la tapadera para su dolor, el odio, el descontento o la infelicidad, que tienen su origen en ese sentido de insuficiencia y de sentirse incompleto. A continuación sale la sensación que estaba tapada y que se proyecta sobre la persona que había sido escogida e hizo tan especial»[41]. Por ello mismo también la separación es un aprendizaje sobre nosotros mismos.

(((–)))

---

41 https://www.eckharttolle.com/article/Relationships-True-Love-and-the-Transcendence-of-Duality

Y finalmente la seducción

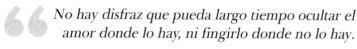

No hay disfraz que pueda largo tiempo ocultar el amor donde lo hay, ni fingirlo donde no lo hay.

FRANÇOIS DE LA ROCHEFOUCAULD

Si esperas una receta, estás equivocado, ya sabes que en este libro las recetas no existen; es decir, las fórmulas milagrosas, la píldora mágica, todo ello no es creíble para convertirte en seductor. Como habrás podido observar, el compromiso contigo mismo es algo fundamental y convertirte en un ser más esencial cada día es tarea prioritaria. Por ello, la pareja es un lugar idóneo para ello.

Para comenzar, si no existe una necesidad de dar afecto por parte de los miembros, no se puede llegar a la verdadera seducción. El afecto no es la emoción amorosa o el cariño que sentimos, el afecto es una acción que implica al otro: le damos o no damos afecto, lo recibimos o no. Por el contrario, las emociones ni se dan ni se quitan, solo se experimentan en uno mismo.

Dar afecto es algo que requiere compromiso y trabajo. Cuidar, ayudar, comprender, etc., a otra persona no puede realizarse sin dedicarse a ello. A veces, no me doy cuenta de esta labor. Por ejemplo, la ilusión de una nueva relación no me ha dejado ver la energía que he puesto para agradar al otro y para proporcionarle bienestar. Pero, en la mayoría de los casos, todos experimentamos el empuje que realizamos para proporcionar bienestar al otro. Y, sobre todo, sentimos el grado de compromiso que tenemos para dar afecto.

El afecto, en este caso, depende del grado de autoestima que tenga sobre mí mismo. Si yo me amo a mí mismo, esto se verá reflejado en los demás. Por lo tanto, si no puedo demostrar mi afecto a quienes me rodean y estiman, entonces seguramente seré incapaz de quererme y de aceptarme realmente.

Las señales del afecto son variadas, desde una sonrisa hasta el cuidado de un enfermo, pasando por el saludo amable y cordial y las promesas de apoyo y de ayuda. Es decir, el dar desde un lugar propio y auténtico. Desde la seducción amorosa.

↳**EJERCICIO:**

• Simplemente, ¿vives y sientes la diferencia entre el amor y el dar afecto? ¿Como lo vives en tu día a día con tu pareja?

(((–)))

Asimismo, el sentimiento de admiración hacia el otro también tiene que estar incluido en la relación. Luis Rojas Marcos lo explica de esta forma: «Mantener la admiración hacia la otra persona, y la complicidad, entendida como un proyecto compartido», es la receta del psiquiatra para mantener la relación. La admiración entendida como el atractivo o la fascinación que nos despierta alguna o algunas de las cualidades de la otra persona. Al comienzo puede ser un atractivo que nos enamora de la persona y posteriormente, al conocerla más y observarla, encontraremos esa cualidad que quizá ella misma desconozca.

Por ello es importante que trabajes en ti mismo y quieras mejorar y superarte cada día. Fomenta lo que a ti te hace sentirte como una persona completa: tus aficiones, tus amistades, todo aquello que te apasione y te dé placer. Es importante que tengas tu espacio y que tu pareja posea el suyo. Tendréis más cosas de las que hablar y la relación se avivará con los aprendizajes individuales.

Para mantener la admiración mutua es necesario ver las cosas positivas de tu pareja, aprender a verla con *buenos ojos*. No te centres en aquello en lo que llamas *sus defectos*, observa también todas esas pequeñas cosas en las que destaca y comunícaselo. Le hará sentirse bien y tú te sentirás mejor con ella. Ya sabes, **lo que das, te lo das, lo que no das, te lo quitas**.

Básicamente, convertirme en seductor en la relación de pareja es conseguir que mi principal deseo sea que ella se encuentre bien, cuidar la relación, sin olvidarme, ni descuidarme a mí mismo.

Ya has visto que no es nada fácil este tema de la pareja. Encontrarla, mantenerla, vivir en el amor y no en la fantasía, todo ello conlleva un grado sumo de compromiso y de autoconocimiento. Así, también, la pareja no es un lugar de rosas, sino de conflicto, por todo lo que hemos ido viendo. Es una lucha continúa, afirma Jodorowsky, así, ¿para qué quieres estar en pareja?

Bromas aparte, si quieres seducir amorosamente a tu pareja, la clave está en tu alma, en tu esencia. La respuesta se halla en ese encuentro que se produce cuando las almas desean encontrarse y, *milagrosamente*, solo puedes saber si eso se está produciendo cuando tienes un alto grado de limpieza interior, cuando te has quitado cargas de tus ancestros y de tu pasado. Cuando deseas algo de la pareja que vaya más allá de la propia persona, quizá en la necesidad de transcender, en nuestra parte espiritual incluso. «Para mí lo de una pareja en el fondo es muy simple: cuando se miran a los ojos, cuando se miran verdaderamente a los ojos, ven solo el alma. Cuando las almas se encuentran en ese sentido, entonces el amor es posible. Pero esas almas se encuentran de manera tal que el individuo no tiene el permiso de apropiarse de la otra alma. No la posee, solo la ve. Pero a menudo entonces desde esas almas hay una conexión que es profunda, que es leal y que es firme con pocas ilusiones. No es totalmente estrecha porque lo del otro es respetado continuamente, y, sin embargo, puede durar». Esta afirmación de Hellinger es una experiencia que hay que vivirla alguna vez en la vida. ¿La has experimentado? ¿Te atreves a dejar tu yo para entrar en la dimensión de las almas y sentir el amor en lo más profundo?

↳EJERCICIO:

• ¿Hace cuánto tiempo que no miras a tu pareja a los ojos? ¿Te es fácil hacerlo? Prueba a hacerlo en cuanto puedas y

1. Estate atento a tus emociones y sensaciones corporales. Escribe cuando las tengas.
2. Fíjate en las de tu pareja. ¿Te mira o pasa a través de ti? ¿Se da cuenta de tu cambio de comportamiento?

(((–)))

Por último, el seductor sabe que la relación entre dos personas se desgasta si no se miran a los ojos. Si deseamos crecer manteniendo la conexión con los demás, los ojos son la puerta por donde nos vemos el alma. Como muestra de este planteamiento te dejo con esta cita de Osho para tu reflexión: «En la relación dos personas se vuelven ciegas la una para la otra. Piensa en cuánto hace que no miras a tu pareja a los ojos. ¿Hace cuánto que no miras a tu pareja? ¡Quizá años! ¿Quién mira a su propia mujer? Has dado por hecho que la conoces. ¿Qué más tendrías que ver en ella? Te interesan más los extraños que la gente que conoces, ya que conoces toda la topografía de su cuerpo, sabes cómo responde, sabes que todo lo que ha ocurrido volverá a ocurrir una y otra vez. Es un círculo vicioso. Pero no lo es; en realidad no lo es. Nada se repite; todo es nuevo cada día. Lo único que ocurre es que tus ojos envejecen, tus suposiciones envejecen, tu espejo acumula polvo y al final eres incapaz de reflejar a la otra persona».

(((–)))

8
La seducción y los hijos

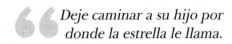

Deje caminar a su hijo por donde la estrella le llama.

MIGUEL DE CERVANTES SAAVEDRA

EL MEJOR PADRE

UN HOMBRE, TODAVÍA NO MUY MAYOR, relataba a un amigo:

—Quise darle a mis hijos lo que yo nunca tuve. Entonces comencé a trabajar catorce horas diarias. No había para mí sábados ni domingos; consideraba que tomar vacaciones era locura o sacrilegio. Trabajaba día y noche. Mi único fin era el dinero, y no me paraba en nada para conseguirlo, porque quería darle a mis hijos lo que yo nunca tuve.

—Y... ¿lo lograste? —intervino el amigo.

—Claro que sí —contestó el hombre—: yo nunca tuve un padre agobiado, hosco, siempre de mal humor, preocupado, lleno de angustias y ansiedades, sin tiempo para jugar conmigo y entenderme. Ese es el padre que yo les di a mis hijos. Ahora ellos tienen lo que yo nunca tuve[42].

(((−)))

42 BENÍTEZ GRANDE-CABALLERO, Laureano. *Cuentos para educar en valores.* Editorial CCS. Madrid, 2011.

Seducir a los hijos, ¡vaya idea! Esto sí que es inusual y provocador ¿cierto? Lo que sí sé es que la educación de los hijos y la relación padres hijos ha cambiado de forma radical en los últimos años. No me estoy refiriendo, como en el cuento, a la intención de darles lo que no recibimos de nuestros padres, o a seguir patrones heredados de un pasado no tan lejano, sino a vivir en el amor con los hijos, independientemente de su comportamiento o de su cercanía o lejanía. Lo que quiero decirte es que al igual que me seduzco a mí mismo, seduzco a mis hijos amorosamente.

Para ello hay que revisar, como en otras relaciones, lo que repetimos de los padres tanto en el aspecto de valores como en los comportamientos inconscientes. También habrá que revisar el rol de padre o de madre. Hay mucha cultura y mucha obligación social que no nos permite conectar con nuestro ser esencial, tantas cosas que hay que hacer que no nos da tiempo para mirarnos profundamente.

Por otra parte, está el hecho de que sin un vínculo amoroso no hay forma de conectar con el amor, aunque podamos estar conectados con la idea del amor paterno-filial, no será fácil establecer la verdadera conexión con nuestros hijos. Así, de esta forma, volveríamos a pensar más que a sentir, a estar más en la mente que en nuestro cuerpo y eso nos aparta de las relaciones humanas, como expliqué en la "Rueda de la Vida".

Para concluir esta introducción, una pregunta directa: ¿De quién son los hijos? Yo mismo repito en bastantes ocasiones: *Hijo, yo soy tu padre y tú eres mi hijo*, y en cierto sentido sé que es así. Mis genes, mi cultura, idioma, valores, mis emociones, se las entrego a él. Sin embargo, ¿cómo puedo afirmar que es de mi propiedad? Legalmente tengo obligaciones sociales, también morales y de conciencia, sin embargo, mi hijo no es mi hijo.

Kahlil Gibran escribió:

Tus hijos no son tus hijos
son hijos e hijas de la vida
deseosa de sí misma.
No vienen de ti, sino a través de ti
y aunque estén contigo
no te pertenecen.

Puedes darles tu amor,
pero no tus pensamientos, pues,
ellos tienen sus propios pensamientos.
Puedes abrigar sus cuerpos,
pero no sus almas, porque ellas,
viven en la casa del mañana,
que no puedes visitar
ni siquiera en sueños.

Puedes esforzarte en ser como ellos,
pero no procures hacerlos semejantes a ti
porque la vida no retrocede,
ni se detiene en el ayer.

Tú eres el arco del cual, tus hijos
como flechas vivas son lanzados.
Deja que la inclinación
en tu mano de arquero
sea para la felicidad.

El vínculo afectivo con los hijos y la pareja

 Tener hijos no lo convierte a uno en padre, del mismo modo en que tener un piano no lo vuelve pianista.

MICHAEL LEVINE

Habitualmente el principal y primer vínculo es el que se establece entre la madre y el niño y se consolida como un vínculo afectivo cuando existe un amor recíproco entre el recién nacido y su madre. Este vínculo será la base sobre la cual se desarrollarán los demás vínculos que establecerá ese ser humano con las demás personas a lo largo de su vida.

Desde que el bebé está en el vientre de su madre, su relación expresiva crece a medida que va creciendo el bebé. Su relación a través del contacto físico, el habla, las canciones, le hacen crear una imagen del hijo que se verá consumada en el momento del nacimiento. Desde ese momento, la presencia de la madre estará llena de mimos, caricias, abrazos, besos y, sobre todo, de protección. Esa relación, que ha comenzado en el embarazo y crecerá a partir del nacimiento, creará el vínculo afectivo a través de las miradas, los mimos y ese contacto corporal entre ellos que incluye, indudablemente, la lactancia.

Este vínculo se irá desarrollando a medida que vuestro hijo recibe las respuestas afectivas de la madre, del padre o de cualquier otro cuidador. A través de lo que recibe de ellos, el bebé aprenderá a reconocer a esa persona y comenzará a mostrar más preferencia hacia ella, llegando a estar alegre con su presencia y triste ante su ausencia.

Se trata de crear una relación emocional perdurable entre el niño y su cuidador o cuidadores que produzca seguridad, consuelo, placer… y que, por todo ello, será el modelo vital para las demás relaciones que tenga ese bebé en el futuro. Como ves, este vínculo es de extrema importancia ya que permite crear un lazo emocional imperecedero entre padres e hijos, e influye directamente en la capacidad que desarrollaremos para establecer relaciones sanas a lo largo de nuestra vida. A esto se le suele llamar apego y, si es alto, nos convertiremos en personas exitosas en nuestra vida social. Al parecer, si nuestro apego es pobre en esta etapa, podríamos desarrollar futuros problemas emocionales, tales como tener una personalidad poco afectiva o caer en el desinterés social. Según diversos estudios, de la fortaleza o no de este vínculo de apego derivan la baja autoestima, la vulnerabilidad al estrés y los problemas en las relaciones sociales.

Para ello es necesario convertirnos en personas verdaderamente empáticas, con el fin de atender las necesidades de esos bebés que no pueden expresarse racionalmente acerca de lo que les sucede cuando lloran o ríen. Estar atento a las necesidades de los bebés y de los niños que solo se pueden expresar a través de las emociones es una tarea nada fácil. Existe el miedo, la ignorancia, lo que *siempre se ha dicho sobre los niños*, que si son unos *manipuladores desde la cuna*, que si son unos *egoístas*, etc. Lo que no se sabe a ciencia cierta es qué le ocurre a un bebé cuando llora; podremos usar la lógica y el sentido común, pero no hay nada como sentirle y averiguar qué hay detrás de sus emociones.

Aquí, a riesgo de equivocarme, voy a dar por hecho que las mujeres, al vivir la experiencia del embarazo, el parto y la lactancia, tienen más fácil, o es más natural, la curación de este vínculo afectivo. Hay múltiples justificaciones y estudios que me inclinan a afirmarlo. Y aunque también es cierto que existen otras madres que no lo ejercen por diferentes motivos (hijos nacidos de una violación, no deseados por diferentes motivos, enfermedades graves que obligan a estar apartados...), quiero creer que la inmensa mayoría sí lo hace por instinto y por amor.

Existen multitud de estudios que lo corroboran. El vínculo intrauterino de la madre con el bebé quedó altamente demostrado con los estudios efectuados hace ya más de seis décadas. Es especialmente ilustrativo el libro de Verny y Kelly, *La vida secreta del niño antes de nacer*[43]: «(el bebé) lo único que quiere es un poco de amor, de atención; si los recibe, todo lo demás, incluido el vínculo, se produce espontáneamente».

---

43 VERNY, Thomas y KELLY, John: *La vida secreta del niño antes de nacer.* Ediciones Urano, 1988.

El vínculo intrauterino no funciona por medios puramente mecánicos o por casualidad; para que se produzca es preciso que se sienta el amor hacia el niño. Así la madre necesitará también comprender sus propios sentimientos, o sea, *despertar su propia escucha*, lo que la conectará con su interior, con sus sensaciones y sus sentimientos verdaderos. De esta forma se crea el vínculo en un primer momento y se fortalece.

Sin embargo, para los hombres no es tan fácil conseguir ese vínculo, al menos para mí no lo fue. Es como si a los hombres nos llegara el amor por los hijos bastante después que a las madres, lo cual tiene su lógica al no tener la experiencia de la gestación. Y nos llega por diferentes vías. La forma habitual en que un hombre se vincula a sus hijos es gracias a la comunicación, el trato y el contacto. También puede ser a través del amor más puro y me voy a permitir relatar mi experiencia desasosegada ante la llegada de nuestro primer hijo para ilustrar lo que quiero decir.

Cuando llegó el día mi mujer me dijo: «¡¡¡Estoy embarazada!!!», y yo susurré: «Qué alegría», y nos abrazamos… «¡Y qué miedo!», pensé yo, pero no lo dije. No me mostré vulnerable ante la situación y automáticamente asumí el rol del padre *fuerte*. Al cabo de unos pocos minutos, después de la noticia, me electrizó un pensamiento: «¡No puede ser una niña, tiene que ser un varón!». Y me asusté más. Después de tanto trabajo personal, de tanta terapia, no podía dar crédito a lo que mi mente me gritaba. ¿Qué había detrás de esta creencia? ¿De dónde vino este pensamiento? ¿De mi padre, que insistía en que *no se perdiese el apellido y que para eso tenía que tener descendencia*? ¿O de millones de años de haber sido los hombres los proveedores de las familias? ¿Procedía mi deseo de tener un varón realmente de las cavernas?

Alegría, sorpresa, miedo, preocupación, desconcierto, expectación, más miedo, quizá algún sentimiento más… Esta mezcla de sensaciones que vivimos ante la noticia de la llegada de un hijo, se va disipando durante los primeros meses… o no. Si se consigue pronto es una felicidad y, sobre todo, una vuelta a la estabilidad. Si no es así, la tempestad dura más tiempo del previsto con su desgaste emocional y de convivencia. Para dominar esa tormenta emocional, yo no sabía qué había que hacer después de estos primeros momentos... ¿Qué papel tomar? ¿Cómo me tenía que comportar? Todas las respuestas me alejaban de los vínculos afectivos con mi familia sin darme cuenta de ello.

Durante este tiempo lo que descubrí es que nosotros reaccionamos como hombres ante el embarazo, no como mujeres. Es decir, que los resortes del inconsciente colectivo del sistema humano saltan como muelles milenarios: la responsabilidad, el proveer, la economía del hogar... Eso sí, unido a la alegría (o no) de ser padres.

Muchas sensaciones y sentimientos juntos, mucha confusión y zozobra emocional. ¿Cuál va a ser mi rol durante este tiempo? ¿Cómo sobrellevar este miedo? Y, sobre todo, ¿dónde se aprende a gestionar todo esto? Mi maestra Dana, me dijo en una ocasión: «¿Crees que no estás preparado para tener un hijo? Pero, ¡si tienes nueve meses para hacerlo!».

Después de esos primeros momentos donde apareció mi *hombre de las cavernas* y otros personajes no frecuentados por mí, me pude tranquilizar y volver a pensar con calma para poder ver las cosas con más distancia. Lo cierto es que el neandertal que hay en mí a veces llama a mi puerta y me pide paso. Ya no le dejo y, para eso, me conecto con mi ser esencial seductor que me procura amor para mí y para los demás.

La experiencia también me sirvió para aprender y reflexionar sobre la relación entre la pareja ante la llegada del primer hijo. Por lo que he podido observar, puede haber dos posturas extremas: la del padre –¿por qué se dice *futuro padre* si ya lo está siendo?– que decide despreocuparse de la experiencia por diferentes motivos, como exceso de trabajo, desorientación emocional, desvinculación con el tema, con la pareja o con él mismo, el que tiene miedo y llega a no asistir al parto... Roles que por suerte van menguando con el tiempo. Y por otra parte los que se dedican a leer todo lo que les cae entre manos y que aleccionan a la mujer sobre sus *obligaciones de embarazada*. Cualquiera de ellas molestan a la madre y al hijo, por supuesto, ya que se hacen desde la parte menos emocional, desde la desapegada y desde la racional. Y allí no puede aparecer el vínculo.

Si los hombres estamos preparados durante millones de años de condiciones genéticas y culturales para conseguir objetivos, ¿qué hacer con la parte emocional? Si la mujer es la que contribuye con la ternura y los sentimientos maternales, ¿qué hace un padre que desea lo mismo? La postura equilibrada sería la que proviene del acompañamiento y el amor, ¿cierto? Es decir, la seductora.

El acompañamiento a la madre en su proceso, esa para mí es la postura de un padre seductor. Ese tiempo de gestación va a ser profundo, en ocasiones rápido, y sobre todo diferente a todo lo que conoces anteriormente. Va a marcar de forma distinta vuestra relación: el organismo de ella va a cambiar para adaptarse a su nuevo *inquilino* y su cuerpo, llegando incluso a deformarse, va a modificarse para sostener y alimentar tanta vida como está creciendo en su interior. ¿Estamos preparados para tanto vaivén?

Así que, ¿ya tienes claro como fomentar la conexión con tu pareja en estos momentos? Lo mejor es acompañar y sostenerla. Acompañar también significa aceptar, aceptar sus cambios de humor, su gozo y sus miedos. Y acompañarlos desde la postura del que no se está transformando tanto. Para nosotros, los hombres, el mantenernos alejados de los procesos químicos del cuerpo de la embarazada es una ventaja (aunque a algunos les gustaría tener esta experiencia, yo incluido). El poder mantener nuestro equilibrio físico nos permite estar presentes ante las necesidades de la madre y el hijo, ante sus alegrías e irritaciones, ante sus angustias e ilusiones. Aunque el vaivén emocional sea diferente y, en ocasiones, intenso.

Ama a tu compañera porque es ella la que se ha encargado de recoger tu semilla y darle *forma*. Ama su cuerpo porque es el que está suministrando a vuestro hijo su alimento y sus primeros contactos con la vida, con sus sentidos, con sus emociones. También de esta forma el hombre se prepara para el vínculo con el hijo ya que va acompañando el proceso de gestación desde el amor.

Y ¿qué pasa con el sexo? Muchos hombres tienen miedo a hacer el amor con sus parejas por miedo a dañar al feto. Hoy ya se sabe que es imposible. Si no existe una causa especial, no hay ninguna razón física por la que tú y tu pareja no podáis hacer el amor durante el embarazo. El pene no puede dañar al bebé de ninguna forma durante el acto sexual. Para la mamá existe una gratificante sensación psíquica tras el acto sexual, que también percibe el feto. El sexo durante el embarazo es placentero para los bebés, ya que en el útero los pequeños están mejor oxigenados gracias a la mayor afluencia de riego sanguíneo durante el coito. Las contracciones vaginales derivadas del orgasmo pueden favorecer al parto. Incluso parece que el semen, rico en prostaglandinas naturales que son las que contribuyen a la contracción de la musculatura del útero, facilitan el inicio del parto.

Es decir, amar. Amar a ambos, madre y niño, contribuyendo a crear un hogar para los tres. Puedes dedicarte a diseñar o colaborar a decorar la habitación del futuro bebé, puedes acompañar a tu mujer a elegir su ropa, pero sobre todo, haz lo posible por acompañarla a las revisiones médicas y a las clases de preparación al parto, es decir, en los momentos donde existe el temor por su parte. Ella quiere sentir al padre a su lado en todo momento, y vuestro hijo también. No es fácil vivir esta experiencia cuando ella comienza a desviar la mirada de nosotros, los padres, y enfocarla más en ella y en su nueva relación. Así, poco a poco, durante nueve meses, nos vamos preparando para la llegada del nuevo bebé.

Amar y amar más aún, gracias a vuestro hijo a través de ella. Y amar al bebé que está formándose a través del cuerpo de la madre. Es hermoso cómo puedes llegar a tener contacto con vuestro hijo a través del contacto corporal. Cómo puedes ver su evolución gracias a los avances tecnológicos y escuchar su corazón. Y no te olvides de hablarle. Si, hablar al futuro bebé. El oído es el primer sentido que desarrollamos en el útero materno y es el primero por el que nos conectamos desde el vientre materno al mundo exterior.

Háblale, cántale y comienza de esa forma vuestra relación, te sorprenderá lo que puede llegar a ocurrir más adelante. Seguro que vuestro hijo reconoce vuestras voces y canciones cuando ya esté en el mundo exterior.

Y, sobre todo, vive tus temores de una forma compartida, ahora vais a ser tres.

Recuerda que lo opuesto al miedo es el amor. Ama cada momento para que tu pareja y vuestro hijo estén creciendo en el amor.

↳EJERCICIO:

- ¿Cómo fue el embarazo de tu madre? ¿Cómo fue tu llegada al mundo, el parto? ¿Lo sabes, lo has preguntado alguna vez? Si no lo sabes, date un tiempo a preguntar a quién lo sepa en el día de hoy. Luego fíjate en cómo te sientes. Para después conectar con alguna virtud o carencia tuya de la actualidad. ¿Existe alguna correlación para ti?
- ¿Cómo se ha originado el vínculo en ti? ¿Ha ocurrido en algún momento determinado o se ha ido desarrollando con el tiempo?
- ¿Qué piensas de las relaciones sexuales durante el embarazo?

(((-)))

¡Ah! ¿Que cómo lo hice yo? No, no se me había olvidado: en mi caso, me hubiera gustado que el vínculo hubiera ocurrido antes de lo que sucedió. La vida nos pone a prueba constantemente y a mí me marcó un nuevo reto con la llegada de nuestro hijo. Deseaba profundamente que existiera *eso* que ya tenía con su madre, esas miradas y ese reconocimiento amoroso, y yo "rabiaba" un poco por no tenerlo. Así fueron pasando los meses hasta que un día, estando a solas el bebé y yo, me le quedé mirando buscando una respuesta por su parte a mi mirada amorosa. Pero no llegaba. Entonces me di cuenta de mi error, buscaba que él me diera su amor y el mío brillaba por su ausencia. Mejor dicho, por mi parte yo efectuaba una búsqueda intelectual y no me conectaba con mis sentimientos, con mi verdadero amor. Cuando me di cuenta, bajé al pozo de mis emociones, mis recuerdos, mi vulnerabilidad y busqué mi amor entre todas las vísceras y las experiencias de mi vida. Fue entonces cuando nuestro hijo me miró y se produjo el vínculo. Una vez más, no me había permitido mostrarme vulnerable con el bebé, yo era el padre y creí que con eso ya estaba hecho todo. Craso error por mi parte. Afortunadamente lo conseguí y volví a descubrirme seductor. Mi luz, nuestra luz, iluminó nuestra relación de padre e hijo y aún lo sigue haciendo.

(((-)))

El terremoto emocional

 La naturaleza ha preparado mejor a las mujeres para ser madres y esposas que a los hombres para ser padres y maridos. Los hombres tienen que improvisar.

THEODOR REIK

Sinceramente, no sé si esta cita es cierta o no, si responde a una realidad o a un juicio no muy progresista. Lo que sé es que, afortunadamente, somos diferentes y que es durante el proceso de gestación y nacimiento donde más claramente se refleja esta disimilitud.

La mujer vive los cambios hormonales que alteran las emociones de forma grave. Este cambio es debido a que los neurotransmisores del cerebro están alterados ya que no reciben los mismos niveles hormonales de siempre. Los niveles de progesterona y estrógenos se duplican y, por este motivo, la parte racional de la personalidad disminuye, a la vez que se refuerza la parte emocional. Este cambio es vivido también por el padre que se siente *desbordado* por tanta emoción cambiante, que en la mujer puede fluctuar entre la ansiedad y la alegría excesiva, y en el hombre tomar diferentes sesgos.

Estos cambios, que están incluso detallados por trimestres, contemplan emociones, cargas emocionales y sentimientos de forma extrema, en ocasiones incluso opuestos: la euforia y la tristeza, el miedo y la ansiedad, todos estos movimientos llevan al llanto y a la risa, al olvido, a los despistes, a los *antojos*. Todo ello puede convertirse en una montaña rusa emocional para la que no hay cinturón de seguridad que te proteja. La mujer lo experimenta sin poder refugiarse en su mente racional.

Asimismo, y quizá sin reconocerlo completamente, la mujer tiene temor, miedo o ansiedad ante el embarazo y el parto.

Inclusive las más sensibilizadas en la maternidad consciente, en el parto natural o las que son asistidas por *doulas*[44], sienten miedo a lo desconocido. Lo desconocido es esa vorágine emocional que se desencadena en este periodo y ante el primer parto. Cierto que hoy en día es de sobra conocido que todas las emociones vividas por la madre afectan al bebé en el útero y es por ello que la conciencia de las madres va en aumento día a día. Y es también cierto que las emociones no las podemos dominar ni gestionar, solo modular. Por ello es importante que el nivel emocional no sea alto durante esos nueve meses.

Ya hemos visto que la modulación emocional es pieza clave para mantener un equilibrio mente-cuerpo y que un seductor de sí mismo puede presumir de esa habilidad.

Y, ¿qué sucede con el niño? ¿Cómo le afecta este vaivén? Ya sabemos que el feto recibe, no solo el alimento a través de su madre, sino toda la información que ella procesa en su cuerpo y su mente. Laura Guttman[45] afirma: «Los bebés no crecen solo por la cantidad de leche que ingieren, sino también –y sobre todo– por el contacto emocional con la mamá». Por ello es muy importante que ese movimiento sea lo más amoroso posible. Que los miedos sean procesados de una forma comunicativa, que se confiesen, que no se guarden, ni se construyan *defensas mentales*, porque todo eso también se lo lleva el niño.

Con esto no quiero decir que no vivamos la vida con toda su intensidad y nos neguemos a expresarnos emocionalmente. Tampoco es mi intención asustar a nadie ya que no es cierto que todo lo que haga la madre va a influir en el niño o en su relación. Como dice Verny, «emociones negativas o hechos que producen tensión no afectarán adversamente el vínculo intrauterino si son ocasionales»[46]. Lo que sí afecta es lo que se vive con mucha intensidad y lo que se esconde, ya sea miedo, vergüenza o tristeza, incluso la alegría.

---

44 Una doula es una mujer que ha tenido hijos y se pone al servicio de otra mujer que va a parir, acompañándola durante el embarazo, el trabajo de parto, parto y puerperio. La doula se enfoca en el aspecto emocional, el bienestar y las necesidades de esa mujer. http://www.durga.org.es/webdelparto/doulas.htm
45 http://www.lauragutman.com.ar
46 VERNY, Thomas y KELLY, John: *La vida secreta del niño antes de nacer.* Ediciones Urano, 1988.

↳EJERCICIO:

• ¿Recuerdas tus emociones durante el embarazo de tu hijo/s? ¿Recuerdas qué sentías ante el parto? Y sobre todo, ¿encuentras alguna relación entre esa experiencia emocional y la personalidad de tu/s hijo/s?

(((–)))

La llegada del *amado intruso*

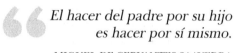
*El hacer del padre por su hijo
es hacer por sí mismo.*

MIGUEL DE CERVANTES SAAVEDRA

Para el padre, la llegada de los hijos se puede experimentar y vivir profundamente como la llegada de un intruso, de un *okupa* que no se va a ir de la casa hasta después de muchísimos años. La pareja se puede romper y se puede recobrar *la libertad*, la individualidad, pero la relación con un hijo no, esta permanece siempre. Y no solo eso, es una persona que ocupa un lugar que antes era solo para el hombre. La madre lo ha ido preparando durante mucho tiempo, desde el deseo de tener un hijo hasta la decoración del cuarto. Para el padre es una especie de intruso que le expulsa de su lugar privilegiado.

Esto es una percepción de cómo te puedes sentir ante esta situación. El hijo puede ser un elemento que venga a perturbar el equilibrio que habías conseguido con tu pareja. La paternidad es una experiencia maravillosa, única, que te puede pillar desprevenido ya que hay parejas que se desequilibran ante la noticia de la llegada del primer hijo y su posterior vivencia.

Existen dos momentos dolorosos para el hombre, dos grandes hitos que marcan su vida y en ambos tiene que separarse de quien ama. El primero es el de la separación de la madre. En un momento de su vida, el joven tiene que decir adiós al mundo de la madre y elegir el de los hombres, si no lo hace nunca crecerá como adulto. Decir adiós no es nada fácil y, como dice Peter Bourquin: «Para poder vincularse es imprescindible poder asumir el dolor de la despedida». Es decir, esto provoca un fuerte dolor en el hombre que sale a la vida.

Igualmente sucede cuando nace el primer hijo, el hombre tiene que separarse de su pareja y esto es doloroso también. Aunque no se trate de una separación física, sí lo es emocional.

Ya no serás el único objeto de las miradas de tu pareja, ahora esa atención está repartida, y no te llevas la mejor tajada.

Y, ¿cómo vivimos los hombres esta segunda separación? Ya durante el embarazo es posible que haya experimentado algún tipo de rechazo ante los cambios físicos de mi mujer embarazada y hayan disminuido las relaciones sexuales, con los consiguientes pensamientos asociados a esa separación que comienzan a menoscabar nuestra relación. Como hemos visto, mis pensamientos me afectan tanto emocionalmente como un impulso externo y la soledad que comienzo a sentir poco a poco hace que me refugie en ellos. Por otra parte, aunque sepa que al feto no le va a suceder nada, es tanta la ternura que puedo sentir hacia él que, inconscientemente, no me atrevo a tener sexo. Estos dos factores hacen empeorar la situación, máxime si no la comparto con mi pareja, si no comparto mis miedos y anhelos. Por otra parte, ella puede pensar que ya no la deseo, o peor aún que tengo la vista puesta en algún objetivo fuera de la relación, es decir, que no la veo como mi amante. Con lo que se agrava la distancia y puede comenzar a crear una separación importante en nuestra relación.

Entre la maraña de pensamientos que te surgen puedes hacerte preguntas como estas: ¿Volverá a ser mi relación como antes? Obviamente, la respuesta es negativa. Ahora comienza una nueva etapa y hay que comenzar a reubicarse en la relación de pareja… con el tercer invitado en casa. Nuestra figura comienza a menguar y eso no le suele gustar a nadie.

Por todo ello, es importante que sepas y asimiles cuál es tu nuevo lugar en la familia que se acaba de montar. Y que, a medida que los hijos vayan creciendo, vas a ir tomando un rol más claro. Pero antes de que llegue este momento, recuerda que tienes muchísimos recursos para crecer en esta nueva situación.

↳EJERCICIO:

- ¿Cuáles pueden ser esos recursos que menciono anteriormente? ¿Cuál quieres que sea esa relación? ¿Cómo quieres que sea?

Seducir a la pareja y a los hijos en los primeros años

 El niño no aprende lo que los mayores dicen, sino lo que ellos hacen.

BADEN POWELL

Para seducir a los hijos existe una *fórmula mágica* que consiste en tener un continuado y amoroso contacto físico con ellos durante los primeros años de su existencia, como ya he mencionado anteriormente en la creación del vínculo afectivo. Afortunadamente, hoy está cambiando la opinión de la sociedad en cuanto al tema de la relación amorosa y física entre padres e hijos. Sin embargo, no hace mucho, la opinión mayoritaria era negativa ante el afecto demostrado a través de las caricias, los abrazos y los besos: «Si sigues así, le vas a convertir en un mimado, no le vas a hacer fuerte (o afeminado, en el caso que fuera un varón); fíjate, de tanto mimo tiene *mamitis* (o *papitis*)». Y esa creencia aún la podemos observar en comportamientos paternales o incluso en tendencias para enseñarles a dormir solos[47]. Por ejemplo, esta fórmula reputada afirma que hay que dejar solo al bebé para que aprenda a dormirse y se aconseja a los padres a no cogerle en brazos ni darles de comer cuando lloran porque se encuentran solos en su cuna. Los padres pueden ir a consolarle tras un tiempo pero sin contacto físico.

A mediados del siglo pasado, un médico y psicoanalista austriaco, René Spitz, centró su investigación en el área del desarrollo infantil y comenzó sus trabajos observando el proceso de niños abandonados por sus madres que llegaban a centros de huérfanos y hospitales. Sus descubrimientos le llevaron a la conclusión de que la mortalidad de los bebés hospi-

---

47 ESTIVILL, Eduard. *Duérmete niño. El método Estivill para enseñar a dormir a los niños.* Plaza & Janés, 2014.

talizados que eran separados de sus madres era estadística-
mente mucho mayor de la esperada, especialmente cuando los
niños habían sido ingresados tras haber establecido ya un vínculo afectivo con sus madres. Spitz descubrió que esta mortalidad empeoraba en relación con el cariño o el desprecio con
que las enfermeras trataban a los niños. Es decir, por más que
los bebés fueran debidamente alimentados, aseados y medica-
dos, si eran tratados fríamente, sin ninguna muestra de afecto,
ni siquiera con el tono de voz, la tasa de fallecimientos era
anormalmente alta.

Como se siguió comprobando a lo largo del siglo XX, la
falta de cariño a través del contacto físico produce en los niños
un estado similar a de la depresión adulta. Y, cuando se trata
de pocos meses, puede ser reversible. Si el tiempo es prolongado, conducirá al niño a la incapacidad de entablar vínculos
afectivos.

Por todo ello, si quieres criar un hijo sano emocionalmente y
con dotes sociales, dale al bebé caricias y contacto amoroso a
través de miradas provistas de ternura, palabras suaves, caricias,
porque todo ello permite que crezca de una forma adecuada.

Ahora bien, ello no significa que le permitas todo, que le
regales todo, que llenes su vida de objetos materiales y que no
aprenda la palabra *no*. Y esto también comienza a edad temprana, como veremos más adelante.

↪**EJERCICIO**:

• ¿Qué espera tu hijo de ti como madre o como padre?
Escríbelo en un papel y divídelo en dos columnas: en una
pones lo que ya tiene de ti y en la otra lo que aún le falta.

(((−)))

> *Para cuando un hombre se da cuenta de que quizás su padre tenía razón, ya tiene un hijo propio que piensa que su padre está equivocado.*
>
> CHARLES WANDSWORTH

En estos momentos de la vida, con la llegada de los hijos, los padres nos estresamos mucho, los puntos de atención comienzan a multiplicarse y parece que no damos abasto para llegar a todo: cumplir con el trabajo, atender la casa y a los hijos. Claro, dejamos para el final algo que se da por hecho que va a seguir funcionando: la pareja. En muchas ocasiones parece que es lo que sucede, pongo toda mi atención en ese ser indefenso recién nacido y me olvido de que mi pareja es tanto o más importante. Bajo este movimiento de roles, el hijo puede convertirse, mejor dicho, lo podemos convertir, en *el rey de la casa* y puede llegar a desplazar incluso a los padres. Esta situación se presenta cuando ambos vuelcan toda su atención en el nuevo miembro familiar y se olvidan por completo de que tienen una relación que cuidar y que alimentar. Como hemos visto, también existe el peligro de que esté proyectando en el hijo mis carencias afectivas con mis propios padres, por lo que en mi radio de acción ya no veo a mi pareja.

Desde el punto de vista sistémico y siguiendo los *Órdenes del Amor* de Bert Hellinger, la pareja es lo primero, luego viene el hijo, los hijos. En este orden, tienen más derechos los padres frente a los hijos y si lo invertimos se produce un desequilibrio importante. No podemos dejar desatendida la relación, ya que esta se nutre de un dar y recibir a partes iguales, como hemos reflejado en capítulos anteriores. Cuando nos volcamos solo en dar (al hijo), la relación se diluye, comienza a sentirse desatendida y a debilitarse.

Cuando nace un hijo, éste une a la pareja de por vida, la relación que se ha creado es la de ser padres de ese hijo. Los padres dan y los hijos reciben y quien ha llegado antes al sistema tiene más derechos, ya que antes de ser padres han sido pareja, tal y como se observa en las Constelaciones Familiares. Si el hijo siente que le dan todo, que es *el rey de la casa*, se convertirá en un tirano con los padres, sintiéndose en el fondo inseguro. Si los padres dan a la relación y también al hijo, aunque sea menos, este sentirá que la relación es fuerte y que puede crecer bajo su amparo.

Los padres crecen cuando se convierten en progenitores y esto les da mucha fuerza para poder hacer ese trabajo desde el lugar del dar. Cuando esto no ocurre los hijos se desequilibran. Hay padres que no toman decisiones *por el bien de sus hijos* y consultan, postergan o deciden que elijan los hijos. Esto proviene de la incapacidad de los padres para resolver sus propios conflictos o porque proyectan en ellos sus propias inseguridades o carencias. En estos casos damos a los hijos el puesto de padres y nosotros nos convertimos en hijos, creando un fuerte desorden sistémico que en el futuro se verá reflejado en la insatisfacción de los hijos hacia los padres, y de ahí los conflictos fuertes y la violencia, en algunas ocasiones. Por ejemplo, ante un divorcio, hay padres que preguntan a los hijos con quién se quieren ir a vivir creando un fuerte conflicto en los niños o jóvenes. «Si los padres deciden quién debe vivir con el niño, éste conserva su inocencia y puede continuar queriéndolos a los dos de la misma forma», escribe Svagito Liebermeister[48].

Hace años, un hombre en la treintena, que ya había trabajado aspectos de autoestima, relaciones positivas e inteligencia emocional conmigo, me envió a consulta a sus padres para que ellos «entendieran lo que yo explico sobre las emociones y mejoraran su relación de pareja», según sus palabras. Esta pareja había cumplido ya los setenta años. La madre quería aprender y tener mejor relación con su marido y por eso acudía a las sesiones. Sin embargo, el padre no veía ningún tipo de problema o necesidad de mejora en él, opinaba que su relación marital *estaba bien* y que, simplemente, no entendía por qué su hijo estaba enfadado con él. Les saqué los muñecos de *playmobil* con los que trabajo para hacer Constelaciones Familiares, e hicimos una representación de cómo se encontraba el sistema familiar. Ante la imagen de los muñecos le hice

48 LIEBERMEISTER, Svagito. *Las raíces del amor. Constelaciones Familiares.* Gulaab, 2007.

ver que había colocado a su hijo a la misma altura que él mismo y me contestó: «Claro, mi hijo y yo somos amigos». Luego, me confesó que el hijo llegaba al maltrato físico con ellos. Mi trabajo durante unos meses fue recolocarlos en el sistema como padres, cosa que consiguió, llegando a sentirse satisfecho al crear un nuevo tipo de relación paterno filial con su hijo. Para mí hubo un resultado añadido: el hijo se enfadó conmigo y, en una ocasión, llegó a querer descargar conmigo la misma rabia que tenía con los padres.

Por lo tanto, por una parte, trabaja por la relación y no olvides que nunca será igual que antes. Las fuerzas se han desequilibrado con la nueva presencia, pero se pueden reequilibrar si pones coraje y amor. Y por otra, crea también una relación sana con tus hijos, sin llegar al autoritarismo, ponles límites y conviértete en *el arco para que alcancen su felicidad*.

↪EJERCICIO:

• ¿Cuál es el equilibrio sistémico en tu familia? ¿Quién está en su sitio y quién no?

(((−)))

> *El niño tenía todos los juguetes*
> *que su padre quería.*
>
> ROBERT C. WHITTEN

No maltrates a tus hijos dándoles todo lo que te pidan. Ponles límites. No les des lo que te pidan dales lo que necesitan. Y ¿cómo se hace eso? Hay un camino que transita por nuestra parte emocional y que nos acerca a la seducción con los hijos: según los estudios efectuados hasta ahora sobre nuestro cerebro, hasta los siete u ocho años no podemos tener una conciencia racional sobre lo que hacemos, no podemos emitir juicios juiciosos. Nuestro neocortex está desarrollándose aún y se afirma que este no termina hasta los treinta años, aproximadamente. Los resultados de investigaciones neurocientíficas sugieren que el córtex prefrontal es la zona que experimenta un período de desarrollo más prolongado. Esta región cerebral es importante para funciones cognitivas superiores como la planificación y la toma de decisiones. Además, juega un papel clave en el comportamiento social, la empatía y la interacción con otros individuos, y en ella residen algunos rasgos de la personalidad. Se cree que la corteza prefrontal es en realidad *la parte del cerebro que nos hace humanos*, ya que hay una fuerte relación entre esta área cerebral y la personalidad de una persona. Su maduración no está relacionada con los cambios hormonales, sino con la edad y el aprendizaje. Por todo ello nuestra conexión con los hijos tendrá que ser emocional o no será.

Nuestra cultura y educación ha hecho que confiemos tanto en nuestro cerebro que aún seguimos creyendo que los niños menores de ocho años van a entendernos lógicamente cuando tratamos de explicarles la importancia de algo. Cuando un niño se cae en el parque y llora, los cuidadores le recogen y le dicen: «No llores» o «No pasa nada». Después de un centenar de veces repitiendo esa instrucción, el niño recibe claramente la idea de lo que tiene que hacer, que es no mostrar la consecuencia fisiológica de la emoción. Si el infante tuviera la capacidad racional impropia de su edad, seguramente estaría encantado de decir: «Lo siento, mamá, papá. Siento muchísimo haberos hecho levantar del banco donde estabais charlando animadamente con los otros papás. La próxima vez no lo haré». Porque realmente a los que les molestan las lágrimas y los llantos es a los adultos que no se quieren ver en ese espejo. Así, cuando queremos explicarles algo con la lógica adulta, caemos en la frustración. Y este sentimiento negativo se supera cuando, junto con las palabras, incluimos nuestras emociones y movilizamos nuestro cuerpo para estar a su altura. Es decir, usando todo lo que somos.

En países como EE.UU. o Francia, cuando nosotros decimos *no pasa nada*, ellos afirman: *está bien*. Lo que para mí quiere decir que acepto lo que sientes, que valido tus emociones y las legitimizo, es decir, que te acepto en esta fase de la vida donde solo puedes expresarte a través de tus emociones y de tu cuerpo. Reitero una vez más que los niños están gobernados por su cerebro límbico y no pueden, no solo expresarse racionalmente, sino tampoco modular lo que sienten. No cuentan con el intelecto o la razón para comprender sus estados internos[49], ellos viven el presente, el aquí y ahora. Por supuesto, no entienden el luego ni el mañana, y cuando cambian de objeto de atención, también cambian de emoción. Es por lo que los adultos creen que fingen sus emociones y las desvalorizan, negando de esa forma su única forma de expresividad.

↳**EJERCICIO**:

• ¿Cuánto permites a tu hijo las muestras de tristeza, enfado o de miedo? ¿Cuánto te lo permites tú?

(((–)))

---

49 GONZÁLEZ VARA, Yolanda. *Amar sin miedo a malcriar.* RBA Libros, 2010.

Hace ya tiempo, estando en el parque con mi hijo de dos años, presencié una escena muy cotidiana para los que frecuentamos los parques infantiles. De repente, un niño que estaba jugando con la arena, entró en cólera, llorando y pataleando porque otro niño le acababa de quitar su cubo. La madre, apresuradamente, se acercó a su hijo y le exclamó: «¡No te pongas así! ¡Debes aprender a compartir!». A su vez, el padre del otro niño le dijo a su hijo: «¡Devuelve el juguete ahora mismo! ¡No es tuyo!».

De nuevo, los niños no entienden nada más que el lenguaje emocional. Van entrando lentamente en lo racional y no lo alcanzan hasta una edad ya avanzada. Cuando unos padres se comportan como en la anécdota, no se percatan de que su tono de voz y sus gestos están hablando por ellos y que sus hijos no entienden las palabras, por muy sensatas que les parezcan a los progenitores. De esta forma, les estamos aleccionando con este tipo de mensajes: «¡No te enfades! ¡No sientas lo que sientes!». Por supuesto que con la mejor de nuestras intenciones y para evitar su sufrimiento, cuando, en realidad, no le estamos permitiendo experimentar su enfado, su ira.

Y, ¿qué ocurre cuando nuestro hijo siente otras emociones como los celos o la envidia? ¿o cuando se pone triste porque su globo se ha volado o su juguete preferido se ha roto? Muchos padres y cuidadores, rápidamente intentan distraerle comprándole otro o con algo nuevo, para así evitarle la pena o la angustia. De esta forma no validamos lo que el niño siente, no le legitimamos por lo que es, en definitiva, no le estamos valorando.

Desde pequeños nos han enseñado que existen emociones buenas, como la alegría y otras no tan buenas, como la tristeza o el enfado y nos adiestran para reprimir estas últimas, a no sentirlas…. para no sufrir… Pero, al intentar proteger a nuestros hijos de ciertas emociones, en realidad, les impedimos que descubran qué pensamientos les han llevado a experimentar esas emociones. Solo a través de la gestión de sus pensamientos tendrán la oportunidad de decidir libremente si quieren mejorarlos o no.

Los niños necesitan sentirse tristes, ansiosos, enfadados y envidiosos. Nuestro papel como padres es acompañarles mientras sienten esas emociones.

Nuestra educación, como reitero, ha sido represora en lo corporal y en lo emocional como forma de expresión, de comunicación y se ha conseguido primando la mente por encima de las otras, ¡como si fuera una lucha! ¡Como si hubiera que ganar algo! Nos metimos en esta guerra sin darnos cuenta que nosotros somos un todo y que no hay división alguna en nuestra comunicación.

Todo ello nos condujo a una realidad donde no aceptamos nuestras propias emociones y no las queremos, o no podemos, ver en nuestros hijos. Los adultos solemos justificar lo que sentimos, es decir, lo racionalizamos, posiblemente para sentirlo menos. Así, escondemos nuestros enfados o nuestros miedos, porque no está bien visto hablar de lo que sentimos. Entonces hablamos de *estrés*, o de *agobios*, o de la *coyuntura*, o de lo *mal que están los demás*, justificando así nuestra distancia emocional. Como dije al comienzo del libro, «muchas veces pensamos lo que sentimos y pocas sentimos lo que sentimos». De esa forma nos alejamos de nuestros hijos.

De nuevo en el parque, un niño de cinco años molestó a otro de dos y este se echó a llorar. El niño mayor le gritó, burlándose: «¡Lloras como una niña, como una niña...!» Al cabo de media hora, escuché a un padre gritar a su hijo: «¡Te pasas el día llorando, nenaza!». Esto no es una exageración, ni algo de otras épocas, sucedió en Madrid en el verano de 2013.

Lo que quiero comunicarte es que las emociones forman parte fundamental de tu vida y que puedes aprender a expresarlas para poder conectar con tus hijos y también poderlas compartir. De esa forma podrás acostumbrarles a que ellos compartan las suyas, lo que contribuye sobremanera a aumentar el vínculo y nos convierte en padres seductores.

(((–)))

Unos días atrás, no muy lejos de aquí, sucedió esto:

Un padre se enfadó mucho con su hijo de dos años, le pegó un grito y el niño se asustó bastante. El padre, al darse cuenta del miedo del niño, quiso rectificar. Entonces bajó el tono de su voz y se puso a su altura, pero el niño estaba llorando tanto que ni se dio cuenta del cambio del padre.

Después de unos minutos, el niño se calmó y el padre también. Éste, realmente, ya tenía la mente en otras cosas de tan rápido que van los pensamientos y la vida. Entonces se levantó y al pasar al lado de la sillita del niño, con sus manitas éste le agarró por la cintura fuertemente, como solo un niño pequeño de esa edad puede hacerlo, y le preguntó sin mirarle:

—Papá, ¿te enfadas?
—No, hijo mío, contestó el padre.
Y el niño, así sujeto a su padre, continuó con la pregunta.
—Papá, ¿te enfadas?
—Que no, hijo.
—Papá, ¿te enfadas mucho?
El padre hizo una pausa y recapacitó:
—Sí, hijo mío, me enfado mucho, pero ahora no estoy enfadado, estoy contento.
El niño contuvo la respiración y dijo:
—¿Me quieres?
—Sí, hijo, yo te quiero… Y cuando me enfado… te quiero.
El niño volvió la cara y, sin soltarse, le dio un beso. El padre prosiguió:
—Cuando me enfado te quiero y cuando me enfado mucho, te quiero mucho y cuando me enfado muchísimo, te quiero muchísimo.
El niño seguía abrazado a su padre sin aflojar un poco. Y el padre concluyó:
—Y cuando te digo "no", es cuando más te quiero. Siempre te quiero.
El niño volvió la carita hacia su padre, le miró brevemente y le dijo:

—¿Jugamos, papá?

Y le bajó de la silla y jugaron.

↳**EJERCICIO**:

- ¿Cómo muestras tu lado emocional y tus sentimientos a tus hijos? Y, sobre todo, ¿cómo lo hacen ellos?

(((–)))

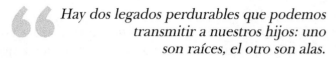

*Hay dos legados perdurables que podemos
transmitir a nuestros hijos: uno
son raíces, el otro son alas.*

HODDING CARTER

Los niños cambian de emociones, al igual que nosotros lo hacemos, pero no nos percatamos de nuestro movimiento emocional incesante, hemos perdido esa habilidad. Los niños no son unos *perversos manipuladores,* como he escuchado muchas ocasiones, únicamente viven las emociones como cualquier ser humano, de una forma intensa y cambiante. No es que nos quieran utilizar o mentir con esas mudanzas, es que las emociones duran breves instantes y ante cualquier estímulo, mudan. Otra cosa son los sentimientos que vienen acompañados de un pensamiento o razonamiento y pueden durar minutos o toda una vida. Los niños, al no tener el neocortex desarrollado como un adulto, no pueden tener sentimientos perdurables hasta la edad de los ocho años, como hemos visto anteriormente. Si no entendemos este hecho biológico, si mantenemos esa visión negativa del comportamiento infantil, estaremos enfadados con nuestros hijos de forma continua, lo que perjudicará nuestra conexión con ellos. Es decir, que los niños estarán enfadados el tiempo que dura el enfado, pero la frustración o el odio, dependerá de cuanto les duren los pensamientos asociados a esa rabia, es decir, menos que a un adulto.

La conexión derivada de mirar a un niño como si fuera un adulto, se llenará de creencias limitantes que son las habituales en nuestra sociedad. Hace poco escuché decir en la radio a una famosa actriz española: «Yo no creo en la inocencia de los niños», y es posible que muchas personas piensen lo mismo. La seducción de los hijos no puede existir con estos pensamientos, sino fomentando la conexión amorosa, es decir, aceptando cuál es su forma de comunicarse, en un primer lugar.

Por supuesto que existen las rabietas, los berrinches y hasta las mentiras, y para todo este estallido emocional existen formas de comportamiento por parte de los padres donde al niño se le respeta pero no se le deja conseguir sus metas ya que eso sería no ponerle límites.

Una rabieta aparece cuando una gran carga de frustración, a menudo acompañada de miedo, se empieza a crear dentro del niño por no conseguir lo que desea, hasta que está tan lleno de tensión que necesita explotar para poder liberar esa carga emocional. Los deseos del niño pueden ser por algo material o por algo incluso emocional, algo confuso que ni él mismo puede definir. Una rabieta es el equivalente a un cortocircuito. Una vez que se inicia, ni un adulto la puede interrumpir ni el niño la puede controlar. También cuando prohíbes algo a tu hijo este puede comenzar a incubar una rabieta que estallará en el momento en el que menos te lo esperas.

La forma que tenemos los adultos de manejar una situación así es acudiendo a la razón, a hacer razonable la situación. Sin embargo, en un estallido de rabia, la mente no escucha, está embotada, cuanto más en un niño. Por ello, actúa como si se tratara de algo *normal* (recuerda que muchos de nosotros hemos tenido ataques de ira en algún momento de nuestra vida), vigila que no se haga daño y, cuando todo el nivel emocional haya pasado, háblale de la situación vivida y recupera la conexión con él.

En estos casos, donde los límites aparecen, es importante mantenerse firmes. Por supuesto que hay que ponérselos porque de esa forma los hijos aprenden a conocerse y aprenden a tolerar la frustración, con la que tendrán que vivir durante toda su vida. Los límites les dan seguridad, les demuestran que nos preocupamos por ellos y les enseñan las claves para convivir con los demás respetándolos, así como a manejarse en el mundo que les rodea.

Y, ¿por qué muchas veces no pones límites a tus hijos? Desgraciadamente hemos pasado de un exceso de autoridad, de autoritarismo, a una dejadez y permisividad absoluta. Hemos experimentado el paso desde la disciplina exagerada y casi represora (la violencia física común en las casas y en los colegios de hace décadas), hasta el otro extremo en el que todo está permitido y donde los padres presumen de ser colegas de sus hijos. La palabra *autoridad* la identificamos con castigo y represión. Sin embargo, autoridad deriva del verbo latino *augere*, que quiere decir "hacer progresar, ampliar, completar, apoyar", entre otras. Y, ¿no es esta la meta de cualquier padre hacia sus hijos? ¿Ayudarles a progresar?

En muchas ocasiones, me preguntan cómo se ponen los límites y a qué cosas. Las normas no las puede marcar nadie de fuera de la familia, serán las que los padres consideren y tendrán que ser aceptadas por los hijos. El cómo es más complejo porque incluyen, de nuevo, las emociones, particularmente el enfado.

↳EJERCICIO:

• ¿Te enfadas cuando tu hijo tiene una rabieta? ¿Le chillas o le gritas? ¿Te distancias con precaución? ¿Le ignoras? ¿Cuál de estas actitudes te parece más seductora?

(((–)))

> *Dale a tu hijo una idea constructiva,*
> *y lo habrás enriquecido para siempre.*
>
> MONTAPER

En el parque, el otro día: «¡Toni! ¡ A ver si me voy a enfadar!» Un padre se dirigía a su hijo de esta guisa, sin darse cuenta que se encontraba ya alterado, soltando su ira a través del grito de su voz y de su cuerpo crispado.

Creo que los españoles tenemos la costumbre de decir que estamos enfadados cuando hemos sobrepasado los límites del enfado y hemos entrado en el ataque de ira, rabia o cólera. El enfado no es eso, no es dar gritos como posesos, no es amenazar a los niños o a los que creemos o sentimos débiles. Es poder expresar lo que sentimos a quien corresponda, desde la mayor o menor tranquilidad.

Solemos sentir el enfado cuando se ha cometido algún tipo de injusticia o abuso, o se han traspasado nuestros límites. Esto lo pueden hacer los demás o incluso yo mismo, por ejemplo, si me comprometo a cumplir con algo que no consigo realizar: me apunto a un gimnasio y no voy casi nunca, o nunca. Es curioso que, habitualmente, el enfado lo proyectamos en los demás, o contra "las circunstancias" y raramente lo hacemos nuestro. No es fácil que lo queramos sentir nuestro, nos han educado con el mandato de que «los niños no se enfadan, ¡faltaría más!».

«Estás enfadado», le digo a un cliente y automáticamente responde: «¿Yo? ¡¡¡Qué va!!!». Cuando me pide explicaciones de por qué lo digo, insisto en que se dé cuenta de cómo se encuentra de irritado. El cliente suele decir que no es lo mismo, que él no está en ese estado y fuerza una sonrisa que en ocasiones se transforma en mueca. Le explico que una irritación es un enfado leve en el sentido emocional. Pero continúa sin estar de acuerdo en que eso sea un enfado, e insiste: «Esto es algo habitual, no un enfado. Además ¿cómo lo sabes?». Entonces le explico que su voz se ha metalizado o enfriado y que ha cambiado el eje de su cabeza para mostrar algo de desafío. Que posiblemente no se haya dado cuenta de que algún músculo de su cuerpo se ha tensado o de que su circulación ha variado el ritmo. Todo consecuencia de la descarga de un neurotransmisor que se ha activado en su cerebro ante mi estímulo en la sesión cuando le he dicho algo que le molestó. Y finalmente comienza a admitir que eso es lo que llamamos enfado.

La famosa frase de Aristóteles ilustra sobremanera el principio de la Inteligencia Emocional: «Enfadarse es fácil, lo que no es fácil es enfadarse con la persona correcta, en el momento oportuno, con la dosis justa y por una causa noble». Y nuestro hábito es achacar a los demás nuestro malhumor o nuestra alegría: «Me enfada Fulano»,«Es que Mengana me irrita», o incluso (aunque sí que influye y no es determinante) culpabilizamos al tiempo de nuestros enojos, como si el hecho de que lloviera fuera motivo para sentirnos ofendidos.

El enfado pide ser expresado, si no se convierte en una carga emocional y, de tanto guardarlo, termina por estallar de la forma menos adecuada. El enfado pide poner límites, decir *no* a quién corresponda o reclamar justicia. Ser asertivo.

Los padres que no ponen límites a edad temprana a sus hijos se encuentran con adolescentes y jóvenes llenos de rabia descontrolada que, como bumeranes, se vuelve contra ellos. Decir *no* a los hijos, con compresión y amor, permite que sepan repetirlo cuando crezcan y alguien traspase sus límites. Si no ponemos límites, los convertiremos en adultos tan *buenos* que no sabrán cómo defender sus derechos o lo hagan como niños. Comunicar la molestia, la irritación en niveles bajos o leves de enfado, permite la reflexión, la conversación y el arreglo anterior al conflicto.

No *sabemos*, mejor dicho, no *queremos* saber que estamos enfadados, con el fin de complacer a los demás. Aún de adultos todavía necesitamos agradar y complacer a los padres que nos han inculcado que *los niños no se enfadan* y cuando faltan los padres lo continuamos haciendo para los demás. Decir *no* de mayores es un esfuerzo en ocasiones titánico. Por ello, ante estas situaciones, aparece en nuestro rostro la mueca del niño-adulto *bueno* que termina por complacer a los demás antes que mostrar su irritación.

¡Y sería tan sano podernos dar cuenta de cómo son nuestros enfados! Los pequeños, cuando comienzan, cuando aún podemos darnos cuenta de que podemos cambiarlos, de que podemos dar marcha atrás, y comunicarlos. Así, de esa forma, podríamos verlos en los hijos y ayudarles a poderlos modular. Momentos donde aparecen, claro está, es cuando ponemos límites con autoridad, y con amor. Ante esta situación el enfado aparece y es ahí donde podemos intervenir antes de que se acumule, antes de que estalle incluso.

Nuestro hijo, desde que nació hasta los cinco años que tiene al escribir estas páginas, no tiene las grandes rabietas que veo en los demás y me gusta pensar que es debido a que le permitimos enfadarse, tanto en casa como en la calle. Es más, apoyamos su necesidad de comunicarlo a quien corresponda. Hace un par de años, en una función de teatro donde los actores interpretaban el cuento votado por los niños, Héctor se enfadó soberanamente al no ser elegida su propuesta (como solo un niño sabe hacer, libre y sinceramente). Tras la función, nos encargamos de encontrar a alguien que pudiera recibir su frustración. Afortunadamente, en esta ocasión, fueron los propios actores que recibieron las quejas estoicamente, aunque con un grado sumo de sorpresa. Lo más importante fue que, aún con su enfado, disfrutó la representación como el que más, y mantuvo su frustración hasta que la comunicó y la soltó. ¡Ojalá los adultos pudiéramos ser tan inteligentes emocionalmente y tan sinceros con nosotros mismos!

A nuestro hijo, para modular sus enfados, le hemos enseñado desde pequeño un poco de meditación o *mindfulness*. Jugando le hemos dicho que la figura de los *mudras*, juntar los dedos de las manos en el aire, es *estar quieto como una rana*, como el título del libro[50]. Ahora lo pone en práctica, de *motu propio*, cuando se siente alterado. Con cinco años lo hace por sí mismo, como el pasado día en un concierto de música clásica, y cada vez más a menudo. Sus palabras son que se pone así *para relajarse*.

Quizá estés pensando que esto que escribo es una exageración, que no merece la pena tanto esfuerzo o, de nuevo, que los niños manipulan o chantajean... o que ya se le pasará. Y

---

50 SNEL, Eline. *Quietos y tranquilos como una rana*. Kairos, 2013.

mi pregunta es: ¿acaso a los adultos se nos pasan los enfados que no soltamos cuando los sentimos? ¿Somos tan efectivos con nuestra comunicación? ¿No será más bien al contrario? Que nuestros enfados se acumulan y los descargamos con quien menos lo merece o con los más débiles, como los niños. ¿O se convierten en enfermedades a las que no solemos mirar de frente? ¿O, simplemente, nos narcotizamos? Hoy mismo ¿cuántos padres permitimos que nuestros hijos se enfaden en público o en privado?

Una parte de mi proceso de madurez y de aceptación de mí mismo ha consistido en aceptar mis enfados de forma natural. No solo aceptarlos, sino expresarlos públicamente. En ocasiones, en mis sesiones o talleres hay situaciones que me enfadan, no así las personas (que no lo buscan a propósito), sino un determinado comportamiento (como la inacción o la insensibilidad), entonces dejo que aparezca mi enfado sobre la situación: suelto una palabra malsonante o aumento el tono de voz o dejo que mi cuerpo se tense y destense con un gasto de energía... Porque, seamos sinceros, descargar el enfado ¡¡¡nos hace sentirnos tan bien!!! Todo esto me acerca a mi libertad emocional y me acerca más aún a los demás. Permito la conexión seductora.

Esta emoción que pide poner límites a los demás, usada con inteligencia, con equilibrio y sabiendo modularla, te permite ponerle límites a tus hijos para que puedan desarrollarse más sanos el día de mañana. El enfado tiene que ver con tus derechos como persona, cuando alguien los pisa, te sientes enfadado. Este concepto de asertividad es necesario para que tus hijos puedan desenvolverse sanamente con sus propios derechos y con las normas sociales en un mundo que siempre las tuvo.

↳EJERCICIO:

• Cuando tu hijo no ordena su habitación de qué forma te comportas:

1.   No le dices nada y la recoges sin comentarlo siquiera. Además justificas su acción.
2.   Le echas la bronca, descargas tu enfado de la forma menos amable posible. Y buscas justificación para tu acción.
3.   Le dices lo que ha hecho y le compartes cómo te sientes ante su comportamiento. Además le insistes sobre qué es lo que esperas de él haciendo un trato y le adviertes de las consecuencias derivadas del incumplimiento del mismo.

Evidentemente la tercera opción es el comportamiento asertivo, la primera el pasivo y la segunda el agresivo.

(((-)))

Los hijos adolescentes

> *Cuando yo tenía catorce años, mi padre era tan ignorante que no podía soportarle. Pero cuando cumplí los veintiuno, me parecía increíble lo mucho que mi padre había aprendido en siete años.*
>
> MARK TWAIN

¿Quién soy? Se preguntan la mayor parte de los adolescentes en su *convulsa* etapa de maduración. Y para contestarla pasan por todos los estados que imaginarse puede. Se hacen esa pregunta existencial para ir construyendo una identidad presente y futura. Es como si de niños no hubieran podido pensar mucho en el futuro y ahora lo compensan.

Se preguntan sobre quiénes son y sobre cómo les ven los demás, sobre su físico, su sexualidad, la apariencia. De esa forma, sumadas o restadas, a la de los padres, van construyendo ideas propias. Van abandonando poco a poco su primer grupo social, su familia, para comenzar a sentirse pertenecientes a otros grupos sociales. Para ello adoptan signos y señales propias de ese grupo y si son muy diferentes a las de los padres, mejor. Todo con la finalidad de honra de su propia identidad. Y, aunque no todos los adolescentes pasan por este tránsito, parece que es completamente necesario para la formación de la persona.

Para el bebé, comenzar a sentirse uno, diferente a la madre, con un cuerpo propio, es un proceso interno de mayúsculas proporciones. Así, el adolescente, que comienza a diferenciarse de la familia, también sufre las consecuencias de esa separación. Siempre son emocionales, con lo que el impacto es grande, tanto si es positivo como al contrario. También, para el hombre, separarse de la madre e ir en busca del mundo masculino, es una tarea que no se enseña en ningún lugar. Por ello la madre tiene que sentir esa separación como el proceso de crecimiento sano en un hombre. Para el padre, el paso de niña a mujer que sufre la adolescente, debe vivirlo como ese proceso natural y hermoso. Para ambos, padre y madre, solo el amor que tienen a los hijos podrá permitir que la vida se desarrolle como es natural, permitiendo y ayudando a que crezcan como personas autónomas e independientes. Ese amor paterno-filial permitirá que esta primera separación ocurra sin conflictos, ni lamentos, ni frustraciones. De la misma forma cuando llegue el momento de que abandonen el hogar familiar y vuelen alto hacia su propio destino.

↳EJERCICIO:

• ¿Recuerdas tus primeras ideas propias como adolescente? ¿Qué sucedió en tu interior? ¿Con qué tenían que ver? ¿Qué sentiste?

(((‑)))

Muchos padres envejecen, pero no maduran.

DAUDET ALPHONSE

Las necesidades de los adolescentes son muchas y variadas: de libertad, de intimidad, de respeto, económica. Todas ellas irán apareciendo de una forma amable o conflictiva, también dependiendo de cómo se ha ido experimentando en su educación infantil a través de los modelos de los padres y de sus valores. Todo lo vivido en etapas anteriores afectarán al adolescente en su autoestima y en su autoconfianza, elementos claves para pasar esta etapa de una forma enriquecedora. No solo lo aprendido anteriormente sino, y sobre todo, a través de los conflictos que son propios de la edad. Es por todo ello que la sobreprotección no es beneficiosa. Si le sobreproteges en demasía, impidiendo tener el choque propio de la edad de la experimentación de la vida adulta, estás mermando su autoestima y su confianza en sí mismo. ¿Que no es fácil? Claro que no, y me quejo de que «no atiende las instrucciones o a los *noes*, que solo hace caso a sus amigos, que cree que siempre le critico».

El adolescente, desde un punto de vista neurológico, está viviendo una época donde la corteza prefrontal del cerebro está en continuo cambio. Este proceso consiste en eliminar sinapsis neuronales como si de una poda de las ramas débiles de un árbol se tratara. La sinapsis, que proviene del griego y significa *unión firme*, básicamente es el proceso esencial en la comunicación entre neuronas. Es el proceso que permite el funcionamiento de nuestro cerebro y establece los caminos fundamentales de nuestra inteligencia: la memoria y el aprendizaje. El cerebro contiene un número inmenso de sinapsis, que en niños alcanza los 1.000 billones. Este número disminuye con el paso de los años, estabilizándose en la edad adulta. Se estima que un adulto puede tener entre 100 y 500 billones de sinapsis. En diversas etapas de nuestra vida nuestro cerebro se dedica a eliminar sinapsis y es conocido como *poda neuronal*. Este proceso en el organismo consigue eliminar conexiones que han sido creadas durante los primeros meses de vida, y que son poco utilizadas, para asegurar que la capacidad cerebral está disponible para crear un sistema cognitivo más refinado. El número de sinapsis en bebés y en niños es tan grande, y mayor que en los adultos, que permite a los bebés aprender rápidamente nuevas tareas a medida que crecen y se desarrollan. Los procesos de poda sináptica son varios en la niñez y la adolescencia y siempre que ocurren, dejan abierta la posibilidad de seguir creando nuevas sinapsis, momento llamado *ventanas de oportunidades*. La primera fase de crecimiento se produce en la semana dieciséis del embarazo y la primera poda a los seis u ocho meses de vida. Así siguen una nueva poda, a los dos años, y su ventana de oportunidad termina a los cinco. Entre esta edad y los seis viene otra poda y de los seis a los siete otra zona de reconexión. A la poda sináptica de los siete años le sigue una magnifica época de oportunidades que suele terminar a los trece. A partir de aquí el movimiento de poda y de reconexión va a ser relevante y es donde se observan todas la crisis emocionales propias de su edad. A ello hay que sumar que la corteza prefrontal no está plenamente desarrollada y que va a continuar hasta la edad adulta, aproximadamente hasta los 20-30 años.

Lo que está sucediendo dentro del cerebro del adolescente es algo que de una forma química representa un terremoto emocional. Desde el punto de vista social esto les afecta en la toma de decisiones y en la forma de relacionarse con los demás. Es como si vivieran en una carga emocional continua. Tanto es así que pueden equivocarse en la forma en la que ven la realidad o perciben a los demás, llegando a confundir comportamientos, así como tener verdaderas dificultades para ponerse en el lugar de los demás. Es decir, que la empatía, como habilidad, tiene que trabajarse desde la infancia para que cuando llegue este momento sea lo menos dañino posible.

Los adolescentes corren riesgos, tienen esa tendencia, especialmente con sus amigos. Si observamos el funcionamiento del cerebro límbico, lugar desde donde tomamos las decisiones, el riesgo tiene vinculación con lo emocional, con sentir la recompensa derivada del hecho de haber vivido la experiencia. La necesidad de sentir la recompensa se sitúa en esa zona del cerebro y es especialmente activa ya que se trata, como sabemos, de la zona emocional. La zona prefrontal de nuestro neocortex está sufriendo la poda neuronal de estos años, por lo que todo lo que sea racional, prevención y mesura, está en franco retroceso. No es tanto el hecho de pertenecer a un grupo o retar a los padres lo que convierte a los adolescentes en temerarios, sino también el hecho de su proceso neuronal.

Los comportamientos de estos muchachos, reprochados y juzgados habitualmente como un retroceso en la comunicación o en el aprendizaje del adolescente, visto desde el punto de vista neuronal se convierte en un espacio donde se puede desarrollar lo mejor de la persona. El cerebro en crecimiento es particularmente maleable y adaptable, es por ello por lo que esta época puede ser un lugar donde puedes emplear la seducción amorosa con ellos. Tus hijos se encuentran bajo una presión que no saben de donde proviene, viven en estado de máxima vulnerabilidad, es por ello por lo que no se le debe exigir nada. Ellos están abocados a un proceso interno que no les deja tiempo para las cosas extras, solo puedes brindarles cariño y mucha dulzura, ya que sus estados emocionales, físicos y psicológicos están indefensos. Por ello esta etapa puede ser un lugar de experimentación sobre su ser esencial, sobre sus capacidades, no solo intelectuales, sino vitales. La imaginación, la creatividad en esta fase está en puntos álgidos y puedes aprovecharlo para su bien.

↳**EJERCICIO**:

• ¿Qué siente tu adolescente cuando te ve? ¿Te lo has preguntado alguna vez? ¿Se lo has preguntado?

(((-)))

Para seducir a los hijos

> *Todas las familias felices se parecen unas a otras; pero cada familia infeliz tiene un motivo especial para sentirse desgraciada.*
>
> LEON TOLSTOI, *ANA KARENINA*

En su fecundo libro[51], Yolanda González Vara aconseja que, para poder sentir a los hijos, nos tenemos que sentir a nosotros primero. Nos pasamos la adolescencia y aún más tiempo, pensando que no vamos a educar a nuestros hijos como nos educaron nuestros padres y, ¡zas!, resulta que, cuando llega el momento, nos convertimos en nuestros padres. Hay una cita, cuyo autor no recuerdo, que dice así: «Cuando somos niños hacemos lo que sea por nuestros padres, de adolescentes lo queremos hacer mejor y de adultos nos convertimos en ellos».

¿Cuántas veces no habrás pensado en que lo harías mucho mejor que tus padres cuando lo fueras tú? ¿Y cuántas veces lo has conseguido? Imagino que has superado ciertas barreras, que tu educación incluso difiere en mucho de tus padres y que, como en el cuento del comienzo del capítulo, te has convertido en alguien muy diferente a ellos. Aún mi pregunta sigue acudiendo: ¿Realmente has cambiado tanto? ¿Es el trato tan diferente? ¿Atiendes a las necesidades emocionales de tus hijos? ¿Tus reacciones son tuyas, no son copiadas de tu propia infancia? Si la respuesta es afirmativa, quiero decirte que es normal, que solo tenemos un modelo de cómo tratar a los hijos y éste es el que nosotros vivimos y repetimos. Seguro que hay cosas de tus padres que quieres mantener y que deseas que sean modelo para siguientes generaciones. Lo que quiero es que veas esos otros comportamientos que te parecieron injustos o dolorosos y que te dijiste que nunca los harías para con tus hijos. ¿Qué ha pasado? ¿lo has conseguido? Si no es así, te sugiero que veas tu propia infancia y que pienses qué sucedía en esos momentos de crisis o de

---

51 GONZÁLEZ VARA, Yolanda, *Amar sin miedo a malcriar.* RBA Libros, 2010

conflicto con tus padres. Estoy seguro de que lo hicieron de la mejor forma que sabían y que hoy lo has aceptado... o no. Mi misión como padre consiste en revisarlo en mi interior para corregirlo desde dentro, desde la comprensión, la aceptación y la compasión, es decir, desde el amor seductor.

Imagino que puedes recordar tu infancia. Si no es así, aparte de haber usado ese olvido como un medio de defensa, «también reproducirás las actitudes o modelos de comportamiento que vivimos en esa primera etapa vulnerable de nuestro desarrollo infantil»[1]. En cualquiera de los casos, observa tus acciones con tus hijos y ponte en su lugar, pero desde la perspectiva de tu infancia. Si hay algún comportamiento que no te gusta y deseas cambiar, vete a tu propia infancia y siéntelo. Si te es dificultoso piensa, ¿qué hubieras sentido tú en su caso?

Todo lo que no sea de mi parte una respuesta empática, es autoprotección para no sentir algo que me hizo daño, vergüenza o temor. «Los niños llaman la atención para que les hagas caso, por supuesto. Lloran para llamar tu atención, tu cariño, tu calor. Te llama la atención a ti. ¿Dónde estás emocionalmente para que te tenga que llamar la atención?»[2]. Si no les haces caso, si lo consideras *un capricho*, si piensas que *llora para salirse con la suya*, es muy probable que estés reproduciendo las mismas reacciones de tus padres ante momentos similares. Y cuando no atiendes sus necesidades emocionales, es muy probable que tampoco estés atendiendo las tuyas.

↳EJERCICIO:

• Párate un momento para observarte como niño. Puedes comenzar a escribir los recuerdos gratos, los especiales, para ir pasando paulatinamente a los otros. A medida que vayas entrando en tus memorias, irán apareciendo más evocaciones para ir corrigiendo lo que desees con tus hijos. Así que no escatimes esfuerzo para adentrarte en tu pasado no tan feliz, tus miedos infantiles, tus enfados y tus dolores. El mito de la infancia feliz es tan solo eso, un lugar mítico. Los humanos vivimos todos los aspectos de la vida y en la infancia con mayor intensidad emocional.

1-2 Op. cit.

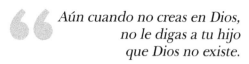

Aún cuando no creas en Dios,
no le digas a tu hijo
que Dios no existe.

NATALIA GINZBURG

Alejandro Jodorowsky ha dejado ilustrado lo que es la seducción de los hijos. Así escribe en su microcuento:

—Maestro, tengo un problema con mi hijo. Me trajo las notas del colegio, una alta calificación en dibujo y una pésima calificación en matemáticas.

—¿Qué harás? –dijo el maestro

—¡Lo pondré de inmediato a tomar clases particulares con un profesor de matemáticas!

—Necio, ponlo de inmediato a tomar clases particulares con un profesor de dibujo. Todos servimos para algo, pero no todos servimos para lo mismo.

Para mí en estas breves líneas se resume lo que es la seducción tanto de uno mismo como con los hijos. ¿Sabemos de qué estamos hechos, cuál es nuestra esencia? ¿Y la de nuestros hijos? Es posible que vislumbremos la nuestra y que sea menos fácil ver la de nuestros hijos. Vivimos en una época llena de miedos y de incertidumbres.

Hoy parece que para los padres lo prioritario es que sus hijos se formen para el futuro. Un futuro al que no se le ve el horizonte, y esto provoca temores y terrores, «de ahí el consumismo escolar, de los cursos particulares, de las actividades paraescolares de estímulo»[52]. El futuro no lo conocemos y al comportarnos con tanto miedo y llenar de tareas los espacios de ocio de los hijos, les estamos quitando realmente la posibilidad humana de crecer sanamente. Hoy existe un clamor demandando el tiempo de los niños para los niños, no para los padres que trabajan hasta la hora de la cena. Ni las justificaciones del tipo que hay

---

52 LIPOVETSKY, G. y CHARLES, S. *Los tiempos hipermodernos.* Anagrama. Barcelona, 2014.

que estimularles con elementos externos, como televisión o juegos de ordenador, pueden quitarle su natural modo de aprendizaje: el juego. Los niños aprenden desde dentro, desde su curiosidad, desde su *asombro*[53]. Por ello el bombardeo de estímulos externos puede incluso dificultar sus procesos de aprendizaje. Según L'Ecuyer, la sobreestimulación conduce a un círculo vicioso, muy parecido al del adicto a las drogas: cuanto más estímulo consumo, más necesito. Así mucha televisión y *tabletas* generan una necesidad mayor ya que están sustituyendo el verdadero motor del niño que es su creatividad y su imaginación. Por ello, aunque las películas o programas de televisión le mantengan entretenido, se va a saciar rápidamente porque no es algo activo. El niño necesita actividad y delante de las pantallas no le permitimos convertirse en personas activas, no le dejamos jugar. El niño sobreestimulado siempre pide más estímulos externos porque la química generada en ese pequeño cuerpo es tan grande que la necesita y la demanda cada vez más. Así llega a la edad adolescente donde, habiendo visto y tenido todo, procurará satisfacer sus necesidades con cualquier otro estímulo externo que esté a su alcance.

Afortunadamente existe una gran sensibilidad ante estos hechos que no convierten a nuestros hijos en más inteligentes o más preparados. Si te detienes un momento a reflexionar, este tipo de educación solo atiende a tus necesidades, ya sea de tiempo o incluso emocionales y expulsa a tu hijo de su medio natural de crecimiento, ya sea el juego, la naturaleza o el mismo aburrimiento, estado óptimo para trabajar la imaginación y la creatividad.

Si le brindas estos espacios podrás observar sus talentos, sus virtudes, en lo que es realmente bueno. Y no hace falta que te lo digan en el colegio o el profesional al que le has llevado para que aprenda idiomas o música. No, lo verás con tus propios ojos porque se desvelará ante ti. En ese momento tu capacidad seductora obrará para que ese niño crezca desde su esencia. Así también podrás hacerlo tú, porque esa es la belleza de ser padres.

---

53 L'ECUYER, Catherine. *Educar en el asombro*. Plataforma editorial, 2012.

9
La seducción en la vejez

No dejamos de jugar porque estamos viejos;
nos hacemos viejos porque dejamos de jugar.

GEORGE BERNARD SHAW

N O ME ES MUY FÁCIL ESCRIBIR EL CAPÍTULO final de este libro. Los anteriores están basados en experiencias de mi vida y en cómo las he ido reflexionando... a esta *tercera edad* no he llegado aún. A mis cincuenta y siete años, hoy en día se está bastante alejado del concepto de vejez. Este concepto que cada vez se retrasa más en el tiempo debido a la calidad de vida y los avances científicos. Para mis padres, mi edad ya era el comienzo de una decadencia. Para mí, un poco más de la mitad de mi vida. Sí, es cierto, y así lo afirmo. Y así, con esta afirmación y este objetivo, me sigo seduciendo.

Cuando cumplí los cincuenta y compartí con mis allegados que pensaba llegar a los cien años, muchos de ellos se molestaron e, incluso con enfado, me preguntaban: «¿Y cómo lo puedes saber?». Cuando respondía que era un plan de vida, se enfadaban aún más, así que dejé de decirlo abiertamente, aunque lo mantengo para mí mismo y mis íntimos.

También podrá chocar al lector (que no tenga mis mismas creencias) ciertas partes de este capítulo, ya que voy a entrar en un terreno transcendental, espiritual. Para mí la vida tiene sentido y ese sentido no termina con la muerte física, sino que continúa más allá. No tengo religión que me dé una fe, ni demostración científica que acompañe mis creencias. Lo que poseo son experiencias vitales que convierten la percepción de mi vida, y de la vida, en un lugar espiritual.

La edad de la soledad

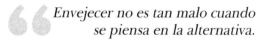

Envejecer no es tan malo cuando se piensa en la alternativa.

MAURICE CHEVALIER

Vejez y soledad. Esta afirmación no significa que nos quedemos solos al final del camino, ni que tengamos que vivir en soledad, sino que ya ha cesado el momento de buscar grupos con los que identificarnos y que podemos, desde la soledad elegida, convertirnos en observadores de la vida. Y digo elegida porque ya ha cesado el conflicto con los demás por ganar, el esfuerzo por tener razón, los desvelos para pertenecer y para que me vean, para demostrar nada a nadie. Es el momento de hacer cuentas y, en todo caso, demostrarme a mí mismo que todo lo anterior ha merecido la pena, mejor dicho, que ha merecido la vida que llevo vivida.

Ahora sitúate en la posición del observador y mira tu vida desde un lugar elevado ¿Qué ves?

Si contemplamos la vida como una pirámide donde la base es el nacimiento y su punto más alto es la muerte, todo se convierte en ascensión para llegar a la cumbre. Calderón de la Barca afirma que nacimiento y muerte son la misma cosa, ya que la cuna y la tumba es nuestro lugar de descanso, el primero y el último. Con estos breves ejemplos lo que quiero proponerte es que comiences a ver la existencia desde un lugar figurativo, alegórico, mítico. Detén la razón juzgadora por unos momentos y permítete entrar en una dimensión metafórica y sagrada. Deja que tu imaginación y tu fantasía deambule por terrenos prohibidos para la realidad de la mente racional.

Afortunadamente, aún hoy podemos fantasear con nuestro futuro y nuestra vida. Gracias a que aún perviven en nuestro inconsciente colectivo imágenes míticas y figuras simbólicas, podemos seguir soñando en un futuro mejor para nosotros[54]. De esta forma, al conectarnos con fuerzas más poderosas que nosotros mismos, no nos dejamos encasillar en los límites que la realidad realista nos impone, no nos circunscribimos en una única forma de vivir la existencia. Estas imágenes colectivas, y por ello tan poderosas, son variadas y afectan a todo ser humano a través del inconsciente: el nacimiento, la muerte, la eterna juventud, dios, el viejo sabio, mándala, padre, madre, héroe, la montaña, el reloj... Por ejemplo, en nuestro mundo seductor, no sería lo mismo activar el arquetipo de la eterna juventud que el del viejo sabio.

Según Jung, los arquetipos influyen sobremanera en nuestra forma de ver el mundo y, a niveles más profundos, en nuestro mundo emocional inconsciente, traduciéndose en patrones de conducta. De alguna manera, los arquetipos se acumulan en el fondo de nuestro inconsciente colectivo para formar un molde que le da significado a lo que nos sucede de forma individual. Por tanto, si el arquetipo *jungiano* es la causa última de mi ser y de mi obrar, averiguar su esencia y desvelar su sentido significa descubrir mi auténtica identidad y mi destino. De otra forma, estos arquetipos también nos sirven para encontrar orientación en el camino de la vida. Al igual que nos emocionan los personajes de Homero, Virgilio, o del teatro clásico y de algunas películas que entran en lo mítico, nuestra vida nos emociona y nos mueve cuando elegimos nuestro destino imbricado con los arquetipos .

Así, en los pueblos primitivos se conservaría con más brío aún esa fuerza impulsora que permanece en el ser humano moderno a través del inconsciente colectivo. Al activar esas imágenes nos conectamos con lo más profundo de nuestro ser que, según el científico Rupert Sheldrake, es de esencia meta-

---

54 Jung considera al "Inconsciente Colectivo" como la poderosa herencia espiritual del desarrollo de la humanidad. (...) La conciencia es algo efímero, que se encarga de todas las adaptaciones y orientaciones momentáneas. (...) El inconsciente, por el contrario, contiene la fuente de las fuerzas psíquicas impulsoras y de las formas o categorías que las regulan, esto es, los arquetipos. Todas las ideas y representaciones más fuertes de la humanidad se remontan a arquetipos. JUNG, C.G. *Problemas psíquicos del mundo actual,* Monte Avila, 1976.

física[55]. De esa forma, una figura importante para entender esta relación con lo que va más allá de lo natural sería el chamán, mediador entre el mundo terrenal y el espiritual. Sus prácticas, aunque se desarrollen en el momento actual, funcionan con elementos, referencias básicas, símbolos arcaicos y emociones, ya presentes desde el origen de la humanidad.

Daan van Kampenhout[56], holandés de origen, estudió con los maestros chamánicos de diferentes culturas, desde Siberia a América del Norte e imparte talleres por todo el mundo desde hace más de treinta años. Lleva consigo varias telas, lienzos circulares decorados de diferente forma. La más ancestral es la usada por los chamanes siberianos y nativos americanos llamada Rueda de las Cuatro Direcciones. Es una estructura existencial circular. Se trata de una circunferencia con cuatro puntos a la misma distancia el uno del otro. El espacio que abarca cada punto representa un concepto, así el Norte, el Este, el Sur y el Oeste. O bien la noche, el amanecer, el mediodía y el ocaso. Si nos dedicáramos a recorrer la rueda desde el amanecer hasta la noche también estaríamos transitando por el movimiento del Sol a través de los puntos cardinales. A nivel metafórico, la rueda contempla diferentes planos míticos que se superponen.

---

55 SHELDRAKE, Rupert. *La presencia del pasado.* Kairós, 1990. Este bioquímico mantiene la tesis de los campos mórficos, según la cual existe un conocimiento que se transmite a través de campos cuánticos. Las mentes de todos los individuos de una especie –incluido el ser humano– se encuentran unidas y formando parte de un mismo campo mental planetario. De ahí que sea posible la transmisión intergeneracional y la epigenética.
56 Chamán. Ha creado una integración entre su trabajo chamánico y las Constelaciones Familiares. Une el ritual de la Rueda Chamánica de las Cuatro Direcciones y el aspecto sistémico de las Constelaciones. Autor de varios libros, entre ellos: La sanación viene desde afuera; Chamanismo y Constelaciones Familiares.
El arquetipo no está en el cerebro, no está en el cuerpo, no está en los genes, pero es la causa última de lo humano innato, desde el físico al carácter. También responsable de la meta de desarrollo implícita en toda vida. Afecta al individuo, a la especie, más, a la postre, está conectado holísticamente con el Todo. Gracias a esta perspectiva privilegiada, asomada a lo eterno y universal, y como matriz de nuestra inteligencia, nutriéndose a la vez de ella, contiene un conocimiento excelso y supraordinado, que representa antropomórficamente el arquetipo del Anciano Sabio. http://www.odiseajung.com/

De esta forma simbólica o más bien mítica, es decir, opuesta a la razón, la vida de los seres humanos sería similar a este movimiento circular: imagina que te sientas en el Norte durante un rato mirando la rueda. Tu propia vida es como un lento paseo en esta rueda de vida. En el Noreste está la piedra que señala la concepción, en el Este la que señala la infancia. Pasas al Sur en la etapa de la madurez y poco a poco vas entrando en la de la vejez en el Oeste. En el Noroeste está el momento de tu muerte, que aún no has vivido, pero que te puedes imaginar. Es decir, si continúas imaginado, te puedes conectar con ese campo arcaico y llegar a sentir la naturalidad de ese proceso que es dejar la vida. Así, cuando te sientes en el arquetipo de la infancia puedes conectarte con tu propia infancia y llegar a sentir lo que sentiste en algún momento de la misma. Si entras en la zona del adulto, en el Sur, qué problemas te acucian, qué cargas sientes. Al pasar el Oeste, ¿sientes algo diferente? ¿Te pesa el ser anciano, abuelo? ¿Y qué sucede cuando llegas al Norte? Según el chamán holandés, «encaras el centro arraigado en la parte eterna y etérea de ti mismo»[57].

La rueda de las cuatro direcciones enseña que existe una capa de la existencia donde todo es cíclico. En el Norte, existimos en el periodo de tiempo que sigue a la muerte física y precede a un nuevo nacimiento. Es la zona espiritual, anímica, donde estamos separados de nuestro ser físico para volver a nacer. Sin embargo,

---

57 VAN KAMPENHOUT, Daan, *Las cuatro direcciones*. La liebre de marzo, 2015.

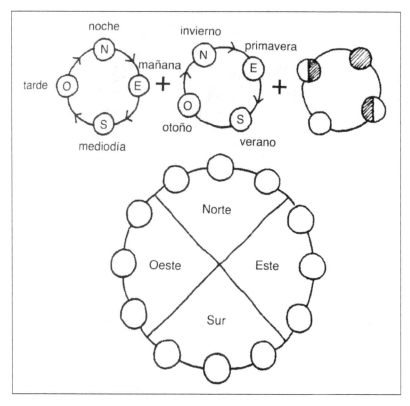

«¿se conecta un feto a un alma que ha atravesado ya el ciclo de la vida?»[58]. Existen multitud de teorías, lo cierto es que la zona que precede al paso hacia el Norte es una etapa de evaluación, de finalización de la etapa. Es el otoño que deja paso al invierno de la quietud, es el final del día que antecede a la noche. Es un momento de soledad porque con el ruido de la compañía o del ritmo cotidiano no se puede hacer balance.

Como ya he dicho en varias ocasiones, una de las grandes odiseas del ser humano consiste en volver a nosotros mismos. Es posiblemente un ritmo vital, salir de los ambientes que nos cuidan y protegen desde pequeños para encontrarnos, con el tiempo, ante nuestro propio rostro en soledad. Por ello mismo, esta soledad es enriquecedora ante el pasado y su balance y ante la perspectiva de dejar el mundo físico. Es el momento de la quietud mental y de volver a conectarnos con nuestra esencia, con nuestro poder seductor.

↳EJERCICIO:

• Construye una rueda de las cuatro direcciones. Aquí tienes dos ejemplos de Daan van Kampenhout: el primero la Rueda de las Cuatro Direcciones y la otra la de las almas y practica lo que es sentir los diferentes campos.

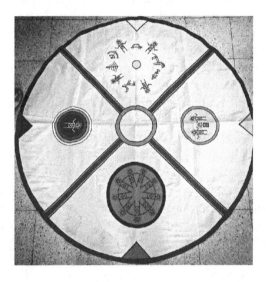

En la Rueda de las Almas, el Norte reúne a todas las almas de la naturaleza en una Gran Alma. Luego pasamos al Este donde nacemos en el seno de una familia que es nuestro primer grupo de pertenencia. El Sur contempla la zona adulta donde pertenecemos a diferentes grupos sociales. Y es el Oeste donde, al no necesitarlos, podemos vivir con nosotros mismos.

Programarse hacia el futuro

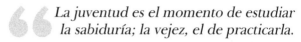

> *La juventud es el momento de estudiar la sabiduría; la vejez, el de practicarla.*
>
> J. J. ROUSSEAU

En el capítulo dedicado a seducirte a ti mismo escribí que sin objetivos iríamos cojos por la vida. «Ya sé lo que no quiero», me decía en el pasado, sin saber realmente qué era lo que quería. A medida que me he ido conociendo y trabajado mi lado seductor, he conseguido que mi vida fuera mía y no de los avatares y los accidentes. Ahora, ya maduro, sí sé lo que deseo y he adquirido recursos para conseguirlo. Por ejemplo, sé visualizarme en el futuro y me programo para llegar a los cien años viendo a mis nietos, si es que llegan. Me veo sentado en una mecedora con mis lecturas rodeado de niños que me re-conecten con la alegría y la ilusión. También me imagino volviendo a fumar en pipa para completar la imagen idílica. Lo pienso cada día desde hace cinco años, fecha en la que nació nuestro hijo y pongo en funcionamiento todo lo que sé hacer para que ese objetivo se cumpla.

Para programarnos de esta forma y conseguir objetivos conectados con nuestra esencia, lo primero es saber que mi mente crea la realidad. En sus libros, Joe Dispenza[59], explica de una forma científica y práctica, como conseguir algo que parece místico. Esto consiste en convertirte en el observador de tus creencias, de tus valores, de tus pensamientos, para, como afirma la física cuántica, cambiar el objeto observado, es decir, tu propia vida. «En la física cuántica, el efecto observador afirma que allí donde pones la atención pones la energía. Por lo tanto afectas al mundo material (que está hecho de energía)»[60].

El cerebro solo procesa una mínima cantidad de información: cuatrocientos mil millones de bits de información por segundo. Los estudios científicos han demostrado que solo

---

59 http://www.drjoedispenza.com/
60 DISPENZA, Joe. *Deja de ser tú. La mente crea la realidad.* Urano, 2012.

somos conscientes de dos mil de esos bits, referidos al medio ambiente, el tiempo y nuestro cuerpo. Así pues, lo que consideramos la realidad, es decir, aquello que vivimos, es solo una mínima parte de lo que en realidad está ocurriendo. Ese filtro que impide reconocer toda esa información está en nuestras creencias, juicios y pensamientos.

El cerebro no es un órgano estático, rígido, ya sabemos que lo podemos modificar. Esta neuroplasticidad cerebral nos convierte en dueños de nuestro destino, a cualquiera de las edades que vivimos. De esa forma lo expresa Oliver Sacks, neurocirujano y escritor: «La plasticidad del cerebro significa también la capacidad de supervivencia de cada uno de nosotros. Vivir es voluntad de vida, de adaptarnos inmediatamente a las nuevas condiciones cerebrales y mentales que tenemos». Estamos acostumbrados a transitar, con mayor pena que gloria, por nuestra *zona de confort*, también a reaccionar ante los cambios, pero no a ser los dueños de nuestra vida, a ser los timoneles de ese barco y marcar su rumbo. Este capitán es el seductor de su vida.

Y no es fácil, por supuesto. Para conseguir esta habilidad tienes que comenzar observando tus pensamientos ya que ellos son los que envían señales a tu cuerpo para que actúes a través de las emociones. Experimentos neurológicos han comprobado que cuando ves un determinado objeto aparece actividad en ciertas partes de tu cerebro. Pero cuando cierras los ojos y lo imaginas, la actividad cerebral es idéntica. Entonces, si tu cerebro refleja la misma actividad cuando ve que cuando siente, llega la pregunta: ¿cuál es la realidad? Siempre la que tú creas y llenas con tu energía.

El cerebro no hace diferencias entre lo que ve y lo que imagina porque las mismas redes neuronales están implicadas; para el cerebro son reales ambas cosas y producen un efecto químico a través de nuestros neuropéptidos. Entonces, si cambio mis pensamientos y comienzo a vislumbrar nuevos elementos más beneficiosas para mí, conseguiré mis objetivos. Sin embargo, no es tan fácil como parece. Como estoy atrapado en mis reacciones emocionales y estas son adictivas debido a la carga química que conllevan, necesito poner mucho ánimo en desarrollar mi nueva habilidad. Me puedo decir que quiero tener nuevos pensamientos saludables y satisfactorios para mí, pero mi entorno me obliga a volver a experimentar las mismas sensaciones y emociones cada día. Al ver a las mismas personas todos los días, hacer lo de siempre, ir a los mismos lugares y contemplar los mismos objetos, «tus recuerdos habituales relativos al mundo que conoces te *recuerdan* que vuelvas a reproducir las mismas experiencias»[61]. Con lo que se vuelven a activar los efectos emocionales y quedo atrapado en una especie de bucle adictivo del que no sé salir.

En suma, tienes que comenzar por ser consciente de tus pensamientos inconscientes para darte cuenta de tu comportamiento automático, ser consciente de las emociones memorizadas que te atan al pasado pues todo este engranaje es el que crea tu realidad. Por ejemplo, si de pequeño mi padre me gritó mucho es natural que me bloquee cuando mi jefe se comporte de forma similar y que mi proceder sea el que desarrollé en mi infancia como estrategia defensiva. Para desbloquear ese comportamiento necesito cambiar la perspectiva, es decir, mis juicios adquiridos sobre los gritos y los conflictos. Para cambiar hay que romper ese sentimiento que hemos creado a base de pensamientos repetidos.

Lo primero que hay que hacer es observarlos y relacionarlos con lo que te pasa en la vida. Así uno empieza a ver reflejados en su cotidianidad los efectos que ha creado con cada uno de sus pensamientos

Insisto, la solución está en cambiar de pensamiento para poder cambiar de forma de vida o, sencillamente, conseguir los objetivos marcados. El interruptor que activa el cambio es tu voluntad; sin ella y la disciplina necesaria para conseguir un nuevo hábito, no conseguirás tus metas. Cambiar es pensar de forma más amplia, trascender tu propio entorno y tus propios límites. Es conectarte a un sueño, a una idea que ya existe en el campo cuántico de posibilidades. Es creer en ese futuro cuando todavía no se puede percibir con los sentidos. A cada repetición que efectúes en tu cerebro, crearás en él los circuitos neuronales necesarios y éstos te permitirán actuar de acuerdo con tu deseo antes de que se materialice en tu

---

61 Ibíd.

vida. «Al practicar mentalmente repetidas veces una forma mejor de pensar, obrar o ser, *instalarás* la configuración neuronal adecuada para prepararte fisiológicamente para la nueva situación deseada»[62].

El aprendizaje consiste en crear nuevas conexiones sinápticas, como hemos visto anteriormente. Del mismo modo que aprendemos un nuevo idioma o una nueva habilidad; el cerebro no va a distinguir lo real de lo imaginado. Así, si te visualizas enfermo en la vejez, es muy probable que lo consigas. Sobre todo si te repites expresiones del tipo: «A los cincuenta o estás enfermo o muerto» o, «En mi familia nadie ha pasado de los setenta», o quizá, «Cuando me jubile no voy a saber qué hacer». Nada nos hace envejecer con más rapidez que el pensar incesantemente que nos hacemos viejos.

Por todo ello, el método propuesto para distanciarnos de tanta adicción emocional y de una única forma de ver la realidad es la meditación. Existen muchos tipos de meditación; están las meditaciones religiosas (budista, zen, vipassana, taoísta) y las de atención plena, las de los *chakras*, la transcendental, la que usa mantras, las que se practican en movimiento, como las de Osho, y actualmente en boga, el *mindfulness*. La palabra proviene del latín *meditari* (meditar, considerar), que a su vez deriva de una raíz indoeuropea *med*– (medir, tomar las medidas adecuadas). Esto también dio en latín *mederi* (tratar, cuidar) y de ahí *médico, medicina* o *remedio*. Por lo que meditar sería no solo la contemplación sino algo que hago para cuidarme.

A los monjes budistas la meditación les permite alcanzar niveles de conciencia inusuales gracias a la creación de conexiones neuronales que no existen en los individuos que no practican las artes de la auto observación desde la quietud. Se ha observado que al meditar se produce una gran actividad en una zona determinada del cerebro, exactamente en la corteza prefrontal izquierda. Actualmente la meditación se ha probado efectiva para aumentar el cociente intelectual, mejorar la memoria e incluso cambiar partes del cerebro. Asimismo, se ha observado un mejoramiento de la inteligen-

---

62 Ibíd.

cia emocional y del sistema inmunitario. Entre los beneficios más comunes se encuentran el alivio del estrés, de la ansiedad y la reducción de la presión sanguínea.

Cuando practico meditación me convierto en el observador de mis pensamientos, de mis emociones y de mis comportamientos. Lo cual es el comienzo del cambio porque hago consciente mis hábitos automáticos y empiezo a objetivar mi mente inconsciente. El resto es comenzar a visualizar mi camino, mi futuro tal y como lo he deseado.

Hoy en día, multitud de estudios constatan que tu cerebro no es estático, sino que cambia dinámicamente a lo largo de tu vida. En opinión de estos científicos, los resultados del estudio indican que tu cerebro, con un correcto entrenamiento, puede desarrollar funciones y conexiones neuronales nunca imaginadas.

↳**EJERCICIO**:

• ¿Cómo te visualizas en la vejez? ¿Qué pensamientos tienes sobre tu condición física? ¿Eres consciente de cómo te afectan anímicamente, de las emociones asociadas?

(((-)))

La culpa, el arrepentimiento y el resentimiento

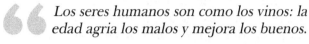

Los seres humanos son como los vinos: la edad agria los malos y mejora los buenos.

MARCO TULIO CICERÓN

El sentimiento de culpa, en el aspecto emocional, está compuesto de miedo y enfado conmigo mismo. En el terreno racional, mis pensamientos derivados de esas emociones pueden ser por algo que creo que hice mal o cuando creo que debería haber hecho algo y no lo hice. Es un sentimiento necesario ya que corrige faltas que cometemos y comportamientos que queremos suprimir. Sin embargo, existe una culpabilidad perniciosa que no nos ayuda a superarnos. En muchas ocasiones proviene de un exceso de perfeccionismo. En este caso, este sentimiento pasa a ser negativo ya que el pensamiento se convierte en repetitivo afectando a nuestro cuerpo debido a la tensión emocional. Cuando te repites una y otra vez que algo hiciste mal o que no hiciste algo, no estás cambiando la situación y la descarga química afecta a tu sistema nervioso y también a tu autoestima.

Si observas las situaciones que te provocan culpabilidad puedes comprobar que lo que te produce ese sentimiento no está suscitado por lo que haces o dejas de hacer, sino por la manera en que consideras la situación y te calificas por ella. Es decir, te pones una etiqueta negativa sobre ti mismo. Y si este hecho es del pasado lejano imagina cuánto daño te has podido hacer durante tanto tiempo.

Por el contrario, a raíz de nuestro comportamiento también puedo generar otro sentimiento: el arrepentimiento. Este está visto como factor muy importante para mejorar mi forma de pensar y de comportarme. A través del aspecto transformador de la culpa puede ser que admita mis errores, sentirme de nuevo imperfecto y aceptarme de esa forma. Quizá así, podré corregir esos errores ya que no me enjuicio negativamente. A esto lo podemos llamar arrepentimiento y es algo que nos sucede a lo largo de la vida y con mayor intensidad en la vejez.

Sin embargo, tanto la culpabilidad como el arrepentimiento, traen una carga de dolor profundo que nos impide soltar lastre o amarras incluso no nos permite vivir la vida con todo su esplendor y su dicha. Los sacrificios hechos por los demás, que no la dedicación por los otros, nos impiden vivir con una sana autoestima. Asimismo, el daño que los demás nos hicieron y no hemos admitido o asimilado y olvidado, también pesa como una losa cuanto más avanzamos en la edad. Este sentimiento es vivido y repetido en nuestro interior multitud de veces, es por ello por lo que se le llama *re-sentimiento*. Es el dolor emocional que proviene de la no aceptación de lo sucedido y, claro está, el resentido es el que sufre.

Por ello, usando un tanto de coraje y otro tanto de aceptación, puedo admitir que lo que he hecho durante toda mi vida ha sido siempre con la mejor de las intenciones, porque no sabía cómo hacerlo mejor o porque no pude hacerlo de la manera en que hubiera deseado. Al igual que los demás hicieron conmigo. De esta forma, la compasión, la paciencia y la delicadeza, la ejerzo sobre mí mismo.

Bronnie Ware es autora de un libro titulado *Los cinco arrepentimientos de los moribundos. Una vida transformada por los seres queridos que se van*[63], cuyos derechos han sido recién comprados para llevarlo al cine. Esta cuidadora de enfermos trabajó durante ocho años en cuidados paliativos y eso la hizo estar en contacto con muchas personas en el momento de su muerte. Ware se pregunta si vivir la vida para sentir al final arrepentimiento o culpa es un camino honroso y propone que la compasión comience en nosotros mismos para llegar a la muerte sin más cargas que los años.

Escuchar a los moribundos cambió su vida, y en su libro recoge sus más importantes arrepentimientos:

1.– Ojalá hubiera tenido el coraje de hacer lo que realmente quería hacer.

63 WARE, Bronnie. *The Top Five Regrets of the Dying: A Life Transformed by the Dearly Departing*. Hay House, 2012.

2.– Ojalá no hubiera trabajado tanto.

3.– Ojalá hubiera tenido el coraje de expresar lo que realmente sentía.

4.– Ojalá hubiera vuelto a tener contacto con mis amigos.

5.– Ojalá hubiera sido más feliz.

Para mí, la vida no puede ser vivida desde un *ojalá*, desde un *y si...* La vida solo es plena en los pequeños detalles, en las pequeñas cosas que nos damos, en los pequeños éxitos diarios que nos conducen a cumplir con los sueños. Pero que si no somos conscientes del cómo lo estamos viviendo nunca llegaremos. Y es triste escuchar que al final de la vida no hemos conseguido poner la valentía necesaria para vivirla como deseábamos.

Para Elisabeth Kübler-Ross, médico que también trabajó con enfermos terminales durante casi cuarenta años y autora de libros de reconocido prestigio[64], las personas nos arrepentimos de dos cosas antes de morir: de no habernos reconciliado con alguien, un familiar generalmente, y de no habernos atrevido a hacer más cosas.

El coraje, la valentía, el decir no, la autoestima, la comunicación emocional, todos estos temas han sido tratados en las páginas de este libro y he dado claves para conseguirlos. Para mí es el aspecto del seductor de mí mismo y de los demás el que nos puede ayudar a conseguirlos, un seductor para el que su mejor recurso es el amor.

↳**EJERCICIO**:

• Haz una lista con las cosas que te arrepientes ahora. Después pregúntate cómo puedes aceptarlas.

---

64 KÜBLER-ROSS Elisabeth ha escrito, entre otros libros, *La muerte, un amanecer, Los niños y la muerte, Sobre la muerte y los moribundos. Alivio del sufrimiento psicológico para los afectados, Vivir hasta despedirnos y Una luz que se apaga. Una obra que nos ayuda a encontrar la paz que viene de enfrentar, comprender y aceptar la muerte de un niño.*

La seducción en la vejez

> *Envejecer es como escalar una gran montaña; mientras se sube las fuerzas disminuyen, pero la mirada es más libre, la vista más amplia y serena.*

INGRID BERGMAN

Al principio de los tiempos, los dioses se reunieron para crear al hombre y a la mujer. Lo hicieron a su imagen y semejanza, pero uno de ellos dijo:

—Un momento, si vamos a crearlos a nuestra imagen y semejanza, van a tener un cuerpo igual al nuestro y una fuerza e inteligencia igual a la nuestra. Debemos pensar en algo que los diferencie de nosotros, de lo contrario estaremos creando nuevos dioses.

Después de mucho pensar, uno de ellos dijo:

—Ya sé, vamos a quitarles la felicidad.

—Pero dónde vamos a esconderla –respondió otro.

—Vamos a esconderla en la cima de la montaña más alta del mundo.

—No creo que sea una buena idea, con su fuerza acabarán por encontrarla.

—Entonces… podemos esconderla en el fondo del océano.

—No, recuerda que les daremos inteligencia, con la cual, tarde o temprano construirán una máquina que pueda descender a las profundidades del océano.

—¿Por qué no la escondemos en otro planeta que no sea la Tierra?

—Tampoco creo que sea buena idea, porque llegará un día que desarrollarán una tecnología que les permita viajar a otros planetas. Entonces conseguirán la felicidad y serán iguales a nosotros.

Uno de los dioses, que había permanecido en silencio todo el tiempo y había escuchado con interés las ideas propuestas por los demás dijo:

—Creo saber el lugar perfecto para esconder la felicidad, donde nunca la encuentren.

Todos le miraron asombrados y le preguntaron:

—¿Dónde?

—La esconderemos dentro de ellos mismos, estarán tan ocupados buscándola fuera, que nunca la encontrarán.

Todos estuvieron de acuerdo, y desde entonces el hombre se pasa la vida buscando la felicidad sin darse cuenta que la lleva consigo.

(((~)))

El secreto para seducirte en esta parte de tu vida está donde están todos los secretos.

Busca tu pasión, tu esencia. ¿Llevas toda la vida trabajando y estás jubilado? Este es el momento de planificarlo y de conseguirlo. Conozco a varias personas que decidieron dedicarse a la interpretación a partir de los sesenta años y lo lograron. Descubrieron su pasión. Otros se han enamorado y casado con más setenta años. ¿Por qué no?

Nos hemos pasado toda la vida buscando el perfeccionismo, comparándonos con los demás y eso nos ha producido una tremenda insatisfacción. El perfeccionismo es enemigo de la superación. Esta consiste en mirarte a ti mismo con el afán de mejorar. La auto superación no cesa en la vida y te permite disfrutar de los pequeños logros. Las pequeñas cosas de la vida, he ahí el secreto.

¿A qué te has dedicado durante los años que has vivido? ¿A acumular? ¿A hacer cosas para distraerte de tu verdadera esencia?

En muchas ocasiones, cuando tengo algún sentimiento de desasosiego o intranquilidad, me viene inmediatamente a la cabeza: «¿Qué es lo que me falta?», y continúo: «Si lo tengo todo: tengo una familia, un trabajo que me apasiona, el dinero necesario para vivir con comodidad... Entonces ¿qué me falta?». Y comienzo a darle vueltas a este pensamiento y a buscar qué es eso que me falta, y, claro, no lo encuentro. Hasta que caigo en que me estoy comportando a la antigua usanza, con pensamientos de antiguos hábitos y lejos de mí mismo. Que la respuesta a mi malestar la quiero encontrar fuera de mí, en mis pertenencias o en mis quehaceres.

¡Cuántas veces mis padres no me habrán dicho de niño o joven: «¡De qué te quejas si lo tienes todo o tienes lo que quieres, si hubieras vivido mi época que no teníamos nada!». Tener, tener, ellos lo basaban todo en eso; esas generaciones que vivieron épocas de infortunio y que miraban la realidad con la lupa de la injusticia social… ¡Cuántas veces no habremos repetido algo similar a nuestros hijos!

Tardé tiempo en darme cuenta de este error, de que el error radicaba exactamente en la misma pregunta. Al buscar en mis *pertenencias* no encontraba la causa de mi malestar, claro está: ¡Si lo tenía todo! ¡Mis padres tenían razón!

A mi parecer, tener no es una condición humana, al menos para satisfacer la parte esencial de nosotros mismos. Nada de fuera puede ajustar lo que no está equilibrado por dentro.

Los niños, en una primera etapa del crecimiento solo saben pronunciar la palabra *mío* y posteriormente pasan al *yo*, y sus comportamientos lo acompañan. Es decir, se trata simplemente una expresión del sentido del *yo* en desarrollo de los pequeños. ¿Y qué sucede cuando somos adultos? ¿Al auto complacernos con *el tener* no permaneceremos en un estado infantil? ¿Será por eso que cuando ya no tenemos –léase crisis económica a niveles soportables– nos sentimos perdidos, desmotivados y sin rumbo?

En ocasiones me he encontrado diciendo a nuestro hijo: «Y ahora vamos a hacer esto, luego aquello y después lo otro…». Y, ¿qué le estoy enseñando? ¿Que lo mejor es estar haciendo? ¿Que el no hacer nada es de vagos? Es decir, que posiblemente le esté inculcando de nuevo una serie de creencias y de mandatos que formarán parte importante de su vida y de sus valores y comportamientos.

En otras ocasiones mi pensamiento indomado me susurra pertinazmente: «…y ahora tengo que hacer esto, y luego lo otro…» ¡Una y otra vez! ¡Como si ya no tuviera memoria o no lo hubiera apuntado en mi calendario y en mi bloc de notas y mi ordenador no supiera hacer saltar la alarma un día antes, unas horas antes, diez minutos antes! Porque si no tengo algo que hacer, ¿cómo me siento? Desolado, abandonado, vacío, sin sentido...

Hemos llenado de *teneres* y de *haceres* nuestra vida y eso nos provoca insatisfacción interna porque sabemos que ese no era nuestro destino, nuestra misión.

Y ahora me pregunto: ¿Quién soy yo? ¿Soy lo que tengo, soy lo que hago? ¿Soy mi profesión, soy mi familia, mis ahorros, mis vacaciones, mi apasionante actividad? Creo que no, que yo soy mucho más que lo que tengo, hago o pienso, mucho más de lo que siento o lo que no hago y no tengo. Y que cuanto más lleno mi ser de afueras, menos me cuido por dentro, menos miro a mi esencia.

Pero... ¿qué es ser? A estas alturas de la vida, en mi vejez, necesito contestar a esta pregunta de alguna manera. Quiero seguir siendo el *seductor amoroso* que, quizá, aún no soy, y además tengo la paz, el tiempo y la madurez necesaria para hacerlo.

Porque... ¿qué es ser? ¿Detenerse? Contemplar, escuchar el silencio interior. Escuchar en silencio interior.

¿Observar? Explorar los sentimientos que hemos abandonado a su merced a lo largo de nuestra vida y cuidarlos.

¿Sentir? Que la lluvia es música y pintura del alma. Y que el silencio se puede tocar y acariciar.

Ser es ser amor, porque solo con el amor seductor podemos llegar a escucharnos, observar y sentir el silencio del alma.

(((~)))

La muerte

Las personas son como vidrieras. Ellos brillan y brillan cuando el sol está afuera, pero cuando la oscuridad se establece, su verdadera belleza se revela solo si hay una luz desde dentro.

ELISABETH KÜBLER-ROSS

Oliver Sacks, meses antes de morir publicó en el *New York Times* una carta donde desvelaba que le quedaba poco tiempo de vida ya que padecía un cáncer. En esa carta el neurólogo no niega su destino y al mismo tiempo apuesta por la vida: «Tengo que vivir de la manera más rica, profunda y productiva posible». Y añade un pensamiento que comparto: «Cuando la gente muere, no puede ser reemplazada. Dejan hoyos que no pueden ser cerrados, porque es el destino de cada ser humano, ser un individuo único, encontrar su propio camino, vivir su propia vida, morir su propia muerte».

Morir mi propia muerte solo lo conseguiré si he vivido mi propia vida y no la de los demás, la de mis padres, la de mis hijos...

En *Our Town*, Thornton Wilder lo expresa de forma soberbia por boca de uno de los personajes: «Sí, ahora lo sabes. Ya lo sabes. Eso es estar vivo. Moverse en una nube de ignorancia, ir y venir entre los sentimientos de aquellos... de aquellos que viven alrededor. Gastar y malgastar el tiempo como si se tuvieran millones de años. Estar siempre a merced de una u otra pasión. Ahora ya lo sabes».

En esta obra de teatro, el escritor estadounidense nos muestra que la felicidad se encuentra en los acontecimientos más pequeños de la vida. Su argumento es sencillo: en un pequeño pueblo de EE.UU., Grover's Corner, contemplamos los avatares cotidianos de algunos de sus habitantes, desde el quehacer cotidiano hasta los enamoramientos de los jóvenes. El paso del tiempo sobre la localidad nos lleva hasta el tercer acto, que transcurre en el cementerio. Allí está siendo enterrada una joven Emily que ha muerto al dar a luz. En el camposanto se encuentra con los otros muertos de la localidad mientras que los vivos lloran su pérdida. Al darse cuenta de su condición pide al director de escena, un personaje más de la obra, volver a vivir un momento de su vida pasada. Cuando consigue verse años atrás, el día de su doceavo cumpleaños, se da cuenta de cosas que pasó por alto, de esos maravillosos pequeños momentos que quedan en el olvido y, ante ese dolor, pide volver a su tumba:

EMILY.– No puedo, no puedo seguir. Todo marcha tan rápido. No tenemos tiempo de mirarnos unos a otros (*Llora*). No lo sabía. Todo esto sucedía y no nos dábamos cuenta. Lléveme de nuevo... a la colina... a mi tumba. Pero antes, ¡espere! Una mirada más. Adiós; adiós, mundo; adiós, Grover's Corner... mamá y papá... adiós *tic-tac* del reloj... y girasoles de mamá. Y la comida y el café. Y los vestidos recién planchados y los paños tibios... y el sueño y el despertar. Oh, tierra, eres demasiado maravillosa para que nadie lo adivine (*Mira al Director de Escena y pregunta bruscamente, a través de sus lágrimas*). ¿Nunca puede un ser humano darse cuenta de la vida mientras la vive, en cada... en cada minuto?
DIRECTOR DE ESCENA.– No (*Pausa*). Tal vez los santos y los poetas... un poco.
EMILY.– Estoy lista para volver.

Ahora bien, cómo queramos vivir ese momento tendrá que ver con la edad a la que nos llegue y de cómo hemos vivido la vida. Para la Emily de *Our Town*, al llegarle la muerte joven, le parece injusto y se rebela. Sin embargo, la aceptación de la misma es lo que la reconforta finalmente. Quitando estas situaciones donde la muerte llega demasiado pronto, como con la muerte de un hijo o de personas jóvenes, ¿cómo quiero aceptar mi propia muerte desde la vejez? ¿Cómo he ido construyendo mi vida para llegar a ese momento desde la paz y la serenidad?
Para Elisabeth Kübler-Ross, la muerte es la etapa final del crecimiento de la persona: «Las personas más hermosas que he conocido son aquellas que se han conocido, tienen luchas

conocidas, han conocido la pérdida y han encontrado su camino para salir de las profundidades». Muchas veces, cuando entramos en esas profundidades, en el dolor y el sufrimiento, es cuando más apreciamos la vida. Por ello, si apartamos la vista del dolor, de los momentos trágicos, de la muerte, es cuando menos vivimos con intensidad la vida. «Cuanta menos conciencia de la muerte, menos vivimos. A la inversa, una vida plena parece hacer más fácil la muerte»[65].

Para el seductor que ha empleado su vida en encontrar su propia luz y ha podido conectar con el brillo de los demás, en el momento de la muerte ya no le importa el miedo, solo el amor. Al igual que a los niños se les puede educar a través del miedo o del amor, así será nuestro paso a la nueva existencia. O temerosa o con amor. El seductor lo conoce bien.

«Cuando hemos realizado la tarea que hemos venido a hacer en la Tierra, se nos permite abandonar nuestro cuerpo, que aprisiona nuestra alma al igual que el capullo de seda encierra la futura mariposa. Llegado el momento, podemos marcharnos y vernos libres del dolor, de los temores, y preocupaciones; libres como una bellísima mariposa, y, regresamos a nuestro hogar, a Dios». Me encanta esta cita de Kübler-Ross. Nuestra misión es la de seducirnos y seducir desde el amor. Si somos hijos de Dios, también seremos dioses nosotros mismos. Si Dios es amor, los humanos también.

Dios, el Universo, la Esencia, y unas cuantas palabras más que tratan de definir mi ser trascendente. Yo sé que mi misión en esta vida es la de dar amor, el mismo amor que me dieron mis padres, especialmente mi madre.

Desde estas páginas te he propuesto que también te conviertas en embajador del Amor, de ese Amor que estamos compuestos. Espero que el viaje haya sido retador y que estés más cerca de tu verdadera esencia seductora.

Como despedida, te dejo un cuento de la escritora Liana Castello y un deseo: espero que nos encontremos en algún momento de nuestras vidas y que nos reconozcamos como seductores a través de nuestro brillo personal, único y amoroso.

65 HEATH, Iona. *Ayudar a morir.* Katz editores, 2008.

Y que ese momento se multiplique en el Universo. Muchas gracias por cruzarte en mi camino.

(((–)))

La pastelería

Todos los días, a las cinco en punto abría la pequeña puerta que daba al costado de la calle. Todos los días, a las cinco pasadas encendía el horno y comenzaba su trabajo. La pastelería no abría sino hasta las ocho treinta, pero el maestro pastelero debía amasar y preparar sus dulces para que estuviesen tibios y humeantes para sus primeros clientes. Se servía un té, que indefectiblemente se enfriaba en el fragor de su tarea, pero que tomaba igual al cabo de unas horas.

Y allí comenzaba la magia. Luego de las cinco, todo era posible. Una tosca masa de levadura se transformaba en un almohadón suave, redondo y tibio. El chocolate tomaba formas inesperadas. Las *medialunas* se tomaban de las manos y hermosamente estibadas, esperaban en forma ordenada a ser introducidas en el horno, no sin antes darse un tibio baño de almíbar.

Los *muffins* eran cobijados por decorados pirotines y abrigados por una crema que los cubría y que además los vestía de gala con granas de todos colores. Pasadas las cinco, la magia comenzaba y la soledad ya no se sentía.

El maestro pastelero no tenía familia, pocos amigos, pero sí muchos clientes. Era viudo y no había tenido hijos. Daba entonces a sus cremas, pasteles y panes un trato que iba mucho más allá de colocarlos en el horno y prepararlos con dedicación. La pastelería era su vida. La decoraba, la limpiaba y ordenaba.

Pasaba noches enteras pensando nuevas recetas o alguna innovación en las ya consagradas. Moños y envoltorios que diesen la terminación que cada pequeña obra de arte merecía. Cierto día, se dio cuenta que eran las seis y no había encendido el horno. «¡Caramba qué descuido!», pensó, pero al día siguiente notó que el fino trazo de la manga, ya no era tan exacto y preciso como siempre. A la semana siguiente, olvidó los *muffins* en el horno y comenzó a preocuparse.

Pero no fue hasta una mañana en que se quedó dormido y no abrió la pequeña puerta que daba al costado de la calle a las cinco en punto, en que se dio cuenta lo que ocurría. Estaba cansando y se sentía viejo. Su amor por ese negocio que había convertido en su vida misma, no había mermado en absoluto, pero sí sus fuerzas.

Era hora de comenzar a delegar. Era tiempo de enseñar el oficio a otras manos jóvenes y ágiles que pudieran continuar con su tarea. No quería, no podía. Dejar sus masas en manos de otra persona era algo impensable. Permitir que otros ayudasen a que las *medialunas* se tomasen de la mano y brillasen como reinas, no era algo que el maestro pastelero se hubiese planteado jamás.

Pero el tiempo no consulta nuestra voluntad y muchas veces –no todas– decide por nosotros. Pensó en cerrar la pastelería, pero aquello era igual a morir en vida y no estaba dispuesto a morir, no todavía.

Fue entonces, cuando colocó en la vidriera un cartel que decía: «Se necesita aprendiz». No le gustó como quedaba en medio de los budines y bombones. Le pareció que ese cartel era un intruso en la intimidad de esa vidriera que solo él armaba con un infinito amor. No iba a ser sencillo encontrar al joven que pudiese aprender todo lo que él sabía, pero más difícil aún sería encontrar a alguien que le diese el mismo sentido, la misma dedicación y el mismo amor que él daba a cada producto manufacturado.

«No tiene buen pulso», pensó del primero. «Sus manos son ásperas, no amasará con delicadeza», pensó del segundo. «Es ansioso, sacará las cosas del horno antes de tiempo», dijo del tercero y con el último muchacho se quedó. No fueron sus manos, ni su pulso lo que lo hizo tomar la decisión, sino su mirada. El joven miraba la pastelería con un deje de éxtasis y fascinación. Observaba los panes y los bombones como a obras de arte y tomó un *muffin* con la misma delicadeza con que se toma a un recién nacido en brazos. «Es él», se dijo.

Pasadas las cinco del día siguiente comenzó el entrenamiento. A las cinco en punto del otro día abrieron juntos la pequeña puerta y a las ocho treinta levantaron ambos la persiana de ese mundo de levadura y azúcar que hacía un poco menos dolorosa la vida de muchos.

En ese pequeño gesto de levantar la persiana junto al joven, el pastelero se dio cuenta que había sido acertada la decisión de tener un ayudante. No había querido aceptar, hasta ese día, que ya le costaba mucho levantarla solo. Las persianas suelen ser como la vida, con los años se ponen más pesadas o mejor dicho, se va teniendo menos fuerza y se hace más necesario otras manos que nos ayuden.

El joven aprendía con una velocidad impresionante y no solo eso, con el tiempo comenzó a crear sus propias recetas. Solo unas pocas correcciones debía hacerle el pastelero muy de vez en cuando.

—Has repetido grana del mismo color en este *muffin*.

—Recuerda que la manga es como ciertas personas, necesita firmeza para ir derecho por la vida.

—Debes cuidar el baño María, al chocolate hay que tratarlo con dulzura y tranquilidad, como a las personas irascibles.

Una mañana el pastelero se quedó muy dormido y salió apresurado de su casa, ya no podría abrir la pastelería en punto. Llegando a la calle donde estaba su negocio, el aroma le indicó que el joven había estado a las cinco en punto, que el horno había sido encendido a las cinco pasadas y que todo había estado en orden a las ocho treinta, cuando la persiana debió haberse levantado. Un té tibio lo estaba esperando y respiró tranquilo.

El tiempo fue pasando y el joven se convirtió en un experto. No solo era un buen alumno, sino que tenía eso que hay que tener muy dentro de uno para que las cosas salgan bien, amor, mucho amor y orgullo. El tiempo fue pasando y el joven dejó de ser tan joven y el maestro pastelero dejó de sentirse viejo para ser viejo.

Y como en uno de esos trueques que la vida nos ofrece, los roles se intercambiaron. Ahora era el muchacho quien corregía con infinito respeto el pulso tembloroso del maestro, quien recordaba la hora en que el horno debía prenderse y el tiempo de levado de cada pieza. A las cinco en punto, el muchacho abría la pequeña puerta del costado de la calle, pasadas las cinco encendía el horno y ocho y treinta levantaba la persiana y el maestro lo acompañaba en esos rituales que tan suyos habían sido.

Un día el maestro enfermó y ya no pudo levantarse. Ya no le molestaba morir. Lo que había sido su vida entera, no moriría con él, había un joven que seguiría dándole sentido a ese mundo que con tanto amor, él había construido.

Tranquilo y feliz, como quien deja el más hermoso legado en las manos de un hijo, el maestro murió.

Y como el más respetuoso y amoroso de los homenajes, a las cinco en punto del día siguiente, el joven abrió la pequeña puerta del costado de la calle, pasadas las cinco encendió el horno y a las ocho y treinta subió la persiana de la pastelería. Se sirvió un té, que también dejaría enfriar, y comenzó a trabajar.

(((–)))

Agradecimientos

En primer lugar a mis editores que me han dado toda su confianza para que tuviese total libertad a la hora de crear este libro. Y, por supuesto, a todos mis maestros de esta vida, comenzando por mis padres; todos me disteis dosis considerables de Amor a raudales.

A mi querida Lili Almagro, por tu apoyo constante y amoroso. Aliento de este libro.

Mil gracias Eugenia, Héctor, mi mujer y nuestro hijo. Estas páginas están llenas de vosotros, mis maestros cotidianos.

Gracias por el maravilloso empujón amoroso, Almudena de Andrés. Sin él no hubiera sido este libro lo que es.

A todos mis estudiantes que, desde el año 1985, habéis compartido mi proceso: todos me regalasteis una buena parte de vuestra vida e ilusión.

También a todos los participantes de los cursos de Seducción, Psicoescena©, y tantos otros...

Y, cómo no, a mi última gran maestra, amiga y compañera, Dana Jakubik. Mi *Beatriz* de mi ser interior.

Gracias, Pilar Pardo por haberme dado ánimos para comenzar y creer en la Seducción.

Encarna Dorrego, además de hermana, modelo para lo que no tengo. Estás muy presente en cada línea de este libro.

A Alicia Torres, por tu aliento incesante y generoso, y a Piedad Castellanos, por tu energía de animal escénico y tu modelo siempre amoroso.

Gracias por tantas charlas, con vino y sin vino, Francisco José López Ballester. Tus acogidas calurosas y tu ternura me llenan de amor. Y gracias también al castillo de Islantilla.

A Belén Marquina, por todo lo que me das.

Gracias Noelia y Juanjo Velasco. Vuestra confianza en que la felicidad es para todos, incluidos vosotros, me sirve de modelo.

Minerva Cuéllar, tu confianza, tus risas, tu generosidad y tu lectura cariñosa me dan mucho aliento.

Eres la que ha llegado hace poco a mi vida y la que más me conoce interiormente: Marina Tirado, tu amor y tus alas me inspiran cada día. ¡No paro de darte las gracias!

Y gracias también a la música de Claudio Monteverdi, Arvo Part, Deva Premal, Bach, Win Mertens, entre otros, que me acompañó durante la escritura y me inspiró en algunos momentos.

Y gracias al AMOR que, desde mi alma, inspiró mi vida, de la cual este libro es una parte.

Libro solidario

ESTE LIBRO TIENE UN VALOR AÑADIDO. Ediciones Cydonia ha asumido el compromiso de destinar un porcentaje del precio de venta de este libro a un proyecto benéfico, sin que se refleje en aumento del precio de portada.

Con esta actitud, la editorial pretende aportar un grano de arena a las miles de iniciativas solidarias que se desarrollan en todo el mundo en beneficio de las personas y los colectivos más desfavorecidos.

Los proyectos que se apoyan desde cada título no serán un acto de caridad, sino una mano que se tiende para que los beneficiarios puedan superar un escollo y salir adelante por sus propios medios. Siguiendo aquel viejo adagio, se apoyarán proyectos que *enseñen a pescar*, no los que *regalan el pescado*.

Por este motivo, esperamos que el apoyo de nuestros lectores pueda servir para ayudas de emergencia médica, cubrir necesidades puntuales de personas en situación límite, apoyar la construcción de escuelas, hospitales y otras iniciativas solidarias.

Si Vd. ha comprado este libro, le agradecemos su interés. Puede ver dónde y cómo se ha destinado ese porcentaje a través de nuestra página en internet (www.edicionescydonia.com), o si lo prefiere puede escribirnos a nuestra dirección postal (Apartado de Correos 222, 36400 PORRIÑO - Pontevedra). Gustosamente le mantendremos informado de todo.

Los editores

CPSIA information can be obtained
at www.ICGtesting.com
Printed in the USA
BVHW041421071021
618452BV00013B/192